Jürgen P. Rinderspacher

Mehr Zeitwohlstand!

Das Buch

Zeit spielt eine zentrale Rolle in allen Lebensbereichen – sei es bei der Arbeit, in Beziehungen oder im Alltag. In 35 prägnanten Stichworten schreibt Jürgen P. Rinderspacher über Sinn und Unsinn im Umgang mit der Zeit und das Gefühl, nie genug von ihr zu haben.

Sein Plädoyer: Streben Sie nicht danach, immer das Letzte aus Ihrer Zeit herausholen zu wollen. Dieses Buch liefert unerwartete Einblicke, historische Hintergründe und praktisches Wissen über den Zeitfaktor und seine Bedeutung für jeden einzelnen und die Gesellschaft.

Der Autor

Jürgen P. Rinderspacher ist Zeitforscher und arbeitet am Institut für Ethik und angrenzende Sozialwissenschaften der Universität Münster. Er ist Mitbegründer und stellvertretender Vorsitzender der Deutschen Gesellschaft für Zeitpolitik und veröffentlichte zahlreiche Bücher zu unterschiedlichen Aspekten von Zeit und Gesellschaft.

Jürgen P. Rinderspacher

Mehr Zeitwohlstand!

Vom besseren Umgang mit einem knappen Gut

HERDER

FREIBURG · BASEL · WIEN

HERDER spektrum Band 6833

MIX
Papier aus verantwor-
tungsvollen Quellen
FSC® C083411
www.fsc.org

Bearbeitete Neuausgabe des 2006 erschienenen
Buches mit dem Titel „Schöne Zeiten"

Umschlaggestaltung: Kathrin Keienburg-Rees
Umschlagmotiv: (c) Cameron Strathdee – iStock

Satz: Arnold & Domnick, Leipzig
Herstellung: CPI books GmbH, Leck

Printed in Germany

ISBN 978-3-451-06833-1

Inhalt

Vorwort

Wieder ein Zeitbuch? Ja, aber ein etwas anderes. Die Zeit ist, wie man weiß, eine Sache, die jeden von uns irgendwie jeden Tag betrifft. Zwischen den vielen wissenschaftlichen Abhandlungen zu diesem Thema und den Zeitmanagement-Ratgebern, die in den letzten Jahren erschienen sind, schließt dieses Buch eine Lücke. Wer eine Step-by-Step-Anleitung mit To-Do-Listen sucht, was wann erledigt werden muss, um aus der Zeit das Maximum herauszuholen, wird höchstwahrscheinlich enttäuscht werden. Vielmehr soll die Leserin/der Leser dazu angeregt werden, sich ihr/sein eigenes Bild vom Sinn und Unsinn ihrer/seiner Zeitverwendung und dem Umgang mit der Zeit in der Gesellschaft zu machen.

Fest steht: Die Welt ist voller Zeitkonflikte. Einige machen uns den Alltag schwer, ohne dass wir etwas ändern könnten, andere haben wir uns selbst eingebrockt. Wie können wir also zu mehr Zeitwohlstand kommen? Denn mit der Modernisierung und Industrialisierung der westlichen Länder im Verlauf der letzten 200 Jahre hat sich unser Wohlstand an Gütern bekanntlich enorm vermehrt. Dagegen scheint das, was wir an zeitlichen Ressourcen zur Verfügung haben, immer weiter ins Hintertreffen zu geraten.

Den Menschen zu der Zeit zu verhelfen, die sie zu einem guten Leben brauchen – nicht nur was ihren Umfang, sondern auch was ihre Qualität betrifft –, ist im 21. Jahrhundert also ein hoher Anspruch. Denn eigentlich sind die Chancen, in Zeitwohlstand zu leben,

nach einer langen Phase der Verkürzung der Wochenarbeitszeiten und zusätzlichen Urlaubstagen ja langfristig enorm gewachsen. Inzwischen erleben wir jedoch
oft das Gegenteil: Arbeitstage werden wieder länger,
auch weil wir auf dem Smartphone ständig erreichbar
sein sollen, Feiertage werden abgeschafft und Urlaubs-
ansprüche gekürzt. Immer bereit zu sein – dadurch
wächst der zeitliche Stress in Beruf, Familie, Freizeit
und Partnerschaft vielen über den Kopf. „Flexibilisierung" hieß einmal das Zauberwort, von dem man sich
eine Lösung moderner Zeitkonflikte versprach. Heute
wissen wir nicht nur um die Chancen, sondern auch um
die vielen Kehrseiten dieser Idee.

Bessere Zeiten setzen aber nicht einfach nur voraus,
genügend freie Zeit zu haben. Denn Zeitfragen sind
Sinnfragen: Zum Beispiel welche Qualität die Zeit hat,
die wir mit Erwerbsarbeit verbringen, oder womit wir
unsere Zeit füllen, wenn wir online gehen. Wer die
Hoffnung auf bessere Zeiten nicht aufgeben will, muss
eben manchmal gegen den Strom schwimmen. Öfter
mal Pause machen und seinen eigenen Rhythmus finden, Zeit zur rechten Zeit haben oder sich Zeit für Kinder, Partnerschaft, Essen und Trinken, Kunst und Kultur, Spiel und Sport nehmen – auch dann, wenn andere
etwas dagegen oder vermeintlich Besseres vorhaben.

Dass, wie auch der Titel erwähnt, von dem in den letzten Jahren viel diskutierten Konzept „Zeitwohlstand"
ausgegangen wird, ist auch politisches Programm. Zeitwohlstand steht für die Vision einer Gesellschaft mit
besseren Zeiten, die es dem Individuum möglichst oft
erlauben soll, seine einmalige Lebenszeit mit den Din-

gen und zugleich mit den Menschen verbringen zu können, die ihm wichtig sind. Das ist aber nur möglich, wenn die gesellschaftlichen Rahmenbedingungen so gestrickt sind, dass sie die Menschen unterstützen, die ein alternatives Wohlstandsmodell leben wollen, in dem die Verfügung über Zeit wichtiger ist als die über Güter. Für die politische Praxis bedeutet das einerseits, mit neuen Zeitmustern zu experimentieren, andererseits aber auch bewährte Zeitinstitutionen wie das freie Wochenende gegen Zugriffe aus der Wirtschaft zu verteidigen. Der Autor will – was sicher nicht überrascht – nicht seine Auffassung verhehlen, dass es zur Verbesserung „der zeitlichen Lage der Nation" viel zu tun gibt, und dass wir sofort damit beginnen können. Wo und wie das geschehen kann, dazu finden sich immer wieder Anregungen in den Texten.

Die Zeitstrukturen, in denen wir leben, sind nicht vom Himmel gefallen. Deshalb macht es Sinn, hin und wieder in der Geschichte zurückzugehen und zu fragen, woher es eigentlich kommt, dass wir uns täglich zwischen relativ starren Arbeitszeiten, Schulzeiten oder Öffnungszeiten bewegen. Seit wann gibt es eigentlich die Idee eines freien Wochenendes oder des geregelten Jahresurlaubs? Welchen Kulturen und Epochen entstammt unser Verständnis von Familie und dem Verhältnis der Geschlechter? Oder unsere Vorstellung von einem guten Leben, unser Maßstab von Leistung und Erfolg? Und was hat das eigentlich alles mit Zeit zu tun?

Dieser Band stellt, anders als gängige Sachbücher, das Thema Zeit nicht als durchlaufende, lineare Argumentationskette dar, sondern nähert sich ihm aus vielen Facetten an. Das sind die Lebensbereiche und Situationen, in denen die Zeit den Menschen als Widersacher oder Freund begegnet: Etwa wenn sie im Alltag Entscheidungen treffen, ihre Zukunft planen oder über den Sinn des Lebens nachdenken. Dabei stellt sich oft heraus, dass Stichworte, die auf den ersten Blick nichts mit Zeit zu tun haben, voller unvermuteter Zeitbezüge sind. Je nach eigener Interessenlage kann man an der Stelle einsteigen, die einen spontan am meisten anspricht. Natürlich ist es genauso möglich, der alphabetischen Reihenfolge nachzugehen, oder man kann sich einfach nach Gusto von den Verweis-Pfeilen im Text durch die Gesamtthematik „hindurchziehen" lassen.

In diesem Buch zu lesen – darauf soll hier noch einmal ausdrücklich hingewiesen sein – beansprucht ein mehr oder weniger großes Stück der eigenen Lebenszeit. Aber vielleicht ist die Vergewisserung über Sinn und Unsinn unserer alltäglichen Zeitverwendung eine gute Investition. Also nehmen Sie sich Zeit!

Arbeitszeit

Darf's ein bisschen weniger sein?

Für die Mehrheit der arbeitenden Menschen verläuft der Alltag wie zwischen zwei Buchdeckeln: vom Morgen zum Abend. Die Gegenüberstellung zweier Bereiche – hier das Erwerbsleben, das tendenziell vermieden oder doch zeitlich reduziert werden soll, dort das „eigentliche" Leben, Freizeit und Muße – erscheint als Grundmodell unserer Alltagsgestaltung ganz natürlich. In den vorindustriellen, agrarischen Gesellschaften hingegen war der Tagesablauf für die meisten Menschen noch bunt durchmischt mit schwerer Arbeit, nützlichen Verrichtungen, Unterhaltung und Geselligkeit sowie kurzen, wiederkehrenden Ruhephasen. Erst während der frühen Industrialisierung begann man, säuberlich zwischen Arbeit und Nicht-Arbeit zu unterscheiden. So drohten die Fabrikherren in ihren Fabrikordnungen für „Kartenspielen und faules Gerede" während der Erwerbsarbeit drakonische Strafen an. In Verbindung mit der zunehmenden, auch räumlichen Trennung von Arbeiten und Wohnen (→Mobilität) sowie dem Verlust zeitlicher Freiheiten am Arbeitsplatz wurde die Grenze zwischen Arbeit und Leben beziehungsweise Freizeit immer schärfer.

Die industrielle Lohnarbeit machte es zwingend erforderlich, die Zeit, die ein Arbeitnehmer an seinem Arbeitsplatz verbringt, genau zu messen. Zum einen errechnete sich daraus der Lohn. Zum anderen hatte die (Stech-)Uhr eine disziplinierende Funktion. Die Arbeitgeber waren anfangs allerdings überhaupt nicht an messbaren Arbeitszeiten interessiert. Sie wurden ihnen erst von kämpfenden Arbeitern und den Gewerkschaften aufgezwungen, denn zuvor herrschte pure Willkür: Wie lange der Arbeitstag zu dauern hatte, entschied, je nach Arbeitsanfall, der Arbeitgeber. In den Fabriken des 19. Jahrhunderts genügte das Tragen von Armbanduhren, um entlassen zu werden. Die Demokratisierung der Zeit, das heißt ihre Allgemeinverbindlichkeit und die Möglichkeit für jeden, sie exakt festzustellen, bildete somit eine unverzichtbare Voraussetzung dafür, dass „Arbeitszeit" als gesellschaftliche Institution überhaupt entstehen konnte (→Zeitsouveränität; Schneider M., 1984).

Nachdem einmal durchgesetzt war, Arbeitszeiten vertraglich festzulegen, forderten die Vertreter der Arbeiterbewegung sodann, sie zu verkürzen. Doch trafen sie dabei nicht nur auf den Widerstand der Arbeitgeber, sondern auch auf den vieler Arbeiter, denn kürzere Arbeitszeit bedeutete zunächst weniger Lohn (→Einkommen). Erst durch die Einführung eines so genannten „Lohnausgleichs", das heißt der Beibehaltung des gleichen Lohns bei nun reduzierter Arbeitszeit, ließen sich auch die Arbeiterinnen und Arbeiter mit niedrigen Stundenlöhnen für dieses Ziel mobilisieren (Deutschmann 1985).

Unter „Arbeitszeit" versteht man heute im Allgemeinen die Zeit, die eine abhängig beschäftigte Person an ihrem Arbeitsplatz verbringt. Das kann in der Fabrik, im Büro, aber auch unterwegs im Auto sein. Dabei wird

Arbeit, wie man weiß, nicht nur als Arbeit zum Erwerb geleistet, sondern auch im Haushalt (wie beim Kochen und Reinemachen), privaten Handwerkerarbeiten, natürlich bei der Erziehung und Betreuung von Kindern (→Kinderzeiten) oder bei der Pflege kranker Menschen (→Sorgen und Pflegen). Ebenfalls wird Arbeit im Rahmen eines ehrenamtlichen Engagements geleistet (→Ehrenamt). Hier, außerhalb des Erwerbslebens, wird die Zeit normalerweise nicht exakt gemessen. Beginn und Ende der Arbeit ergeben sich aus Art und Umfang der Aufgabe, aus sachlichen Zwängen oder den Bedürfnissen und Interessen der Menschen, mit denen man zusammenlebt. In all diesen Fällen würde man auch im engeren Sinne nicht von „Arbeitszeit" sprechen, sondern davon, wie lange eine Tätigkeit „gedauert" hat – sofern dies überhaupt thematisiert wird. Die geringere oder zumindest andersartige Bedeutung von Zeit in der häuslichen Arbeit resultiert schließlich auch daraus, dass kein Entgelt, Lohn oder Gehalt gezahlt wird (→Einkommen).

Die Regelungen der Arbeitszeit, die wir heute in der Erwerbsarbeit vorfinden, sind das Ergebnis zum Teil sehr opferreicher Arbeitskämpfe der Gewerkschaften in allen Industrieländern seit weit über 100 Jahren. Damit wurde der Grundstein für die Herausbildung unserer modernen Alltagskultur gelegt und für die Entstehung und immer weitere Zunahme von Zeitwohlstand im Rahmen industrieller, kapitalistisch strukturierter Gesellschaften: Seit dem ausgehenden 19. Jahrhundert entstand durch die Verkürzung der Tages-, Wochen-, Jahres- und Lebensarbeitszeit ein Freizeitsektor (Prahl 2015) mit neuartigen Freizeitinstitutionen, so vor allem der geregelte →Feierabend, der Anspruch auf Urlaub, das freie →Wochenende sowie, in Bezug auf die Lebensarbeits(frei-)zeit, die sozial abgesicherte →Rente. Was zunächst als soziale Utopie geträumt und formuliert wurde, entwickelte sich allmählich zu eigenständigen Gebilden, deren Umfang von der wirtschaftlichen Leistungsfähigkeit der Gesellschaft und der Kampfkraft ihrer Gewerkschaften abhängig war. Im Rahmen dieser Zeitinstitutionen wurde für eine breite Mehrheit der Menschen ein ganz neuer Umgang mit ihrer Zeit und damit erstmals so etwas wie gelebter Zeitwohlstand (Rinderspacher 2002) möglich. Die Begründungen für die arbeitszeitpolitischen Forderungen der Gewerkschaften haben sich im Verlauf der Geschichte gewandelt, entsprechend den sich verändernden gesellschaftlichen Rahmenbedingungen, Arbeitsbedingungen, Lebensumständen und Wertvorstellungen (Rinderspacher 2000a). Anfänglich ging es zunächst darum, der physischen und psychischen Verelendung entgegenzuwirken, die ihre Ursachen in Arbeitstagen von zwölf oder mehr Stunden sowie einer Sieben-Tage-Woche hatte. Dazu gehörte auch die Bekämpfung der Nachtarbeit, insbesondere von Frauen. Vor allem in den USA wurden seit den 1920er Jahren Arbeitszeitverkürzungen gefordert und zum Teil umgesetzt, mit dem Ziel, die Massenarbeitslosigkeit zu bekämpfen. Hier wurde 1938 zum ersten Mal eine 38-Stunden-Woche durchgesetzt (Klein/Worthmann 1999). Die Idee dahinter: Das vorhandene Arbeitsvolumen, also die in einer Volkswirtschaft von den Unternehmern benötigte Arbeitsleistung, sollte gleichmäßig auf alle an Erwerbsarbeit Interessierten und dafür Qualifizierten verteilt werden. Dieser Ansatz spielte auch in den Arbeitszeitverkürzungskampagnen im letzten Drittel des 20. Jahrhunderts in Deutschland eine wichtige Rolle und wird auch heute weiterhin propagiert (Bremer Initiative für Arbeitszeitverkürzung; Zimpelmann/Endl 2008).

Je mehr sich die wirtschaftliche Situation in West- und auch Osteuropa nach dem Zweiten Weltkrieg verbesserte (→Konsum), umso mehr rückte das Ziel in den Vordergrund, mit dem Instrument der Arbeitszeitverkürzung nicht nur zur Abwehr von Gesundheitsschäden, sondern auch positiv zur Erhöhung des Wohlstands der Menschen beizutragen. Die gewaltig gestiegene Arbeitsproduktivität in Kombination mit anderen günstigen Wachstumsfaktoren bildete die ökonomische Grundlage für einen großen wirtschaftlichen „Verteilungsspielraum". Dieser eröffnete neue Möglichkeiten, nicht nur – was nach einer Zeit materieller Entbehrungen zunächst als das Wichtigste erschien – den Güterwohlstand zu erhöhen, sondern auch den Zeitwohlstand. So verfolgten die Gewerkschaften schon seit der Aufbauphase der Bundesrepublik Deutschland die Strategie, den Verteilungsspielraum außer für höhere →Einkommen auch dazu zu nutzen, die Arbeitszeiten in mehreren Schritten spürbar zu verkürzen. Eine vergleichbare Zielsetzung fand sich auch in Ostdeutschland.

Damit schien die in dem Roman „Utopia" von Thomas Morus bereits im 16. Jahrhundert beschriebene Vision eines Sechs-Stunden-Tages in greifbare Nähe zu rücken (Morus 1986). So wurde beispielsweise im Parteiprogramm der SPD von 1989 eine Regelarbeitszeit von 30 Stunden an fünf Tagen für alle arbeitenden Menschen gefordert (SPD 1989, S. 21, 27). In den vorangegangenen Jahrzehnten war es zudem gelungen, bestehende Zeitinstitutionen auszubauen und neue zu schaffen, vor allem die sehr populäre Fünf-Tage-Woche (→Wochenende; Herrmann-Stojanov 1999a). Dies, und der Ausbau anderer Zeitinstitutionen wie dem Urlaub oder der →Rente, führte zu einem nie gekannten Aufwuchs an Zeitwohlstand für breite Kreise der Bevölkerung. In den 1980er Jahren trat ein weiteres Ziel der Arbeitszeitpolitik hinzu: die Gleichstellung von Männern und Frauen. Nicht nur in der Frauenbewegung bestand die Erwartung, dass bei einer drastisch reduzierten Arbeitszeit von sechs Stunden für alle täglich so viel freie Zeit zur Verfügung stünde, dass auch Männer – von sich aus – mehr Haus- und Erziehungsarbeiten übernehmen würden (Kurz-Scherf/Breil 1987). Doch hat die Erfahrung gezeigt, dass solche Erwartungen ohne einen vorhergehenden Mentalitätswandel der Männer illusorisch sind. Seit Ende der 1970er Jahre entstand im Zuge eines beginnenden Wertewandels in der Gesellschaft (→Ich) immer öfter der Wunsch, die Arbeitszeit im großen Umfang selbst bestimmen zu können, entsprechend den wechselnden Bedürfnissen und Lebensumständen der Menschen. So sollte es möglich werden, die Arbeitszeit an typische Phasen und Wechselfälle des Lebens (junges Erwachsenenalter, Kindererziehung, späte Erwerbsphase, Pflegeaufgaben (→Sorgen und Pflegen)) sowie an individuell veränderte Lebensziele (→Sinn →Zweierbeziehung →Familie) besser anzupassen. Diese neuen Ideen wurden unter den Schlagwörtern flexible Arbeitszeiten und →Zeitsouveränität populär. Zugleich wurde auch in den Unternehmen über flexiblere Formen der Betriebsorganisation diskutiert; wobei sich jedoch schon bald herausstellte, dass die wirtschaftlich begründeten Flexibilitätsinteressen der Unternehmen hier, und das Bedürfnis der Beschäftigten nach selbstbestimmten Arbeitszeiten dort, nur teilweise übereinstimmten. Aber eben von der Selbstbestimmung hängt ab, ob die Menschen tatsächlich mehr zeitliche Freiheiten haben und damit auch tatsächlich zu mehr Zeitwohlstand gelangen (Rinderspacher 2009). Schließlich ist die Bewahrung einer lebenswerten Umwelt als arbeitszeitpolitisches Ziel denkbar: So könnten die Individuen die Zeit, die sie durch Arbeitszeitverkürzungen gewonnen haben, ja nicht nur für mehr Freizeitaktivitäten verwenden, sondern auch dazu, sich umweltschonender zu verhalten, etwa bei der Überwindung räumlicher Distanzen (→Mobilität).

Grundsätzlich lassen sich vier Dimensionen von Arbeit und Arbeitszeit unterscheiden: Dauer, Lage, Verteilung und Kontrolle. Die erste Dimension bezieht sich auf die Frage, wie lange ein Mensch an seinem Arbeitsplatz ist; die zweite darauf, zu welchem Zeitpunkt er sich dort am Tag, in der Woche oder im Laufe des Jahres aufhält, etwa ob früh oder spät. In der dritten Dimension kann die Arbeitszeit entweder von früh bis spät gleichmäßig durchgehen, aber auch unterbrochen oder unregelmäßig über den Tag und die Woche verteilt sein (zum Beispiel bei einer Beschäftigung im Rahmen einer reduzierten Drei-Tage-Woche von 18 Stunden, verteilt auf Montag, Donnerstag und Samstag). Ob in der vierten Dimension eine Person Kontrolle über ihre Zeit ausüben kann, entscheidet sich daran, inwieweit sie ihre Arbeitszeit, also deren Dauer, Lage und Verteilung mehr oder weniger selbst gestalten kann.

Die über hundertjährige Phase kontinuierlich abnehmender Arbeitszeiten scheint heute in Anbetracht wirtschaftlicher Schwierigkeiten in einigen Branchen, der Steigerung der Lebenshaltungs- und Vorsorgekosten (→Einkommen →Bildung →Rente), weit verbreiteter Niedriglöhne, befristeten Verträgen und eines in vielen Branchen und Regionen nur schwachen Organisationsgrades der Gewerkschaften für's Erste an ihr Ende gekommen zu sein. So waren Arbeitnehmervertretungen und Gewerkschaften im vergangenen Jahrzehnt erst einmal damit beschäftigt, Arbeitszeitverlängerungen zu verhindern, sowohl der täglichen und wöchentlichen Arbeitszeiten als auch der Lebensarbeitszeit, die bekanntlich auf 67 Jahre heraufgesetzt wurde und wahrscheinlich auch dort noch lange nicht ihr Ende gefunden hat (→Rente).

Demgegenüber würden nach wie vor viele Arbeitnehmerinnen und Arbeitnehmer ihre Arbeitszeiten gern verkürzen: 31 Prozent der Männer beziehungsweise 43 Prozent der Frauen, die ganztags arbeiten, wünschen sich Arbeitszeitreduzierungen um 1,6 Stunden oder mehr. Männer über 50 wünschen sich sogar eine Arbeitszeitreduzierung von drei Stunden gegenüber der vereinbarten Arbeitszeit. Aber die Arbeitszeitwünsche gehen auch häufig in die Richtung einer Verlängerung, wenn nämlich Teilzeit gearbeitet wird: Hier möchten fast 40 Prozent der Frauen und sogar 46 Prozent der Männer mindestens 1,6 Stunden mehr arbeiten, Frauen zwischen 15 und 29 Jahren sogar etwas über acht Stunden, im Durchschnitt aber mehr als drei Stunden (IAB 2014; Holst/Seifert 2012).

In einer freien Wirtschaftsverfassung steht es natürlich jedem Arbeitnehmer prinzipiell frei, mit seinem Arbeitgeber die Stundenzahl, die er sich vorstellt, im Einzelgespräch selbst auszuhandeln – allerdings setzt das voraus, dass dieser sich auch darauf einlässt. Dem Nachdruck verleihen könnten gesetzliche oder tarifvertragliche Regelungen, die eine Art Recht des Arbeitnehmers auf Wahlarbeitszeiten beinhalten (→Zeitsouveränität). Ein verbrieftes Recht, seine Arbeitszeit frei zu wählen, ist allerdings nur in Richtung ihrer Verkürzung denkbar, nicht aber ihrer Verlängerung. Das wäre nach der Wirtschaftsverfassung der Bundesrepublik Deutschland, die außer auf Vertragsfreiheit auch auf der Freiheit der unternehmerischen Entscheidung aufbaut, nicht möglich.

Die Arbeitszeit individuell zu verkürzen muss man sich allerdings auch leisten können; bei höheren Qualifikationsstufen mit dementsprechenden Gehältern ist diese Hürde freilich niedriger als bei den unteren (→Bildung). Hinzu kommt, dass aufgrund verschiedener gesellschaftlicher und wirtschaftlicher Entwicklungen, beispielsweise höherer Kosten für die (private) Altersvorsorge (→Rente), seit vielen Jahren Lohnfragen wieder wichtiger geworden sind als Arbeitszeitverkürzungen

(Zeit-Geld-Präferenz, →Einkommen). Andererseits kann in bestimmten Lebenslagen dennoch Zeit wichtiger als Geld sein. Das gilt besonders für solche Arbeitnehmer, die Erziehungsaufgaben haben oder sich um einen pflegebedürftigen Angehörigen kümmern (→Familie →Sorgen und Pflegen; Mückenberger 2007). Entsprechend scheint der Trend der Arbeitszeitpolitik für die nächsten Jahre eher in Richtung Aufgaben beziehungsweise belastungsbezogener Arbeitszeitverkürzung zu gehen. Dazu liegen Modelle auf dem Tisch, die während solcher Lebensphasen Arbeitszeitverkürzungen auf ungefähr 30 Stunden in Kombination mit einem, wenn auch nicht vollständigen, Ausgleich des Einkommensverlustes mittels Lohnersatzleistungen durch öffentliche Kassen bieten. Sie heißen etwa „Familienarbeitszeit" (Müller u. a. 2013; →Familie →Zeitsouveränität) oder „Plegevollzeit" (→Sorgen und Pflegen; Reuyß u. a. 2012).

Weil die individuellen Bedürfnisse der Menschen immer wichtiger werden (→Ich →Zeitsouveränität →Zweierbeziehung), haben, im Verlauf der vergangenen Jahrzehnte gegenüber Arbeitszeitverkürzungen, flexible Modelle zunehmend an Bedeutung gewonnen, gerade auch wenn es darum geht, Zeitwohlstand zu verwirklichen (Rinderspacher 2009; 2012). Möglicherweise bietet die bevorstehende radikale Digitalisierung der Produktionsprozesse, die gegenwärtig unter dem Schlagwort „Industrie 4.0." diskutiert wird (Hirsch-Kreinsen u. a. 2015), hierfür neue Chancen. Zu erwarten sind aber auch viele neue Begehrlichkeiten der Arbeitgeber, um die Arbeitszeiten – was deren Dauer,

Lage und Verteilung angeht – sogar noch mehr als bisher, den wirtschaftlichen und technischen Vorgaben anzupassen. Dazu gehören Vorstöße, die gesetzlich erlaubte tägliche Arbeitszeit von durchschnittlich acht Stunden wieder zu verlängern, indem die Höchstgrenze nun auf die Woche statt auf den Tag bezogen wird und bei flexibler Verteilung dort 48 Stunden nicht überschreiten darf. Faktisch haben sich die Arbeitstage ohnehin schon verlängert: So leisten 20 Prozent der Beschäftigten regelmäßig zehn und mehr Überstunden pro Woche, und 15 Prozent der Beschäftigten erledigen auch außerhalb der Arbeitszeiten noch Aufgaben für den Betrieb. Nahezu ein Drittel, 27 Prozent, müssen auch außerhalb der Arbeitszeiten für den Betrieb erreichbar sein (DGB-Index Gute Arbeit 2012, S.6ff. →Feierabend).

Obwohl Arbeitszeitpolitik in verschiedener Hinsicht sehr viel schwieriger geworden ist als in früheren Jahrzehnten, muss die Geschichte der Arbeitszeitverkürzung deshalb keineswegs abgeschlossen sein (Rinderspacher 2005), jedenfalls nicht zwangsläufig. Ein Blick zurück zeigt, dass Arbeitszeiten mit den unterschiedlichsten Begründungen immer wieder verlängert, dann aber auch wieder reduziert wurden, im langfristigen Trend jedoch kürzer geworden sind. Es wird sowohl auf die weitere wirtschaftliche Entwicklung als auch auf die Kräfteverhältnisse und vor allem auf das Engagement der Arbeitnehmerinnen und Arbeitnehmer ankommen, wie sich die Arbeitszeiten in Zukunft entwickeln werden. Zumindest in der Arbeitsgesellschaft bleiben die Arbeitszeiten jedenfalls die Basis für gelebten Zeitwohlstand und Muße.

Bildung

Gute Investition für bessere Zeiten

Bildungszeit ist immer knapp: Es gibt im Verlauf eines Lebens viel mehr sinnvolle Bildungsinhalte, als für einen Menschen Zeit vorhanden wäre, sie alle aufzunehmen. Deshalb muss Bildung in zeitlicher Hinsicht gut organisiert sein, individuell und auch von der Gesellschaft. Jeder Mensch hat ein Recht auf Bildung. Zugleich hat aber auch jeder die Pflicht, einen mehr oder weniger großen Teil seiner Lebenszeit in Bildung zu investieren, um auf Basis der eigenen Arbeitsleistung seinen Lebensunterhalt erwirtschaften und sein Leben selbst gestalten zu können. In Deutschland gilt unter anderem daher eine allgemeine Schulpflicht über einen Zeitraum von zehn Jahren.

Zwar wird in der Schule vorrangig „Wissen" vermittelt, doch der pädagogische Auftrag der verschiedenen Lehreinrichtungen beinhaltet auch, die Persönlichkeit zu formen. Damit kommt man jenem Begriffsverständnis von „Bildung" näher, wie es besonders die deutsche Tradition und Sprache pflegt; andere Sprachen begnügen sich mit dem Begriff *education* = Erziehung. Bildung geht übrigens sprachlich auf das Wort „Bild" zurück und bezieht sich auf jene Bibelstelle, der zufolge Gott den Menschen nach seinem Bilde geschaffen hat (1. Buch Mose 1,26 f). Der Begriff weist in diesem Sinne in Richtung einer allseitigen Entwicklung der Persönlichkeit, die auf Basis des vermittelten Wissens geformt werden soll, um damit zu menschlicher Reife und Erkenntnis über sich und die Welt zu gelangen. Bildung hat aber weitere Facetten und ist daher ein schillernder und unscharfer Begriff: Einerseits umgibt ihn die Aura klassischer Bildungsideale, andererseits findet er im Rahmen der Bildungspolitik sehr pragmatische Anwendung. In gewissem Sinne handelt es sich auch um einen normativen Begriff, der zahlreiche gesellschaftlich und religiös fundierte Soll-Vorschriften in sich birgt. Denn welche Bildungsinhalte als wichtig angesehen werden und wer schließlich als „gebildet" gilt, das entscheidet die jeweilige Gesellschaft, in der man lebt.

Mit der Entwicklung der industriellen Gesellschaft etablierte sich allmählich ein gesellschaftlicher „Schonraum". In ihm wurden Kindern (→Kinderzeiten) und Jugendlichen, die möglichst unbelastet von existenziellen Sorgen und gesellschaftlichen Anforderungen aufwachsen sollten, Zeit und materielle Ressourcen zur Verfügung gestellt, sich Wissen anzueignen, um auf das Erwachsenenalter und das Berufsleben vorbereitet zu sein sowie eine eigene Persönlichkeit ausbilden zu können. Bildung wird zumindest in Mitteleuropa entsprechend ihrer zentralen Bedeutung überwiegend staatlich organisiert. Eigens geschaffene Bildungseinrichtungen übernehmen den Erziehungsprozess, der sich in vormoderner Zeit noch eher beiläufig vollzog.

Der Zeitraum, in dem man sich bilden kann, darf und muss, war bis vor noch nicht allzu langer Zeit nahezu ausschließlich der Kindheit und Jugend zugeordnet. Grob vereinfachend ist der Lebenslauf des modernen Menschen demnach dreigeteilt und besteht aus Lernen

– Arbeiten – Ruhen. Bis in die 1990er Jahre dehnte sich allerdings der gesellschaftliche Schonraum weiter und weiter aus – und mithin die Kindheits- und Jugendphase insgesamt. Dies kann als Reaktion der Gesellschaft darauf verstanden werden, dass sich das Wissen in zunehmend kürzeren Intervallen vervielfacht. Demgegenüber ist die Schulzeit bis zum Abitur nicht verlängert, sondern auf zwölf Jahre verkürzt worden – um dann, aus der Einsicht heraus, dass diese Zeit für ein breiter angelegtes Bildungsverständnis eigentlich doch zu kurz sei, mancherorts wieder verlängert zu werden. Die Gründe für die Verkürzung sind überwiegend ökonomische, nämlich früher ins Erwerbsleben einsteigen zu können und zudem die Kosten für das Bildungssystem zu senken. Ähnliche Hintergründe hatte außer der Internationalisierung des deutschen Hochschulabschlusses auch die Reform des Studiums nach dem Bachelor- /Master-System. Die damit potentiell verlängerte Dauer der Erwerbsbiografie ist nicht zuletzt mit Blick auf die Finanzierung der Altersversorgung (→Rente) wichtig geworden.

Obwohl die Schule allgemein als gesellschaftlicher Schonraum angesehen wird, ist gerade sie äußeren gesellschaftlichen Entwicklungen ausgesetzt. Daher ist in den letzten Jahren die These vom gesellschaftlichen Schonraum für Kinder und Jugendliche zu Recht grundsätzlich in Frage gestellt worden. Zwar gehört die Vermittlung und Einübung gesellschaftlich anerkannter Regeln und Verhaltensnormen zum Bildungsauftrag der Schule – es fragt sich nur, wie weit die Anpassung gehen soll. Dies gilt besonders für zeitliche Normen, die gewissermaßen Bestandteil des „geheimen Lehrplans" der Schule sind. So wird in der Schule die Zeit wie im Erwachsenenleben schon von Beginn an punktgenau getaktet. Das reicht von der Erziehung zum pünktlichen Schulbeginn bis hin zur zeitlichen Befristung einer Klassenarbeit. Das Einfügen in einen festen, von außen vorgegebenen Zeitrahmen widerspricht oft den zeitlichen Bedürfnissen der Kinder und Jugendlichen, vom Stillsitzen und Stillesein bis zum typischen Schulrhythmus aus Unterrichtseinheiten von 45 Minuten und Pausen von fünf bis 30 Minuten (→Kinderzeiten). Dieser Takt ist in neuerer Zeit allerdings vielerorts zugunsten größerer Einheiten verändert worden. Dennoch entscheidet nicht der jeweils zu bearbeitende Stoff über die Länge der Schulstunde, sondern der vorgegebene Stundenplan und die Stundentafel. Pädagogische Reformkonzepte (wie in den Waldorfschulen), die versuchen, diese Dominanz gesellschaftlicher Erwachsenenzeit im Klassenzimmer grundsätzlich zu überwinden und eine kinder- und sachgerechte Zeiteinteilung zu praktizieren, bilden nach wie vor die Ausnahme (→Rhythmus →Spiel(en)).

Die Einsicht, dass mit dem extrem raschen Zuwachs an Wissen bereits erworbene Kenntnisse auch immer schneller veralten, spielt für die Bildungspolitik der Zukunft eine entscheidende Rolle. Dieser Erkenntnis wird nun dadurch Rechnung getragen, dass in der Schule nicht mehr in erster Linie die gerade gültigen Wissensbestände vermittelt werden, sondern vor allem Schlüsselkompetenzen. Zu diesen zählt unter anderem die Fähigkeit und Bereitschaft zu lernen, möglichst ein

Leben lang (Schmidt-Lauff 2012). Von der Grundschule an wird den Schülerinnen und Schülern unter der Überschrift „Lernen lernen" vorrangig gezeigt, wie man Wissensaneignung am besten organisiert.

Immer stärker setzt sich einseitig eine ökonomistische Variante des Bildungsbegriffes im Sinne von instrumentellem und beruflich verwertbarem Wissen durch, die mit „Bildung" im herkömmlichen, umfassenden Sinne wenig gemein hat. Dabei ist eine umfassende Bildung eine wichtige Voraussetzung dafür, Informationen überhaupt sinnvoll einordnen zu können. Ein Netz aus Wissen zu knüpfen, welches uns erlaubt, Neues aufzunehmen und zu bewerten, benötigt viel Zeit. Wissen in diesem Sinne ist also immer auch Erfahrungswissen, und Erfahrungen wollen erst einmal gesammelt sein. Außerdem muss Wissen dazu befähigen, kreativ zu sein und selbst neues Wissen hervorbringen zu können. Hierzu muss man sich, wie etwa in der Forschung, bildlich gesprochen auf den Weg machen – was dann allerdings Irrwege einschließt, die im Hinblick auf das erhoffte Ergebnis sehr zeit-„raubend" sein können. Insofern ist jede Wissensproduktion mit mehr oder weniger großen Risiken verbunden. Folgerichtig hat Bernd Guggenberger schon in den 1980er Jahren ein „Menschenrecht auf Irrtum" gefordert (1987).

Vermutlich nicht immer im vollen Bewusstsein dieser zeitlichen Risiken fordern Pädagogen zu Recht, dass die Wege, Ziele und zum Teil auch Inhalte des Lernens sehr viel mehr als bisher von den Schülern mitgestaltet werden sollten, um effektiver (Lernen) zu lernen. Leider sind die meisten öffentlichen Institutionen – von der Kindertagesstätte bis zur Universität – auf solche kreativen und zugleich effektiven Formen des Lernens noch immer nicht eingestellt, weder in Bezug auf die zeitliche Organisation des Unterrichts, noch didaktisch, noch auf einen damit fallweise erhöhten Personalbedarf. Auch wenn man anerkennen muss, dass die Curricula in den Schulen zunehmend um eine Didaktik des exemplarischen Lernens bemüht sind, erscheint die Praxis doch eher von den Tagesgeschäften geprägt und ähnelt, zumindest in zeitlicher Hinsicht, dem berühmten Versuch einer Quadratur des Kreises. Denn faktisch muss hier nach wie vor – nun jedoch auf der Basis reduzierter Schuljahre – mehr Wissen in kürzerer Zeit gelernt werden. Zugleich soll zusätzlich die Kreativität der Lernenden gefördert werden – ein Ding der Unmöglichkeit (Zeiher/Schroeder 2008).

Andererseits wäre eine Erhöhung der täglichen Stundenzahl nicht zu vertreten, da in den höheren Klassenstufen die Belastung durchschnittlich leistungsstarker Jugendlicher durch Lernzeiten in der Schule und zu Hause schon jetzt höher sein dürfte, als es das Arbeitszeitgesetz, geschweige denn das Jugendschutzgesetz, erlaubt (→Arbeitszeit). So sind auch →Wochenenden weitgehend nicht mehr für Freizeit und Regeneration reserviert, sondern stattdessen als Lernzeit enttabuisiert, ebenso wie die Schulferien. Hinzu kommt die Zeit für Nachhilfeunterricht, den jeder fünfte Gymnasiast in Anspruch nehmen muss, vor allem in Mathematik, gefolgt von den Fremdsprachen und Deutsch. Die Kosten belaufen sich dabei übrigens im Durchschnitt auf 87 Euro pro Monat, sodass Nachhilfeunterricht vor allem von Haushalten mit einem monatlichen →Einkommen von über 3000 Euro in Anspruch genommen wird: Auch dies trägt dazu bei, dass Bildung und beruflicher Aufstieg in Deutschland nach wie vor stark vom Einkommen und vom sozialem Status der Eltern abhängen (DIE ZEIT 2016a). Die eigentlich ja sinnvolle Ausdünnung des Lernstoffs trifft in der Praxis vor allem die so genannten „weichen" Fächer, solche also, die zumeist Bildung in einem umfassenderen Verständnis repräsentieren und nicht der unmittelbaren wirtschaftlichen Verwertung zugute kommen, wie Religion, Musik, Kunst oder Sport. Sollen solche Kompetenzen nicht völlig verschwinden, müssen sie im Privatunterricht nachgeholt werden. Dabei fördern gerade diese Fächer nachweislich das Lernen als solches.

Darüber, ob, wie manche vorschlagen, auch der gute Umgang mit der Zeit, „Zeitkompetenz" (Hatzelmann/ Held 2010), als Lernstoff in der Schule vorkommen sollte, kann man unterschiedlicher Meinung sein – denn auch den guten Umgang mit der Zeit zu lernen kostet Zeit. Möglichkeiten hierzu bieten sich im Rahmen des Religions-, Ethik- oder Sozialkundeunterrichts, wo man weithin erkannt hat, welch bedeutende Aufgabe die Zeit zum Verständnis und als Gestaltungskriterium unserer modernen Lebenswelt übernimmt.

Bildung soll zweifellos aber auch der beruflichen Qualifikation und ihrem Erhalt beziehungsweise ihrem Ausbau dienen und damit der Sicherung von „Beschäftigungsfähigkeit". Es stellt sich für den „Arbeitskraftunternehmer", der sich selbst managen muss, um seinen Job zu behalten oder aufzusteigen, die Aufgabe, seine Bildungsaktivitäten über das ganze Leben zu verteilen. Die Kosten und Aufwendungen, die dabei entstehen, können allerdings nicht allein dem Individuum aufgebürdet werden. Sie sollten mehr als bisher von der Gesellschaft als Ganzes mitgetragen werden, sowohl in finanzieller als auch in zeitlicher Hinsicht. Denn das setzt voraus, seinen Lebenslauf so zu gestalten, dass an unterschiedlichen Stellen immer wieder Lernphasen eingebaut sind. So genannte „Lernzeitkonten" zur beruflichen Weiter- und Fortbildung können dabei entscheidend helfen, indem Beschäftigte für Bildungszwecke vom Betrieb freigestellt werden, wobei sich beide Seiten an den Kosten beteiligen sollten (Dobischat/Seifert 2001): Während der Arbeitgeber die Qualifizierungsmaßnahme, die dem Unternehmen ebenfalls zu Gute kommt, finanziert, bringen die Arbeitnehmerinnen und Arbeitnehmer ihre (freie) Zeit ein, die sie zuvor beispielsweise als Zeitguthaben auf einem Zeitkonto angesammelt haben. Etwa auch die Idee eines so genannten Lebenschancenkredits könnte hier Anwendung finden (Mau 2012). Sabbaticals stellen eine andere Möglichkeit dar, sich durch eine berufliche Freistellung von mehreren Monaten oder gar von ein bis zwei Jahren weiterzubilden und sein Wissen auf den neuesten Stand zu bringen, allerdings auf eigene Kosten (→Zeitsouveränität →Einkommen).

Eine interessante Institution, sich regelmäßig fortzubilden – und zwar im umfassenden Sinn des Wortes –, ist der Bildungsurlaub, auf den Arbeitnehmer in Deutschland seit den 1960er Jahren einen etwa fünftägigen gesetzlichen Anspruch pro Jahr bei Lohnfortzahlung haben (mit Unterschieden nach Bundesländern). Stand hinter diesem Förderkonzept ursprünglich ein umfassender Bildungsbegriff, ist der Bildungsurlaub durch die Bewilligungspraxis der Arbeitgeber immer stärker auf berufsnahe Themen reduziert worden und wird von diesen noch viel zu häufig als überflüssige Sozialleistung und nicht als wichtiger Baustein eines Gesamtkonzepts des lebenslangen Lernens begriffen (Schmidt-Lauff 2012). In diesem Rahmen wird es um regelmäßig wiederholte Bildungsfreistellungen von Wochen, Monaten oder Jahren gehen, verteilt über das gesamte Erwerbsleben.

Dabei ist allerdings vor Mythenbildung zu warnen: Wer sich ausschließlich von erworbenen Zertifikaten eine Verbesserung seiner Arbeitsmarktchancen erhofft, wird nicht selten enttäuscht. Weiterbildungsmaßnahmen allein lösen das Problem der eigenen beziehungsweise der gesellschaftlichen Arbeitslosigkeit sicher nicht. Denn natürlich müssen die erworbenen Fähigkeiten erst auf eine entsprechende Nachfrage auf dem Arbeitsmarkt treffen. Wer aber in seiner Fort- und Weiterbildung vor allem einen Nutzen für sich selbst zu erkennen vermag, der wird Zeit, Geld und Anstrengung, die er eingesetzt hat, unabhängig davon erst einmal als eine gute Investition für bessere Zeiten erfahren (→Sinn).

Ehrenamt

Sich Zeit für andere nehmen

Ohne die Bereitschaft von Millionen Mitbürgerinnen und Mitbürgern, freiwillig und unentgeltlich ihre freie Zeit für andere Menschen und in Dinge zu investieren die ihnen wichtig sind, wäre unsere Gesellschaft um Vieles ärmer. Öffentliche Ämter und Aufgaben zu übernehmen verbindet sich in Deutschland traditionell mit dem Begriff „Ehrenamt". Versuche, ihn durch moderner klingende Namen wie „freiwilliges Engagement" oder „Freiwilligenarbeit" zu ersetzen, deuten zwar auf ein gewandeltes Verständnis bei Politikern und Verbandsvertretern hin, haben sich im allgemeinen Sprachgebrauch aber nicht wirklich durchsetzen können (BMFSFJ 2010b, S.14). Der Begriff „Ehrenamt" hat in Deutschland Tradition und trifft die Sache, für die er steht, hinsichtlich zweier maßgeblicher Komponenten genau: Es handelt sich um eine Tätigkeit, die tatsächlich um der Ehre willen getan wird und zur Ehre gereicht. Sie bringt dem, der sie leistet, soziale Anerkennung, aber keine „müde Mark" ein. Daneben steht das „Amt". Das meint im Ursprung eine organisierte, mehr oder minder dauerhafte, verbindliche und verpflichtende Tätigkeit, die bestimmten Aufgaben, Rechten und Pflichten folgt.

Ursprünglich einmal war „Ehre" an den sozialen Stand gebunden. Doch mit dem Aufstieg des Bürgertums im 18. Jahrhundert änderte sich dies. Nun war Ehre verstärkt eine Frage von Leistung und Verdienst (→Leistung und Erfolg). Und hier bot unter anderem die Arbeit für das Gemeinwohl ein breites Betätigungsfeld. Dabei gab es von Anfang an eine stark geschlechtsspezifische Arbeitsteilung. Männer engagierten sich in der Politik oder im Sportverein, Frauen in den entstehenden karitativen Organisationen. Diese Aufteilung prägt das Ehrenamt bis heute, wenngleich sie nicht mehr so stark ist wie einst.

Das angelsächsische *volunteering* betont mehr die „Freiwilligkeit" und das „Tun". Die „Universal Declaration of Volunteering" hebt hervor, dass zum einen die persönliche Motivation und zum anderen die Möglichkeit, sein Tätigkeitsfeld zu wählen, die Basis für ein zeitgemäßes freiwilliges Engagement sei. Das erscheint heute selbstverständlich. Zudem wechselt man gelegentlich die Art und den Träger seines öffentlichen Engagements – die lebenslange Bindung an einen Verein, in dem man langfristig ein Ehrenamt übernehmen würde, entspricht nicht mehr unbedingt dem, was die Menschen gerne wollen. Darüber hinaus ist bei den „neuen Freiwilligen" ein weit stärkeres Interesse an Eigenverantwortung und Selbstbestimmung zu beobachten, wie die im Jahr 2000 eingerichtete Enquete-Kommission des Deutschen Bundestages „Zukunft des bürgerschaftlichen Engagements" hervorhebt. In ihrem ehrenamtlichen Tätigkeitsfeld stellten die Freiwilligen weitreichende Anforderungen an Mitbestimmungs- und Gestaltungsmöglichkeiten. Und dies nicht zuletzt mit Blick auf die zeitlichen Rahmenbedingungen (→Zeitsouveränität →Ich).

Darauf haben sich auch die Freiwilligen-Agenturen eingestellt, die überall in Deutschland ihre Vermittlungsdienste anbieten. Sowohl in größeren Organisationen als auch in der privaten Pflege von Kranken und Hilfsbedürftigen, der Betreuung von Kindern oder in der Flüchtlingsarbeit ist die Nachfrage nach ehrenamtlichen Kräften groß. Dem entsprechend sind auch die Freiwilligen-Agenturen darauf bedacht, passende Qualifikationen zu vermitteln. Der „Freiwilligensurvey 2009" (BMFSFJ 2010b) zeigt, dass in diesem Jahr immerhin 71 Prozent der Bevölkerung in Vereinen, Organisationen, Gruppen oder öffentlichen Einrichtungen (also im dritten Sektor bzw. in der Infrastruktur der Zivilgesellschaft) „teilnehmend aktiv" waren, das war gegenüber 1999 ein Zuwachs von fünf Prozent. Ansprechbar für ein Engagement sind vor allem solche Personen, die ohnehin in öffentliche Systeme integriert sind, wie in der Bildungs- und Ausbildungsphase; bei den Familien stellt sich der Zugang häufig durch die Kinder her. Aber auch immer mehr ältere Menschen sind seit 1999 öffentlich aktiv geworden (ebd., S.4). Die sogenannte Engagementquote, also der Anteil der Menschen an der Gesamtbevölkerung, die nicht nur beteiligt sind, sondern tatsächlich aktive Arbeit leisten und diese auch längerfristig ausüben, liegt bei 36 Prozent. Das freiwillige Engagement ist besonders hoch bei Männern, Erwerbstätigen, jungen Leuten in der (verlängerten) Ausbildungsphase, bei höher Gebildeten und bei Menschen mit einem gehobenen Berufsprofil (ebd., S.4). Etwa 10 Prozent der Bevölkerung sind im Bereich Sport und Bewegung unterwegs, ganz überwiegend in Vereinen, welcher der größte Engagementsbereich ist. Nachgeordnet folgen die Bereiche Kindergarten und Schule sowie Kirche und Religion, gefolgt mit einem gewissen Abstand vom Bereich soziales Engagement. In so anspruchsvollen Diensten wie der Freiwilligen Feuerwehr beziehungsweise den Rettungsdiensten engagieren sich etwas weniger als drei Prozent (ebd., S.6).

Die Verteilung über die Bereiche hinweg hat sowohl etwas mit den Interessen der Freiwilligen zu tun als auch mit den Angeboten, die die Gesellschaft bietet. (ebd., S.6). Einen großen Einfluss auf das Engagement haben zunehmend auch die →Arbeitszeiten. Davon hängt bekanntlich ab, ob und wie man seine Zeit planen kann. Im Freiwilligensurvey 2009 (ebd.) geben 57 Prozent der erwerbstätigen Engagierten an, ihre freie Zeit unter der Woche verlässlich planen zu können; für 20 Prozent ist das nur teilweise möglich und für 23 Prozent gar nicht. Diejenigen, die für ihre Freizeit über eine wirkliche Planungssicherheit verfügen, sind mit 45 Prozent weit überdurchschnittlich engagiert. „Das Zeitregime zeigt damit einen Riss in der gesellschaftlichen Kultur an, der es Teilen der erwerbstätigen Bevölkerung schwerer macht, sich mehr in der Zivilgesellschaft zu engagieren." (ebd., S.10)

Mit ihrem Engagement im Rahmen der Zivilgesellschaft wollen Bürgerinnen und Bürger etwas zum Gemeinwesen beitragen und die Gesellschaft mitgestalten. Diese Motivation schließt andere Motive, Zwecke und Wirkungen nicht aus: Vor allem soll das Engagement inhaltlich befriedigen und Freude bereiten, darüber hinaus die Möglichkeit bieten, eigenes Wissen und Können einbringen und erweitern zu können (ebd., S.11). Diese Motivstruktur liegt etwa auch dem „Freiwilligen Sozialen Jahr" zugrunde, welches, verbunden mit der Hoffnung auf eine berufliche Orientierungsphase, seit seiner Einführung größtenteils von Schülerinnen und Schülern nach dem Abitur genutzt wird. Mit einem Anteil von 40 Prozent sind über alle Bereiche mehr Männer als Frauen (32 Prozent) freiwillig engagiert. Zwischen 20 und 34 Jahren konkurriert bei ihnen der Wunsch nach beruflichem Erfolg und dem Aufwand für die neugegründete Familie stark mit einem öffentlichen Engagement, wenngleich sich die Quote derjenigen, die ein Ehrenamt ausüben, tendenziell stark erhöht (ebd., S.18).

Die Zeit, die Engagierte für ihre freiwillige Tätigkeit pro Woche aufwenden, liegt für etwa ein Drittel der ehrenamtlich engagierten Menschen bei bis zu zwei Stunden bzw. drei bis fünf Stunden. Immerhin 17 Prozent der Engagierten waren 2009 zwischen sechs und zehn Wochenstunden im Einsatz, knapp jeder zehnte Engagierte wandte sogar mehr als zehn Stunden für das Engagement auf. Nicht wenige Ehrenamtliche üben sogar zwei oder mehr Tätigkeiten aus. Das, wegen der oft vorhandenen Doppelbelastung durch Berufs- und Familienarbeit, angespannte Zeitbudget der Frauen scheint sich nicht nur in Form einer geringeren Beteiligung am Engagement auszuwirken, sondern auch auf die Zeit, die dafür verbleibt (ebd., S.30). Eine große Rolle bei der Frage des Engagements spielt das Verhältnis zum Arbeitgeber; diejenigen, die sich hier unterstützt sehen, bringen deutlich mehr Zeit für ihr Engagement auf. Flexible →Arbeitszeiten und Freistellungen sind dafür eine große Hilfe, aber auch die Erlaubnis, die betriebliche Infrastruktur zu nutzen (ebd., S.43). Umgekehrt zeigt sich, dass das Engagement zumindest bei bestimmten Personengruppen abnimmt, wenn die Leistungsanforderungen im zentralen Lebensbereich zunehmen: So haben Schülerinnen und Schüler in den letzten Jahren ihren zeitlichen Einsatz stark zurückgenommen (ebd., S.31 →Bildung). Und so stellt sich die Frage, ob die Menschen angesichts steigender Anforderungen am Arbeitsplatz, in der Ausbildung, vielfacher zusätzlicher Belastungen durch gestiegene Aufgaben und erhöhte Ansprüche (Rinderspacher 2003) auch künftig noch bereit und in der Lage sein werden, im bisherigen Umfang ehrenamtliche Arbeit zu leisten (→Leistung und Erfolg →Einkommen →Stress). Als Hindernis für ein Engagement kommt hinzu, dass durch einen starken Professionalisierungsschub die Ansprüche an die Fähigkeiten der Menschen, die Freiwilligenarbeit leisten, erheblich gestiegen sind (Reifenhäuser/Reifenhäuser 2013). Für Manche Freiwillige mag dies allerdings im Gegenteil auch ein zusätzlicher Anreiz sein.

Ungeachtet solcher Hindernisse setzt die Politik angesichts leerer Kassen dennoch immer öfter auf die unentgeltliche Arbeit der Bürgerinnen und Bürger. So wird in Zukunft vermehrt Freiwilligenarbeit benötigt, um in bestimmten gesellschaftlichen Bereichen Aufgaben zu bewältigen, die mit bezahlter Arbeit nicht oder nur teilweise abzudecken wären und zudem auch aus grundsätzlichen Erwägungen überwiegend als Aufgabe der Zivilgesellschaft angesehen werden, wie etwa im Bereich der Pflege alter Menschen (→Sorgen und Pflegen). Dementsprechend erwartet der Achte Familienbericht der Bundesregierung (BMFSFJ 2012) von den Rentnerinnen und Rentnern in der frühen Altersphase (da diese im Durchschnitt körperlich und geistig noch sehr leistungsfähig seien), Sorgearbeit für hochaltrige Menschen zu übernehmen. Auch die Kirchen setzen angesichts zurückgehender Einnahmen noch mehr als bisher auf Freiwilligenarbeit. Tatsächlich könnten Bürger, die immer weniger Zeit für ihren Beruf aufbringen müssen – sei es, dass sie von Arbeitszeitverkürzungen profitieren, sei es, dass sie erwerbslos oder sogar in Rente sind –, tatsächlich einen Teil ihrer „freien" Zeit in größerem Umfang dem Gemeinwohl widmen als bisher.

In ferner Zukunft, vorausgesetzt, dass sich die materiellen und zeitlichen Rahmenbedingungen der Beschäftigten verbessern, wäre sogar eine „Dreizeitgesellschaft" vorstellbar (Rinderspacher 2005): Auf der Basis eines Sechs-Stunden-Arbeitstages würden die Menschen dann den aktiven Teil des Tages- oder Wochenverlaufs nach drei Zonen unterscheiden: erstens, Zeit zur Existenzsicherung, zweitens, Zeit für gemeinwohlorientierte freiwillige Tätigkeiten (z.B. zwei Stunden pro Tag) und drittens, Zeit zur freien Verfügung für Eigenarbeiten, Pflege- und Erziehungsaufgaben, Bildung, Freizeitgestaltung und Schlaf. Allerdings scheinen die Chancen dafür auf mittlere Sicht eher ungünstiger als noch vor einigen Jahren zu hoffen war, da umfangreiche Verkürzungen der →Arbeitszeit in absehbarer Zeit weder auf der Agenda der Gewerkschaften stehen noch durchsetzbar wären.

Die Tatsache, dass „Nicht-Engagierte" am häufigsten „Zeitmangel" als Grund für ihre ehrenamtliche Abstinenz angeben, macht deutlich, welche Rolle Zeit in diesem Zusammenhang spielt, zumindest im eigenen Selbstverständnis; wobei jeder weiß, dass dieser auch gern als Ausrede für fehlendes Interesse herhalten muss. Dennoch, und obwohl genügend Zeit oder gar Langeweile allein für viele noch kein Grund ist, sich zu engagieren, müssen zeitliche Barrieren als Hindernis für ein öffentliches Engagement ernst genommen werden. Als zeitliche Hindernisse erscheinen hier zusammenfassend vor allem vier Dinge: Erstens ungünstige Arbeitszeiten, zweitens der Grad der Arbeitsbelastung und darin der zeitlichen Verdichtung im Erwerbsleben, drittens die Vielzahl weiterer (auch zeitlicher) Anforderungen aus der Gesellschaft und viertens die enorm gestiegenen Verwendungsalternativen für die eigene Freizeit (→Zeitdiebe →Sinn →Konsum →Internet →Mobilität).

So haben Untersuchungen gezeigt, dass selbstbestimmtere Arbeitszeiten positive Auswirkungen auf das freiwillige Engagement haben können (Seifert/Groß 2012). Doch auch wenn in theoretischen Debatten viel von „Wahlarbeitszeiten" die Rede ist (→Zeitsouveränität), richten sich unsere →Arbeitszeiten im wirklichen Leben immer öfter nach den betrieblichen Erfordernissen. Dies verhindert außer einem regelmäßigen Familienleben (→Familie →Kinderzeiten) eben auch die

Übernahme eines Ehrenamts – zumindest dort, wo Regelmäßigkeit und Verlässlichkeit unabdingbar ist – bei der Mitarbeit in einer politischen Partei ebenso wie bei der freiwilligen Feuerwehr oder im Chor. Auch Wechselschichten und Spätarbeit behindern öffentliches Engagement (→Feierabend →Wochenende →Sorgen und Pflegen).

Ein zweites Hindernis für die Übernahme eines Ehrenamtes stellt der fortschreitende Rationalisierungsprozess in den Unternehmen dar, das heißt die enorme Verdichtung der →Arbeit in Fabriken, Büros und im Einzelhandel, oft in Verbindung mit der Verlängerung der Arbeitszeiten, die das Erholbedürfnis nach der Arbeit überproportional erhöhen und dadurch die Regenerationszeit verlängern; ähnlich wirken sich auch längere und stressigere Wege von und zur Arbeit aus (→Mobilität →Stress). Die Arbeitgeber verlangen mehr und mehr „den ganzen Menschen". Dazu gehört außer, dass dieser sich auf der Arbeit eigenmotiviert voll und ganz verausgabt auch, dass er sich nach →Feierabend weiterbildet, um seine Beschäftigungsfähigkeit zu erhalten (→Bildung). Das geht unter anderem zu Lasten derjenigen Stunden, die fürs Ehrenamt vielleicht noch zu erübrigen wären. Zum Erhalt der Beschäftigungsfähigkeit gehört darüber hinaus – ganz unabhängig von persönlichen Vorlieben – noch ein regelmäßiger Zeitaufwand für den körperlichen Ausgleich der nervlich hohen Belastungen in der Arbeit (→Stress).

Drittens kommt die gewaltige Aufblähung von Dingen hinzu, die der normale Bürger sonst noch so tun soll. Nimmt man einmal all die Anforderungen ernst, die in der jüngeren Vergangenheit an ihn gestellt worden sind – frei nach dem Motto „Frag nicht, was der Staat für dich tun kann, sondern, was du für deine Gesellschaft zu tun bereit bist!" –, so reichte die Zeit selbst dann nicht aus, wenn der Tag 48 Stunden hätte. Um nur einige Anforderungen zu nennen: Die Menschen sollen sich außer in Beruf und →Familie noch in politischen Parteien und Gewerkschaften engagieren, als Konsumenten Preise und Qualitäten vergleichen und dabei selbstverständlich auch noch souverän mit den Risiken von genmanipuliertem Mais umgehen können (→Konsum), sich um ihre und anderer Leute Gesundheit kümmern (→Sorgen und Pflegen), mehr Sport treiben, bei den Hausaufgaben der Kinder helfen (→Bildung) und hin und wieder sogar deren Klassenräume renovieren (Rinderspacher 2003).

Schließlich wachsen die Möglichkeiten, seine freie Zeit in der einen oder anderen Form mehr oder weniger sinnvoll zu verbringen. Vor allem im städtischen Raum locken die Angebote in den Fußgängerzonen (→Konsum), Konzerte und Museen oder Fitnessstudios – und überall und immer lockt in vielerlei Gestalt das →Internet (→Zeitdiebe). Hinzu kommt die Zeit, die man lieber für Kurz- und Fernreisen (→Mobilität) oder die Ausgestaltung des eigenen Heims aufwenden möchte, statt die Zeit an ein Ehrenamt zu binden.

Nicht zuletzt ist, auch unter Berücksichtigung aller Hindernisse und Ablenkungen, das regelmäßige Engagement für eine gute Sache nicht vor allem eine Frage der Zeit, sondern des (guten) Willens. So hat sich immer wieder gezeigt, dass diejenigen, die auf dem Papier viel freie Zeit haben, sich nicht deshalb auch für ein zusätzliches Engagement gewinnen lassen. Beispielsweise sind Rentner – aus nachvollziehbaren Gründen – bei weitem nicht so leicht zu mobilisieren, wie es rechnerisch ihrem Zeitbudget entspräche. Auch die Erwartungen, die sich vor Jahrzehnten mit dem freiwilligen Engagement von Arbeitslosen verbanden, wurden von der Wirklichkeit enttäuscht. Sie sind nur halb so oft ehrenamtlich engagiert wie Vollzeitbeschäftigte (BMFSFJ 2010b, S.21).

Hier wird unter anderem deutlich, wie stark die Bereitschaft für ein ehrenamtliches Engagement an den Grad gesellschaftlicher Integration gekoppelt ist: Diejenigen, die bereits in Beruf und Familie eingebunden sind, finden sich eher bereit als andere (Klenner u. a. 2001). Und nur wer sich schon in seiner Jugend engagiert hat und/oder das Bedürfnis, freiwillig etwas für die Gemeinschaft zu tun, von seinen Eltern kennt, ist in der Regel ansprechbar. Warum auch sollte man seine wertvolle Lebenszeit für Dinge opfern, die einen nichts (mehr) angehen?

Wie viele Menschen einen →Sinn darin sehen, sich Zeit für andere zu nehmen und wie tief ihr Engagement ist, ist damit auch immer ein Spiegel des inneren Zustandes einer Gesellschaft.

Einkommen

Mehr oder weniger gut auskommen

Dass der Mensch sein Brot verdienen muss, ist eine triviale Einsicht. Offen ist, womit er dies tut, unter welchen Bedingungen und nicht zuletzt wie viel seiner knappen Lebenszeit er dafür aufwenden muss. Zudem ist keineswegs sicher, ob er überhaupt eine mehr oder weniger geregelte Einkommensquelle hat – im Weltmaßstab betrachtet verfügen über eine solche die wenigsten Menschen.

Jedes Einkommen hat zwei Seiten: die seiner Entstehung und die seiner Verwendung. In der modernen Erwerbsgesellschaft existieren ganz unterschiedliche Möglichkeiten, sein Auskommen zu finden: Es gibt das Arbeitseinkommen (Lohn, Gehalt), Kapitaleinkommen (Zinsen, Dividenden), Einkünfte aus Miete und Verpachtungen, Altersrenten (→Rente) und verschiedene so genannte staatliche Transfereinkommen wie Kindergeld oder staatliche Hilfen zum Lebensunterhalt. Daneben können nicht-monetäre Erträge und Naturaleinkommen eine gewisse Rolle spielen, beispielsweise Obst und Gemüse aus dem eigenen Garten.

Die Verwendung des Einkommens ist ebenso vielgestaltig und beschränkt sich bekanntlich keineswegs auf die Ausgaben des täglichen Lebens. Erst einmal ist ein erheblicher Teil in Form von Steuern und Sozialabgaben an den Staat zu überweisen, ein anderer muss für das Wohnen ausgegeben werden, ein weiterer eventuell für die private Vorsorge im Alter (→Rente), die Gesundheit sowie für private Investitionen, unter anderem in →Bildung, sei es in die eigene oder die der Kinder. Ein bestimmter Teil der Einkünfte wird, sofern möglich, normalerweise gespart, sei es auf dem Konto der örtlichen Sparkasse oder als Kapitalanlage in Form von Wertpapieren oder Lebensversicherungen.

Wie hoch sind die Einkommen, die Jahr für Jahr ausgegeben werden können? 2015 lag das durchschnittliche Nettoeinkommen privater Haushalte bei etwa 2.700,- Euro monatlich. Zur freien Verfügung bleiben am Ende etwa 1.345,- Euro. Dieser Wert ergibt sich nach Abzug der Ausgaben für Lebensmittel und Miete. Bekannt ist, dass es zwischen Frauen und Männern einen Gehaltsunterschied gibt: Frauen verdienen im Schnitt rund ein Fünftel weniger als ihre männlichen Kollegen, was unter anderem damit zu tun hat, dass sie sehr oft in so genannten frauenspezifischen Berufen arbeiten, die geringer bezahlt werden. Auch zwischen den Beschäftigten in den östlichen und westlichen Bundesländern gibt es Gehaltsunterschiede, ebenso zwischen Nord und Süd (statista Studie/5742)). Mittelwerte sagen natürlich noch nichts über die Einkommensverteilung zwischen gut situierten, weniger wohlhabenden und armen Haushalten aus. Als armutsgefährdet gelten laut EU-Definition Menschen, die mit weniger als 60 Prozent des mittleren Einkommens auskommen müssen. Vor allem Geringqualifizierte sind gefährdet (Datenreport 2013).

Das Einkommen aus Erwerbsarbeit ist nach wie vor die wichtigste Einkommensquelle in Deutschland. Nach dem EU-weit geltenden Standard des so genannten „adult-worker-model" (→Arbeit →Leistung und Erfolg) ist jedes Individuum grundsätzlich dazu verpflichtet, seinen Lebensunterhalt selbst zu erwirtschaften, sobald und so lange es dazu in der Lage ist, wenn er also eine Ausbildung abgeschlossen hat, gesund und noch nicht im Rentenalter ist (Leitner u. a. 2004). Ein großer Anteil der Bevölkerung bestreitet seinen Lebensunterhalt aber auch aus mehreren Quellen, etwa Gehalt und zusätzlichem Einkommen aus Vermietung; Arbeitslosengeld und Unterstützung durch die Eltern/Kinder; Stipendium und Nebenjob oder Arbeitseinkommen und landwirtschaftlicher Nebenerwerb im Familienbetrieb; Rente plus Mini-Job. Außerdem können Arbeitsentgelte aus mehreren Jobs zusammen kommen. Solche Einkommensmixe, wie sie etwa in den USA schon immer weit verbreitet waren, werden angesichts der sozioökonomischen Entwicklung künftig wohl auch für Deutschland und die EU als eine „normale" Existenzform gelten (Vobruba 2000).

Die Notwendigkeit, seinen Lebensunterhalt aus mehreren Erwerbsquellen oder gar aus Naturalien zu decken, ist historisch keine neue Erscheinung, im Gegenteil. Von jeher war es für den überwiegenden Teil der Bevölkerung üblich, den Lebensunterhalt durch viele verschiedene Tätigkeiten zu erwirtschaften, entsprechend den Möglichkeiten, die sich boten. Sogar die relativ privilegierten Bergarbeiter im Ruhrgebiet, die ein eigenes kleines Haus in einer der Zechensiedlungen bewohnten, hielten noch bis in die Mitte des 20. Jahrhunderts Kleintiere, um ihre Einkommenssituation zu verbessern. Ein großes Ziel der Arbeiterbewegung bestand daher von Beginn an darin, die Sicherheit und Regelmäßigkeit der Einkommenssituation zu verbessern, möglichst über den gesamten Lebenszyklus. Neben der langfristigen Sicherung der Arbeitsplätze spielte die Herausbildung eines funktionsfähigen Sozialstaats hierfür eine wichtige Rolle; er sollte das alte Grundproblem der lebenslangen Suche nach existenzsichernden Erwerbsgelegenheiten und Einkommensquellen entschärfen. Dies geschah unter anderem dadurch, dass man seit Ende des 19. Jahrhunderts das rein individuell zu tragende Armutsrisiko durch die Einführung einer Arbeitslosenversicherung, einer Alterssicherung und einer bezahlbaren öffentlichen Gesundheitsversorgung (→Rente) absicherte.

Seit den 1980er Jahren wird in Deutschland – sehr kontrovers – die Idee eines bedingungslosen Grundeinkommens diskutiert (Adamo 2012). Damit wären die Menschen nicht mehr gezwungen, Erwerbsarbeit leisten zu müssen, wenn dies nicht ihrem Bedürfnis oder ihrer momentanen Lebenssituation entspricht – vorausgesetzt, sie geben sich mit dem daraus resultierenden, nicht eben üppigen Einkommen zufrieden. Zuverdienste sollen aber möglich sein. Wenn die Menschen ihre Lebenszeit unabhängig von den Sorgen und Nöten der Einkommensbeschaffung gestalten können, kann Arbeit, in der Art und Weise, wie sie dem individuellen Bedürfnis entspricht, auf freiwilliger Basis geleistet werden, darunter auch gesellschaftlich nützliche Arbeit oder Tätigkeiten im Familienbereich (→Ehrenamt →Sinn).

In welcher Form auch immer: Ein derart hohes Niveau der relativen Sicherheit der Einkommensquellen, wie es vor allem in den hoch entwickelten Ländern Westeuropas zur Zeit möglich ist – sei es aus eigener Arbeit oder staatlichen Transferleistungen – muss als Ausdruck eines hohen zivilisatorischen Entwicklungsstandes einer Gesellschaft angesehen werden und in diesem Sinne als große soziale Errungenschaft.

Jede originäre Einkommensart ist, wenn auch in unterschiedlicher Weise, an den Einsatz von individueller Zeit gebunden, am augenscheinlichsten die Erwerbsarbeit. Hier erhält der Arbeitnehmer als Gegenleistung für die Bindung eines Großteils seiner Lebenszeit an eine Arbeit, die er im Allgemeinen nicht tun würde, wenn er genügend Mittel zum Leben hätte, ein Geldäquivalent. Je länger diese Arbeit andauert, desto höher ist das daraus entstehende Gesamt-Einkommen, gerechnet über den Tag, die Woche, das Jahr oder den Lebenszyklus. Dieser scheinbar triviale Grundsatz der Verhältnismäßigkeit von Zeitaufwand und Lohnzahlung gilt im Prinzip auch für die Rentenberechnung: Wer länger erwerbstätig war, erhält auch mehr →Rente. In seiner „Theorie der Zeitallokation" hat der Nobelpreisträger Gary Becker dies vertieft behandelt. Danach hat jeder Mensch die grundsätzliche Wahl zwischen „Leben oder Arbeit" (Held 2002) und kann das begrenzte Kontingent an Lebenszeit entweder stunden- oder tageweise aufteilen, aber auch bezogen auf das gesamte Leben einem dieser beiden Bereiche widmen: Zieht man die Zeit ab, die man durchschnittlich zum Schlafen benötigt, bleibt ein Zeitbudget übrig, das entweder für den Einkommenserwerb genutzt oder als Freizeit genossen werden kann (Becker, G. 1993). In diesen Entscheidungen kommen die jeweiligen persönlichen Vorlieben und Ziele eines Menschen, seine Präferenzen, zum Ausdruck. Je höher zum Beispiel die materiellen Ansprüche sind, desto mehr Stunden seines Lebens muss er aufwenden, um ein ausreichend hohes Einkommen zu erzielen, und damit nimmt der arbeitende Mensch, so die Theorie, auch mehr „Arbeitsleid" in Kauf. Denn ansonsten gäbe es für den Arbeitgeber keinen Grund, ihn für seine Tätigkeit zu entlohnen.

Man spricht in diesem Fall von Einkommenspräferenz versus Zeitpräferenz, zwischen denen sich jeder Mensch zu entscheiden habe: Dabei wird eine Schwelle unterstellt, von der ab das Individuum nicht mehr weitere Einheiten seiner knappen Lebenszeit (Stunden, Tage, Jahre) an Arbeit zum Zwecke des Gelderwerbs binden möchte, weil es diese für anderes verwenden möchte. Wenn einem Menschen die verfügbare Zeit wichtiger ist als das Einkommen, das er in dieser Zeit erzielen könnte, spricht man von einer hohen Zeitpräferenz. Bei einer hohen Einkommenspräferenz ist es gerade umgekehrt. Damit kann dann der Güterwohlstand steigen (→Konsum), während der Zeitwohlstand sinkt. Hingegen kann bei einer höheren Zeitpräferenz der Zeitwohlstand zunehmen (→Arbeitszeit →Zeitsouveränität) – allerdings auf Kosten des Einkommens.

Welchen Anteil seiner Lebenszeit jemand einsetzen muss, um ein bestimmtes Einkommensniveau zu erreichen, hängt nicht unwesentlich auch von seiner Qualifikation ab (→Bildung). Denn mit einer besseren Ausbildung ist im Allgemeinen ein höheres Entgelt pro Stunde verbunden, sodass weniger Zeit aufgewendet werden muss, um einen bestimmten Lebensstandard zu erreichen. So kann man, statt auf einen höheren Wohlstand an Gütern hinzuzielen, seine guten Einkommenserwerbschancen auch dazu nutzen, bei gemäßigtem Güterwohlstand mehr Zeitwohlstand zu realisieren.

In der heutigen betrieblichen Realität bestehen jedoch, anders als in der Theorie, noch immer relativ wenig Möglichkeiten, seine Arbeitszeit frei zu wählen, auch wenn es dafür zum Teil nachvollziehbare betriebsorganisatorische Gründe gibt (→Arbeitszeit →Zeitsouveränität). Außerdem arbeiten hoch Qualifizierte im Durchschnitt eher länger als geringer Qualifizierte. Hier besteht also noch viel Veränderungspotenzial.

Wenn in einem Beschäftigtenverhältnis die Dauer der täglichen oder wöchentlichen Arbeit über derjenigen Arbeitszeit liegt, die von den Tarifparteien vereinbart wurde, steigt der Lohn überproportional: Mehrarbeit wird – wenn auch längst nicht mehr in dem Umfang wie früher – mit Zuschlägen zum normalen Stundenlohn vergütet. In neueren Arbeitszeit-Systemen werden Zuschläge nicht selten statt mit Geld in Form von Freischichten entgolten. Das heißt, für Überstunden oder Wochenendarbeit wird ein Zeitausgleich gewährt. Darin ist manchmal ein indirekter Aufschlag enthalten, indem beispielsweise eine Arbeitsstunde am Sonntag, an dem niemand gerne arbeitet, so viel gilt wie zwei Stunden an einem Werktag ("Faktorierung").

Nicht das gesamte Einkommen fließt unmittelbar in den Konsum; ein bestimmter Teil kann gespart werden.

In den Wirtschaftswissenschaften gilt die Erkenntnis, dass Haushalte mit geringem Einkommen kaum etwas sparen können, während die Sparrate mit wachsendem Einkommen steigt. Sparen im Privathaushalt dient entweder dem →Konsum oder der Kapitalbildung: Sparen verfolgt im zweiten Fall den Zweck, einen gegebenen Kapitalstock durch Zinserträge zu vergrößern, und stellt dann neben dem Erwerbseinkommen eine andere, verbreitete Form eines (im Normalfall allerdings vergleichsweise eher niedrigen) Zusatzeinkommens dar. Die Mehrzahl der Menschen spart typischerweise mit Blick auf größere (Familien-)Projekte, so beispielsweise auf ein neues Auto, die Ausbildung der Kinder, den Bau eines Eigenheims, die private Altersvorsorge, aber auch, um sich gegen unerwartete Notfälle abzusichern. Die Summe des verfügbaren Geldes kann aber auch durch ein Darlehen vorübergehend erhöht werden. Vermittelt über Laufzeit und Höhe eines Kredits kann die zeitliche Disponibilität des Kreditnehmers allerdings erheblich eingeschränkt werden: Je höher die Kreditsumme, desto begrenzter ist über diesen Zeitraum die Möglichkeit, über die Geld-Zeit-Präferenz frei zu entscheiden. Statt beispielsweise seine Arbeitszeit reduzieren zu können, falls sich im Laufe des Lebens Ziele verändern und Bedürfnisse von nichtmaterieller Art die Oberhand gewinnen, besteht im Gegenteil durch den finanziellen Druck oft ein gesteigertes Interesse an Mehrarbeit.

Ein vorausschauender Umgang mit dem eigenen Einkommen – eigentlich eine Selbstverständlichkeit – wird somit zu einer zentralen Voraussetzung für eine gute

„Geld-Zeit-Balance", das heißt für ein ausgeglichenes Verhältnis zwischen den persönlichen Zeitbedürfnissen auf der einen Seite und dem Interesse an einem auch in materieller Hinsicht guten Leben, an guter Gesundheit, aber auch an einem gesicherten Lebensabend (→Rente) auf der anderen Seite. Langfristige Lebensentscheidungen, wie beispielsweise Immobilienerwerb, die Höhe des eigenen Lebensstandards (→Essen und Trinken →Konsum →Mobilität) und anderes sind immer wieder daraufhin zu überprüfen, ob sie tatsächlich dem angestrebten Lebensentwurf noch entsprechen (→Sinn).

Allerdings: der eigene Lebensentwurf entsteht selten am Reißbrett und die Realität bietet bekanntlich vielfältige, unvorhersehbare Ereignisse mit ungeahnten Chancen, mitunter aber auch schweren Dauerbelastungen (→Zweierbeziehung →Sorgen und Pflegen). Insofern sind sowohl der Erwerb als auch die Verwendung des Einkommens ein kontinuierlicher Lernprozess in der Zeit. Der Ausgang bleibt offen.

Essen und Trinken

... hält die Menschen zusammen

Weit verbreitet ist die These, dass sich die Menschen in unserer schnelllebigen mobilen Gesellschaft immer weniger Zeit zum Essen nehmen. So stellte eine Studie fest, dass zwischen den 1960er Jahren und dem Ende des 20. Jahrhunderts jene Zeit, die im täglichen Zeitbudget für die Einnahme von Mahlzeiten zu Hause vorgesehen ist, im europaweiten Durchschnitt von 1,3 Stunden auf rund eine Stunde abgenommen hat (Garhammer 1999). Zugleich hat sich die Tendenz zum Außer-Haus-Verzehr deutlich verstärkt, vor allem bei jungen Erwachsenen (BMFSFJ 2006).

Immerhin rund drei Viertel aller jungen Familien und Familien mit älteren Kindern, ebenso wie Erwachsenenhaushalte, kochen täglich. Allerdings haben sich die Essenszeiten gegenüber der kulturellen Tradition in Deutschland mittags die warme Hauptmahlzeit zu sich zu nehmen, wie es noch vor gut 60 Jahren über 80 Prozent der Westdeutschen regelmäßig taten – selbst während der Arbeitswoche – auf den Abend verschoben. Dies gilt vor allem für Familien, in denen beide Partner berufstätig und die Kinder schulpflichtig sind. Bei ihnen nimmt das Abendessen auch deutlich mehr Zeit in Anspruch als die Mittagsmahlzeit (BMFSFJ 2006, S. 214). Unabhängig von der Lage der Essenszeiten im Tagesverlauf wird viel Wert darauf gelegt, dass dies feste Zeiten sind. Es scheint also immer wichtiger zu werden, nicht wann, sondern dass man einmal am Tag zusammensitzt, um zumeist „etwas Warmes" zu essen. Dabei übt jedoch die Schichtzugehörigkeit einen großen Einfluss darauf aus, ob Mahlzeiten erstens regelmäßig, zweitens zusammen und drittens zu Hause oder unterwegs eingenommen werden, wie schließlich auch die Qualität des Essens in diesem Zusammenhang zu sehen sein dürfte.

Eine spezifische Landschaft von Möglichkeiten seinen Hunger zu stillen, vereint sich bezeichnenderweise unter der Überschrift ihres zeitlichen Bezugs: „Schnellgericht", „Schnellrestaurant", „Fastfood" oder „Minuten-Terrine" drücken aus, dass für Viele Essen etwas geworden ist, das man mal so nebenbei erledigen kann und zu dem man einfach nicht mehr Zeit aufwenden kann oder will, weil etwas Wichtigeres oder Besseres dem im Wege steht (Geißler 2012). Nicht selten findet man aber auch beides in einer Person: Schnell mal den Hunger stillen wenn man eilig unterwegs ist, aber bei anderer Gelegenheit ausgiebig selber kochen und das Essen mit der Familie oder Freunden genießen (Ploeger u. a. 2011).

Die Struktur dieser vielfältigen und zugleich doch irgendwie sehr einheitlichen Fastfoodkultur scheint ideal in eine hochflexible und hochmobile Lebenswelt zu passen – jedenfalls wenn man darunter versteht, dass unsere hektische Lebensweise nun auch noch durch die Art und Weise, wie wir essen und trinken, unterstützt werden sollte (→Mobilität →Leistung und Erfolg). Paradoxerweise sind Schnellrestaurants jedoch auch zu einem beliebten Treffpunkt geworden, an dem sich

Familien ebenso wie Menschen zwischen 13 und 30 gerne in Gruppen und verhältnismäßig lange und entspannt aufhalten und die spezifische Atmosphäre genießen. Schnellrestaurants stehen damit sowohl für die Individualisierung (→Ich) und Beschleunigung unserer Esskultur als auch für eine – freilich ganz besondere Form – von Gemeinsamkeit. Das erkennt man nicht zuletzt daran, dass viele Kinder bestimmter Altersgruppen ihren Geburtstag sehr gern bei McDonalds feiern (würden), wobei sie durch ein spezielles Raumangebot in den Filialen unterstützt werden.

Dass es im Alltag beim Essen sehr oft sehr schnell gehen muss, hat viel mit der Rationalisierung unserer Lebens- und Arbeitswelt zu tun. Dabei sind die veränderten Essgewohnheiten eigentlich nur die Spitze des Eisbergs einer nach dem gleichen Prinzip durchorganisierten Gesellschaft; man spricht zu Recht auch von ihrer McDonaldisierung, die bei weitem nicht nur das Essen betrifft (Ritzer 2006). Die vielgestaltigen Verpflichtungen und Inanspruchnahmen der Familienmitglieder im Erwerbsleben, als Eltern und Schüler, als Konsumenten und Freizeitler, führen dazu, dass es immer schwieriger wird, sich mit anderen zu koordinieren und die eigenen Aktivitäten mit den üblichen, vermeintlich zu zeitaufwändigen Mahl-Zeiten in Einklang zu bringen. Dass Eltern und Kinder häufig den Tag lang über weite Räume verstreut sind, tritt noch hinzu (→Mobilität). Die immer weiter verbreitete Vollzeitarbeit beider Partner zu Arbeitszeiten, die immer weniger im Gleichtakt liegen (→Feierabend →Wochenende), führt nicht zuletzt dazu, dass regelmäßig selbst zubereitete Mahlzeiten – wie von Ernährungsfachleuten empfohlen – als Normalfall unserer Ernährungsweise zwar wie gezeigt nicht ausfallen, aber unter einen sonderbaren Rechtfertigungsdruck geraten sind.

In den letzten Jahrzehnten ist der Anteil übergewichtiger Kinder und Heranwachsender stetig gestiegen, rund ein Zehntel leidet unter krankhafter Fettsucht. „Der kleine Snack" ist nicht nur cool, sondern auch nötig gegen den „kleinen Hunger" (DER SPIEGEL 41/2012), etwa auch im Schulalltag. Das Vordringen der Ganztagsschule mit Mittagsangebot führt zwar grundsätzlich zu besseren Rahmenbedingungen für eine gesunde Ernährung, erleichtert es den Eltern aber auch, sich im stressigen Familienalltag stärker aus der Verantwortung für die Ernährung ihrer Kinder zu ziehen. Weil ein Drittel der Kinder ohne Frühstück in die Schule kommt, beginnen manche Grundschulen den Tag mit einer gemeinsamen Morgenmahlzeit. Die Schülerinnen und Schüler sind geprägt von schlechten Vorbildern zu Hause: Ein knappes Drittel der Bevölkerung frühstückt nach eigenen Angaben nur „nebenbei", weitere 10 Prozent „gar nicht"; von den 16-29jährigen sind es sogar 19 Prozent (IfD 2009, S.703). „Zu wenig Zeit zum Essen" nimmt sich der eigenen Einschätzung nach ein Viertel der Bevölkerung und sogar 34 Prozent der jungen Erwachsenen (ebd., S. 704).

Während Frühstück und Mittagessen nur je ein Fünftel der Deutschen am liebsten mögen, bevorzugen 41 Prozent das Abendessen, bei den Berufstätigen sogar 54 Prozent (ebd., S. 703). Diejenigen, die gemeinsam mit anderen das Abendessen einnehmen, lassen sich dafür gut 30 Minuten Zeit. Das gemeinsame Essen dient als Bezugspunkt für alle Familienmitglieder und dient damit nicht nur der Befriedigung der physiologischen Grundbedürfnisse, sondern hat mindestens ebenso eine kommunikative und damit sozialwirksame Seite: Man genießt das Ende des Arbeitstages – wenngleich die Zeitinstitution Feierabend für Viele inzwischen stark beschädigt ist (→Stress →Feierabend) – tauscht sich über Tagesereignisse aus, trifft Absprachen für den nächsten Tag und inszeniert damit ein zentrales familienintegratives Ritual. Welche Mahlzeit auch immer: die große Mehrheit der Deutschen findet einer neueren Studie der ZEIT zufolge, dass Mahlzeiten für den Zusammenhalt von Lebensgemeinschaften sehr wichtig sind. Gleichzeitig fürchten sie aber auch, dass diese in Zukunft eher weniger werden (DIE ZEIT 9/2016b). Nach wie vor wird insbesondere das →Wochenende als gemeinsame Zeit für Mahlzeiten geschätzt, vor allem deshalb, weil sich der „Sonntagsbraten" – auch wenn er heute immer öfter vegetarisch daherkommt – vom Alltag abhebt und damit die Herausgehobenheit dieses Wochenabschnitts sinnlich deutlich macht. Das gilt auch für den immer häufiger praktizierten Sonntagsbrunch – zu Hause oder auswärts. Damit verbinden sich Chancen, Versäumtes nachzuholen und wenigstens einmal in der Woche das Gefühl von Gemeinschaft, Verbundenheit und Esskultur zu erleben (→Zweierbeziehung). Vieles spricht für eine zunehmende Spreizung der Gesellschaft beziehungsweise der →Familien, einerseits in solche, in denen gemeinsame Mahlzeiten (noch) eine Bedeutung haben, und andererseits in solche, in denen diese schlicht nicht mehr vorkommen und/oder auch nicht mehr für wichtig gehalten werden. Dabei dürften einmal mehr Schicht- und Milieuzugehörigkeit eine Rolle spielen.

Traditionell waren Mahlzeiten, zumindest in bürgerlichen Kreisen, immer ein wesentliches Element der gesellschaftlichen Zeitordnung. Das zeigt allein schon die Herkunft des Wortes. „Mal" bedeutet unter anderem „Zeitpunkt" und hat die gleiche Wurzel wie „Mahl": Auch das Englische *meal* entwickelte wie im Deutschen die Bedeutung „Essenszeit, Essen" aus der ursprünglichen Bedeutung „Zeitpunkt, festgesetzte Zeit". (Drosdowski/Grebe 1963, S. 416). Allein durch diesen Sprachgebrauch wird deutlich, dass die Grundbedürfnisse Hunger und Durst im fortschreitenden Prozess der Entwicklung der europäischen Zivilisation seit dem Mittelalter nicht mehr spontan befriedigt, sondern an zeitliche Regeln gebunden wurden. Das war zugleich eine Einübung in die (aufkommende) bürgerliche Gesellschaft, in der die Fähigkeit zum Bedürfnisaufschub eine wichtige Tugend darstellt (→Leistung und Erfolg). In vielen traditionellen bürgerlichen Familien war es noch bis in die 1970er Jahre hinein oft genug ein tatsächlicher Gongschlag, der zum Mittagessen aufforderte. In England erinnert wiederum der „five o'clock tea" an den engen Zusammenhang von Zeit und der Aufnahme von Nahrungs- und Genussmitteln. In der Herausbildung von drei Mahlzeiten am Tag zeigt sich ein weiteres Element des sozial geprägten Mahlzeitenrhythmus.

Dieser „Hunger nach der Uhr" muss allerdings erst

einmal gelernt werden. Die spontane, individuelle Befriedigung des Nahrungstriebes würde jede arbeitsteilige Gesellschaft vor erhebliche Probleme stellen. Viele Tätigkeitsbereiche, besonders industrielle Arbeitsabläufe, sind so angelegt, dass unkoordinierte und eigenwillige →Pausen zur Nahrungsaufnahme ihre Kontinuität empfindlich stören würden. Unter anderem deshalb wurde spätestens seit der Epoche der Industrialisierung auch den breiten Schichten anerzogen, Bedürfnis und Befriedigung so weit wie nötig zu entkoppeln. Schon kleine Kinder lernen seitdem, Hunger und Durst möglichst zu sozial erwünschten Zeiten zu stillen (→Kinderzeiten). So gehörte es bis in die neuere Zeit noch zu den Regeln der Säuglingspflege, bereits Neugeborene in dreistündigen Intervallen an das Trinken im Takt der Uhr zu gewöhnen; inzwischen hat sich allerdings wieder die Ansicht durchgesetzt, dabei eher dem natürlichen →Rhythmus zu folgen. Erst wenn die Kleinen mit den Großen am Tisch sitzen, beginnt die soziale Synchronisation und damit die Integration, das heißt die Verflechtung von Hunger und Durst mit dem Ritual der Mahlzeit. Seit drei, vier Jahrzehnten kann man dagegen wieder eine Tendenz zur Auflösung dieser Zeitgebundenheit in Gestalt der oben beschriebenen weit verbreiteten Flexibilisierung des Essens beobachten. Dazu hat sicher auch die zunehmende Individualisierung und Ich-Bezogenheit der Gesellschaft beigetragen (→Ich).

Noch immer verspeist der durchschnittliche Deutsche in seinem Leben 945 Hühner und 46 Schweine, insgesamt 1100 Tiere. Parallel dazu ist die einstmals kleine

Gemeinde der Vegetarier inzwischen auf ca. sieben Millionen Menschen angewachsen – zehnmal mehr als vor 20 Jahren. Dazu passt ein stetig steigender Anteil von Bioprodukten an den Nahrungsmitteln, der 2012 über alle Produkte allerdings noch nicht mehr als 3,7 Prozent betrug (Focus 18/2012). Vorreiterinnen in Richtung einer grundsätzlichen Umkehr in der Ernährung sind mit 70 bis 80 Prozent einmal mehr die Frauen. Obwohl also davon auszugehen ist, dass die Menschen inzwischen verhältnismäßig gut aufgeklärt sind über das, was sie essen und trinken, sind vorgefertigte Gerichte wie auch vorgefertigte Zutaten auf dem Vormarsch. Mögliche gesundheitliche Risiken, die durch die Verwendung chemischer Hilfsstoffe entstehen, um die Produkte haltbarer, geschmacksintensiver und schön bunt zu machen, werden wissentlich in Kauf genommen – vor allem wenn es darum geht, Zeit zu sparen. Immerhin wird auf diese Weise ein uraltes Ärgernis der Essenszubereitung entschärft, nämlich das Missverhältnis zwischen dem Zeitaufwand für die lange Vorbereitung einer Speise und ihrem raschen Verzehr durch eine Schaar begeisterter Esser. Zudem lässt sich auf diese Weise nicht nur schneller kochen, sondern auch relativ unkompliziert dem Trend zu einer multikulturellen Küche folgen. Ob italienisch, asiatisch, französisch – alle Zutaten und die passenden Würzmischungen liegen bereit und zaubern in Minutenschnelle ein internationales Flair auf den Küchentisch.

Unter anderem diese Entwicklung hat mittlerweile ihre Gegenreaktion hervorgebracht: So haben es die Gegner des Fastfoods geschafft, sich in einer Slowfood-

Bewegung Gehör zu verschaffen. Dabei geht es nicht nur um das langsamere Essen, sondern um unseren Umgang mit Nahrungsmitteln im Allgemeinen – Slowfood sieht in jeder Entscheidung über unsere persönliche Ernährung auch einen politischen Akt. „Daher sollen unsere Lebensmittel gut, sauber und fair sein" heißt es auf der Homepage der Organisation. Dabei geht es auch darum, den Menschen zu vermitteln, dass unsere Nahrungsmittel ursprünglich Naturprodukte waren, mit einem an natürliche Rhythmen gebundenen Reifungs- und Zersetzungsprozess rund ums Jahr (→Rhythmus).

Dennoch ist nicht zu bestreiten, dass die Industrialisierung unserer Ernährung gerade auch in den privaten Haushalten (wenn auch unter größeren Qualitätsverlusten) außer einer Zeitersparnis eine Arbeitserleichterung darstellt – so, wie die Aufgaben dort noch immer verteilt sind, vor allem für Frauen. Vorschläge, die Hausfrau von eben diesen Tätigkeiten radikal zu befreien, gab es schon Ende des 19. Jahrhunderts, allerdings indem alles rund um die Küche aus dem Privathaushalt ausgelagert und als Gemeinschaftsaufgabe in berufsähnlicher oder genossenschaftlicher Weise organisiert werden sollte. „Die Privatküche ist für Millionen Frauen eine der anstrengendsten und verschwenderischsten Einrichtungen, bei denen ihnen Gesundheit und gute Laune abhanden kommt", schrieb August Bebel, einer der Urväter der Deutschen Sozialdemokratie, in seinem Hauptwerk „Die Frau und der Sozialismus" (1980).

Aus gutem Grund ist Nahrungszubereitung jedoch ein Bestandteil des Privaten geblieben, birgt sie doch neben viel ungeliebter Arbeit auch viele kommunikative und kreative Elemente. Denn, wie schon gesagt, können die Menschen heute zwischen hoch rationalisierter und zeitsparender Essenszubereitung auf der einen Seite und einer auf Qualität, Nachhaltigkeit, Geschmack, Kultur und nicht zuletzt auf Spaß hin angelegten Zubereitung ihres Essens wählen. Dazu passt nicht nur, dass die Küche in den vergangenen Jahrzehnten zunehmend zu einem mit viel Hightech ausgestatteten Produktionszentrum mit großem Prestigewert mutiert ist, sondern auch die unüberschaubare nationale und internationale Kochliteratur. Insgesamt lässt sich eine gewaltige Polarisierung der Esskulturen innerhalb unserer Gesellschaft beobachten: Der gehetzten Currywurst schnell mal unterwegs und dem kleinen Snack zur Befriedigung des Hungergefühls zwischendurch steht eine in gleichem Maße elaborierte Kultur des genussvollen, mit viel Aufwand zubereiteten, gemeinsamen Essens im gemütlichen Heim gegenüber.

Was die Tischsitten angeht, so haben diese allen diagnostizierten Veränderungen der vergangenen Jahrzehnte zum Trotz auch heute noch einen hohen Stellenwert – allerdings milieuabhängig. Gute Erziehung bemisst sich nicht zuletzt daran, ob ein Kind – ebenso wie ein Erwachsener – in der Lage ist, mit dem Besteck nach dem gängigen Reglement entsprechend zu hantieren, nicht mit vollem Mund zu sprechen und keine als unzivilisiert geltenden Geräusche von sich zu geben. Damit sind dann bekanntlich auch Aufstiegschancen verknüpft – zumindest kann schlechtes Benehmen bei Tisch diesbezüglich äußerst kontraproduktiv sein

(→Bildung). Zugleich haben sich im Zuge weltumspannender beruflicher und privater Reiseaktivitäten die in Deutschland gebräuchlichen Tischsitten in einigen Hinsichten relativiert, besonders bezogen auf die typischen Gerichte ferner Kulturen.

Und so war Essen und Trinken also schon immer mehr als reine Nahrungsaufnahme. Damit verbinden wir Geschmack und Genuss sowie Rituale und soziale Zugehörigkeit. Über Speis' und Trank demonstrieren die Reichen ihren Luxus und die Guterzogenen ihre Manieren. Sicherheit im Umgang mit der geltenden Esskultur, beziehungsweise der des jeweiligen Gastlandes, ist somit Bestandteil des sozialen und kulturellen Kapitals eines Menschen. An dem, was, wann, wo, wie und mit wem Menschen essen und trinken, lassen sich die grundlegenden sozialen, ethnischen sowie die feinen Unterschiede innerhalb der Gesellschaft festmachen.

Es gibt bei unseren europäischen Nachbarn, bei allen Nivellierungstendenzen der Kulturen, ja manches über Esskultur zu lernen. Den Franzosen sagt man bekanntlich nach, sie verstünden es noch immer, ihre Familienfreundlichkeit in Form allabendlicher mehrgängiger Mahlzeiten zu leben, lange beieinanderzusitzen und in Gesprächen den Tag Revue passieren lassen. Das wäre tatsächlich so etwas wie gelebter Zeitwohlstand. Und dann wäre da noch das Klischee des Franzosen mit dem (mindestens) Dreigängemenü in seinem Stammrestaurant ... Nur ein Klischee? Ob wahr oder nicht, möglicherweise aber ein Vorbild für die Liebe zum Essen. Immerhin 90 Prozent der Deutschen behaupten, dass sie hin und wieder zum Essen ausgehen, davon jeder Zehnte sogar einmal in der Woche (IfD 2009, S. 712). Anders könnte man sich die weite Landschaft von Restaurants aus aller Herren Länder, schon lange nicht mehr nur in den großen Städten, auch nicht erklären. Es muss ja nicht immer Essen wie Gott in Frankreich sein. Zeitkultur beginnt oft im Kleinen, beim Frühstück zu Hause oder beim Italiener um die Ecke.

Familie

Zeit gestalten im privaten Bermuda-Dreieck

Der weitaus größte Teil der Menschen ist ungebrochen davon überzeugt, in Ehe und Familie Glück und Lebenssinn zu finden. Auch der Kinderwunsch junger Paare steigt nach einer Phase des Rückgangs insgesamt wieder an. Dennoch: Träume und Erwartungen gegen die Realität aufrechtzuerhalten, scheint eher schwieriger zu werden. Daran hat der Umgang mit der Zeit in unserem (post-)modernen Alltag einen erheblichen Anteil. Zu Recht fragt beispielsweise der Achte Familienbericht der Bundesregierung (BMFSFJ 2012) danach, wie im täglichen Familienbetrieb Zeitwohlstand realisiert werden kann und welche zeitlichen Hindernisse für ein gelingendes Zusammenleben bestehen.

Im Allgemeinen versteht man unter Familie eine Lebensgemeinschaft, die mehr als eine Generation umfasst. Sie ist zum einen die Beschreibung einer real existierenden sozialen Einheit und zum anderen eine ethisch-moralische Instanz. In dieser zweiten Funktion ist sie Teil des gedanklichen Fundaments einer ursprünglich religiös-sittlichen, seit der Aufklärung auch weltlichen Ordnung. Sie genießt nach dem Grundgesetz den besonderen Schutz der Gesellschaft als deren „Keimzelle". Für die Menschen ist sie „sinnstiftender Lebensraum und Ort verlässlicher Sorge" (EKD 2013, S. 72).

Familie beruht dabei auf dem Willen zu einer dauerhaften Bindung, die heute, anders als früher, weder von der formalen Bestätigung durch eine staatliche oder kirchliche Institution, noch vom Geschlecht derjenigen abhängt, die eine solche Partnerschaft eingehen wollen. Im Mittelpunkt des Familiengeschehens stehen Sorgetätigkeiten, die Erzielung einer auskömmlichen wirtschaftlichen Grundlage (→Einkommen) und nicht zuletzt auch die zweckfreie Kommunikation der Familienmitglieder (→Spiel(en) →Sinn).

Die Familie gilt als die ursprünglichste soziale Einheit des Menschen. Sie hat im Verlauf der Menschheitsgeschichte eine enorme Formenvielfalt hervorgebracht (→Zweierbeziehung). Diese Vielfalt ist weltweit von dem Modell der abendländisch-christlichen Ein-Ehe abgelöst worden, die heute als der dominierende Familientypus angesehen werden kann, wenngleich, eingebettet in traditionelle Kulturen, andere Formen in großem Umfang fortbestehen, so etwa in islamisch geprägten Ländern (Hill/Kopp 2013). Soziologisch betrachtet bildet die Familie ein soziales System, das klare Grenzen zwischen Innen und Außen definiert: Sie schließt ihre Mitglieder ein und alle anderen Menschen gleichsam als „Rest der Welt" erst einmal aus. Das diente in früheren Gesellschaften in erster Linie der Sicherung und Mehrung des materiellen Besitzstandes, der Sicherung der Erbfolge und dem Recht, versorgt zu werden; aber auch der Pflicht, für ihre Mitglieder zu sorgen. Die formelle Eheschließung vor einer staatlichen, religiösen oder sonstigen gesellschaftlichen Autorität bildet traditionell den rechtlichen und sozialen

Nukleus der Familie. Ein Eheversprechen endet im gedachten Normalfall mit dem Tod eines Partners – zumindest was das irdische Dasein angeht. Diese Annahme ist als soziale und juristische Normalität in Deutschland angesichts der hohen Trennungsraten inzwischen jedoch faktisch aufgelöst. Und während das Familienbild bis ins letzte Drittel des vergangenen Jahrhunderts noch relativ einheitlich war, hat es sich zugunsten einer Vielzahl von Familienbildern in den vergangenen Jahrzehnten immer weiter aufgefächert.

Zugleich war lange Zeit insbesondere bei der jüngeren Generation wieder eine erstaunliche Übereinstimmung mit dem klassischen Ideal festzustellen. 81 Prozent der weiblichen und 71 Prozent der männlichen Jugendlichen meinten noch 2010, dass man eine (mehr oder weniger klassische) Familie zum „Glücklichsein" brauche. Diese Einstellung hat sich inzwischen allerdings wieder stark zuungunsten von Familie und Kindern verändert, vor allem bei jungen Männern, von denen nur noch 57 Prozent dieser Aussage zustimmen; bei den jungen Frauen sind es nur noch 70 Prozent (Deutsche Shell 2015). Dass Frauen, auch wenn sie verheiratet sind und Kinder haben, einen Beruf ergreifen wollen der ihrer Ausbildung entspricht (→Bildung), gehört schon lange zu den Selbstverständlichkeiten. Doch nicht mehr nur die betroffenen Frauen selbst – auch der Staat erwartet Berufstätigkeit als Normalzustand: Nach dem von dem EU-weit geltenden „adult-worker-model" (→Einkommen →Leistung und Erfolg) ist jeder Bürger/ jede Bürgerin im erwerbsfähigen Alter grundsätzlich dazu verpflichtet, seinen/ihren Lebensunterhalt und den seiner/ihrer Kinder zuallererst durch eigene Erwerbstätigkeit zu erwirtschaften (Leitner u. a. 2004). Die sozial- und familienrechtliche Gesetzgebung in Deutschland, wie etwa im Unterhaltsrecht oder in der Altersversorgung, ist diesem Leitbild entsprechend angepasst worden (→Rente). Damit steht im Zentrum der Diskussion jeder Familiengründung nun die Frage, welcher der Partner wann und wie lange und zu welchen Bedingungen seine Erwerbstätigkeit unterbricht, wenn sich Nachwuchs einstellt.

Familie ist nicht mit der Familiengründung schon einfach da; vielmehr muss sie als solche von den Partnern erst hergestellt und im Prozess ihres Alltagsgeschäfts – später gegebenenfalls zusammen mit den Kindern – immer wieder erneuert werden (Jurczyk u. a. 2014): Wie jedes andere Ding, jeder lebendige Organismus und jedes soziale System zerfällt sie, wenn man ihr nicht ständig neue Energie zuführt. In diesem Fall wäre das soziale Energie, welche durch die Anstrengung und konstruktive Tätigkeit, aber auch durch die emotionalen Bindungen aller Familienmitglieder untereinander erzeugt wird. Dabei spielt der alltägliche Umgang mit der Zeit, in den großen wie den kleinen Dingen, eine besondere Rolle. Wenn dem so ist, dann macht es vor allem Sinn danach zu fragen, welche fördernden und welche behindernden Elemente im gesellschaftlichen Umfeld der Familie anzutreffen sind, darunter, in unserem Zusammenhang, vor allem solche zeitlicher Art.

Eine wesentliche Voraussetzung, damit unter der Prämisse der Erwerbsarbeit beider Partner genügend Zeit für die Familie vorhanden ist, sind familiengerechte

Arbeitszeitsysteme, die die Aufrechterhaltung der Lebens- und Wirtschaftseinheit Familie unterstützen (→Arbeitszeit →Sorgen und Pflegen). Hierzu ist in den vergangenen Jahrzehnten eine schier unübersehbare Fülle von Modellen erdacht, praktiziert und durch Rückkopplung der Erfahrungen immer weiter verfeinert worden. Zu diesem Zweck haben sich eine Reihe staatlicher, privater, gewerkschaftlicher, von Unternehmerverbänden gesponserte sowie kirchliche Aktions- und Interessengemeinschaften gebildet (www.forum.familie.de). Gegenwärtig allseitig favorisiert werden Modelle, die auf den gesamten Lebensverlauf eines Menschen beziehungsweise einer Familie und ihrer Mitglieder bezogen sind. Erwerbstätigen Eltern soll damit die notwendige Flexibilität ermöglicht werden, etwa durch Wahlarbeitszeiten. Zugleich ist aber auch ein hohes Maß an Verlässlichkeit der Tagesabläufe erforderlich, um Erziehungs- und Sorgeaufgaben besser planen zu können. Sowohl Flexibilität als auch Stabilität sind in Bezug auf kleine Kinder ebenso wichtig wie für die Pflege älterer Menschen in der Familie (Reuyß u. a. 2012).

Mit der größeren Optionsvielfalt ist in vielerlei Hinsicht zugleich die Verantwortung der Eltern für ihre Entscheidungen gestiegen (und damit die Ansprüche an sich selbst, aber auch an die Familienmitglieder und das soziale Umfeld), so etwa was die Ausbildung der Kinder, aber auch den eigenen Anspruch an die Qualität der Partnerbeziehung oder die Freizeitgestaltung betrifft (→Bildung →Mobilität). Man spricht inzwischen auch von dem Phänomen der „erschöpften Familie" (Lutz 2012; Bertram/Deuflhard 2014; →Stress). Besonders betroffen davon sind Frauen, die auf der einen Seite noch immer mit vielen traditionellen Ansprüchen an ihre Rolle in der Familie konfrontiert sind – was sich auch bei den „neuen Vätern" erst sehr langsam verändert – und andererseits in ihrer Berufsrolle voll gefordert sind. Damit stellt sich das Problem, dass ganz widersprüchliche Ziele unter einen Hut gebracht werden müssen, die vor allem im Familienalltag in zugespitzter Form aufeinander prallen, nämlich einerseits sehr ökonomisch mit der Zeit umgehen zu müssen, andererseits Zeit verlieren zu können (Jurczyk 2009 →Spiel(en) →Rhythmus →Kinderzeiten). Dieser Konflikt ist nicht so ohne weiteres lösbar – unfair allerdings ist es, ihn auf einen der Partner abzuladen.

Deshalb kann es Sinn machen, sich zunächst einmal über unbefriedigende zeitliche Situationen klar zu werden, →Zeitdiebe zu erkennen und, wo immer mit vernünftigem Aufwand möglich, Abhilfe zu schaffen. Das ist leichter gesagt als getan: Weit verbreitet ist die Hoffnung, im Bereich der Haushaltsorganisation Zeit durch technische Rationalisierung gewinnen zu können. Tatsächlich kann ein erheblicher Teil der Hausarbeit hierdurch zeitlich reduziert werden. Auch werden bekanntlich viele Aufgaben aus dem Haushalt ausgelagert und an Dritte vergeben, um Zeit zu gewinnen, jedenfalls sofern das →Einkommen dafür ausreicht. Man spricht dann von einem Vergabehaushalt. In neuerer Zeit bestellen immer mehr junge Eltern, statt selbst einkaufen zu gehen, ihre Lebensmittel im →Internet, um sie anschließend nach Hause liefern zu lassen.

Jedoch dürfen weder die Auslagerung und Vergabe von Arbeit noch die technischen Hilfsmittel der Haushaltsführung in ihrer Entlastungsfunktion überschätzt werden. Inzwischen weiß man, dass sich mit der Technisierung in der Praxis zumeist vor allem die Qualität der Hausarbeit erhöht, nicht aber die aufgewendete Zeit vermindert.

Es geht dann also darum, sich die eigenen Standards der Haushaltsführung bewusst zu machen und wie viel seiner knappen zeitlichen Ressourcen man dafür aufwenden möchte; denn man könnte die Zeit – sofern sie überhaupt vorhanden ist – ja auch für das →Spielen mit den Kindern verwenden. So wenden Berufstätige im Durchschnitt tatsächlich deutlich weniger Zeit für die Haushaltsführung auf (BMFSFJ/Destatis 2003). Zu gefährlichen Zeitfressern im Haushalt gehören außer dem klassischen Küchensektor, Reinigungsarbeiten und so weiter aber auch PC, →Internet, Drucker und Smartphone. Sie müssen bekanntlich auf vielfältige Weise gewartet und regelmäßig upgedatet werden – was Zeit zum Informieren beansprucht und nicht selten mit Irrwegen behaftet ist –, bevor sie dann dazu beitragen, Zeit bei der Beschaffung von Informationen, Konsumgütern, Banküberweisungen oder bei der Erstellung der Steuererklärung einzusparen.

Da die Familie in ihrem Selbstverständnis heute in erster Linie eine Kultur- und Kommunikationsgemeinschaft und nicht wie einst eine Wirtschaftsgemeinschaft ist, lassen sich anfallende Aufgaben naturgemäß bei weitem nicht so effizient planen wie etwa industrielle Arbeitsvorgänge. Die anfallenden Arbeiten einerseits und die Bedürfnisse der Familienmitglieder andererseits zeitgerecht zu organisieren, beinhaltet deshalb nicht einen vor allem rationellen Umgang mit der Zeit im Sinne von Beschleunigung und Zeitersparnis, sondern im Gegenteil, es kann sogar ein schwerer Fehler sein, die Abläufe des Familienhaushalts allzu stark – durch wen auch immer – unter Kontrolle haben zu wollen. Sind dann Ereignisse und Konflikte im Zeitplan der Familie nicht vorgesehen oder wird die schwankende Leistungsfähigkeit und -bereitschaft einzelner Familienmitglieder im Tages-, Wochen- und Jahresverlauf (oder auf Grund besonderer Ereignisse) nicht beachtet, produziert der Familienbetrieb ununterbrochenen zeitlichen →Stress. Unvorhergesehenes gerät dann schnell zur mittleren Katastrophe, die Masern des Kindes ebenso wie der Defekt am Auto. Deshalb gehört die Irrationalität und Emotionalität unseres alltäglichen Verhaltens ebenso zu einem guten familiären Ablaufkonzept wie der Verzicht auf übersteigerte Erwartungen an die Familie. Zeitliche Puffer können hier helfen. Dazu gehört vor allem auch, dass das spezifisch kindliche Zeitverhalten zu seinem Recht kommen kann und etwa Trödeln nicht einfach nur als retardierender Faktor im familialen Ablaufplan bekämpft und diskriminiert wird (→Kinderzeiten →Spiel(en) →Rhythmus →Bildung). Die Kunst besteht mit anderen Worten darin, das eine Mal die Zeiten der Familie an den jeweils richtigen Stellen und zur rechten Zeit zu planen, ein anderes Mal dies gerade nicht zu tun.

Solche guten Ratschläge sind freilich ambivalent, denn sie stellen ja im Kern nichts weniger als eine weitere

Forderung nach Qualitätsverbesserung des Zusammenlebens und darin des Zeitmanagements im Familienalltag dar – mit der Folge, dass auch dieser Anspruch eine Quelle zusätzlichen →Stresses werden kann. Möglicherweise wäre dies aber auch eine gute Investition in eine langfristig befriedigendere Gesamtsituation. Zu solchen Investitionen könnte auch die Fähigkeit der Eltern gehören, sich gegen die zeitlichen Ansprüche ihrer Kinder, auch wenn das konfliktträchtig ist, von Fall zu Fall abgrenzen zu lernen. Das ist sicher eine der unerlässlichen Voraussetzungen für eine gelingende →Zweierbeziehung. Umgekehrt haben auch die Kinder berechtigte Ansprüche – nicht nur an die Präsenz ihrer Eltern, sondern auch an die Qualität der mit ihnen verbrachten Zeit (→Kinderzeiten); hin und wieder mal ein Viertelstündchen zwischen Beruf und Hausarbeit ist da garantiert zu wenig. Es ist allerdings auch in Mode gekommen, dass sich Eltern, wenn sie zu wenig Zeit für ihre Kinder haben, was bei einem Drittel der Väter und einem Fünftel der Mütter der Fall ist (Destatis 2015c), mit der – vermeintlich oder tatsächlich – hohen Qualität der Zeit, die sie mit ihren Kindern verbringen, entschuldigen: Qualität gegen Quantität. Demgegenüber bestehen die Zeitbedürfnisse der Kinder aber sehr häufig gerade nicht aus einem „kurz und dafür (besonders) gut", sondern daraus, einen Elternteil (lange) in der Nähe haben zu wollen – auch wenn gerade nichts Besonderes passiert und jeder (s)eine Sache für sich macht. Zugleich dürfen Kinder auch erwarten, in ihrer knappen freien Zeit (→Bildung) einfach mal in Ruhe gelassen und nicht ständig mit den gut gemeinten Ideen der Erwachsenen konfrontiert zu werden (→Kinderzeiten →Spiel(en)).

Damit Familie ein sinnstiftender Lebensraum und Ort verlässlicher Sorge sein kann, kann es also →Sinn machen, zumindest phasenweise ein zeitliches Biotop zu bilden, in das man sich aus der immer stärker durchrationalisierten Lebenswelt zurückziehen oder gar flüchten kann. In diesem „Chronotop" dürfen andere zeitliche Maßstäbe zu ihrem Recht kommen. Trödeln und Zeitverschwendung müssen erlaubt sein, für Kinder wie Erwachsene gleichermaßen (→Rhythmus). Die draußen geltenden Maßstäbe von vernünftiger Zeitverwendung, von Zweckmäßigkeit und Nützlichkeit gelten hier nur eingeschränkt. Und nicht zuletzt dürfen die erotischen Bedürfnisse der Eltern ihren ganz eigenen (Zeit-)Raum finden, auch gegen die Ansprüche der Familie (→Zweierbeziehung).

Dies zu ermöglichen, setzt eine Reihe von Rahmenbedingungen voraus, die bislang vor allem durch die bekannten Freizeitinstitutionen gesichert erschienen, wie dem täglichen →Feierabend, dem freien →Wochenende oder dem Urlaub. Diese einigermaßen idealen Rahmenbedingungen des familiären Zeitwohlstands, die lange Zeit als selbstverständlich galten oder gar als Relikte vergangener Epochen, werden durch verschiedene Entwicklungen in der Arbeitswelt, vor allem angesichts des hohen Flexibilisierungsgrades und tendenziell wieder länger werdender →Arbeitszeiten, immer öfter eingeschränkt und zum Teil in Frage gestellt. Auch längere Fahrwege zur Arbeit gehen auf Kosten der Familienzeiten (→Mobilität). Was die Qualität gemeinsamer Zeiten angeht, haben bekanntlich auch die physischen und psychischen Belastungen während der Arbeit (→Stress) einen erheblichen Einfluss auf das Wohlbefinden nach →Feierabend und damit auf das Zeitverhalten (Spontaneität, Ausdauer und so weiter) der Familienmitglieder untereinander. Dabei ist stillschweigend unterstellt: mehr Kommunikation und gemeinsame Zeit wirke sich positiv auf den Zusammenhalt der Familie aus. Diese Unterstellung ist allerdings nur grundsätzlich richtig; in Krisensituationen, aber auch, wenn der Partner oder eines der Kinder persönlichkeitsbedingt häufiger ein Rückzugsbedürfnis haben, kann dies anders sein. Dennoch ist grundsätzlich davon auszugehen, dass es der Familie gut tut, wenn sie in solche Zeitstrukturen eingebettet ist, die allen Familienmitgliedern zumindest die Chance eröffnen, bei Bedarf auf ein ausreichendes Kontingent gemeinsamer Zeit zurückgreifen zu können.

Das größte Risiko für den Bestand einer Familie ist die Stabilität der Partnerbeziehung. Im Bundesdurchschnitt wird etwa jede dritte Ehe geschieden, in Großstädten wie Berlin und Hamburg etwa jede zweite, wobei dies noch nicht die Trennungen Unverheirateter erfasst. Daraus ergibt sich, dass der Normalfall einer vollständigen, dauerhaft bestehenden Kleinfamilie zwar noch existiert, je nach Region faktisch jedoch nicht mehr die Normalität darstellt. Als neue, zumindest empirische Normalität darf darum auch die Vielgestaltigkeit aller denkbaren Konfigurationen von Lebensgemeinschaften gelten. Daraus ergeben sich zum Teil sehr unterschiedliche Zeitbedürfnisse der

Menschen. Die Patchworkfamilie steht kontinuierlich vor der Aufgabe, ihre komplexen sozialen, zeitlichen und räumlichen Verbindungen aufrechtzuerhalten; „doing family" ist hier wörtlich zu nehmen. Das stellt erhöhte Anforderungen an die Mobilität und Flexibilität der Elternteile ebenso wie der Kinder, insbesondere wenn die Rest- und Neu-Familie über weite Teile des Landes verstreut ist. Zeitkonflikte entstehen regelmäßig durch das triviale Problem, nicht an zwei Orten gleichzeitig sein zu können. Dieses Problem der begrenzten Kopräsenz (→Mobilität) zeigt sich an den hohen Festtagen ebenso wie am →Wochenende oder wenn es darum geht, gemeinsam in den Urlaub zu fahren. Umgekehrt wird es zur Belastung, wenn geschiedene Paare ein Zusammentreffen vermeiden wollen, beispielsweise an den Geburtstagen der gemeinsamen Kinder, die dann unter Umständen zweimal gefeiert werden müssen. Von trennungsbedingten Zeitmustern ist auch das Alltagsleben vieler Kinder geprägt, zum Beispiel wenn sie alle vierzehn Tage von ihrem Zimmer in der mütterlichen Wohnung zu dem in der väterlichen wechseln müssen (→Kinderzeiten).

Angesichts der vielen äußeren und inneren Veränderungen, die in den vergangenen Jahrzehnten auf die Familie beziehungsweise auf das Familienbild eingewirkt haben, wäre es sicher problematisch, unbeirrt am Idealbild einer einzig wahren Familienstruktur festzuhalten. Ebenso fraglich erscheint es aber, ein, wenn auch weit gefasstes, positives Leitbild von Familie auf das sich die Mitglieder der Gesellschaft beziehen können, völlig aufzugeben. Auf jeden Fall wird in Zukunft mehr Vielfalt dazugehören (Schneider N., u. a. 2015). Wenn man den Gedanken zu Ende denkt, dass es jedem Mitglied der Gesellschaft frei stehe, eine dauerhafte Verbindung jeweils in der Weise einzugehen, die für es selbst und die anderen Beteiligten als die ihnen angemessene erscheint, weitet sich das Feld allerdings nochmals. „Monogamie ist zwar in den Industriegesellschaften das gängige Muster der Familienbildung; vergleicht man aber die der Anthropologie bekannten Gesellschaften, so ist diese Form eher selten (20 Prozent)." (Hill/Kopp 2013, S. 12) In der Regel heißt Vielehe zwar, dass mehrere Frauen mit einem Mann verheiratet sind (Polygynie), doch kam in einigen Regionen Asiens auch die Ehe einer Frau mit mehreren Männern (Polyandrie) vor, was freilich anders als bei der Polygynie gerade keine Machtstellung der Frau begründete (ebd., S. 13). Und ebenso wie das Geschlecht bei der Wahl der Partner keine Rolle mehr spielen soll, könnte zumindest denklogisch dereinst sogar die bisher praktizierte binäre Struktur einer „verlässlichen Partnerschaft" aufgebrochen werden, etwa um Dreiergemeinschaften und andere komplexe Kernstrukturen von Familie zu bilden. Welche Gestalt(en) die Familie der Zukunft hat, wird die weitere Entwicklung eines dynamischen sozialen Systems zeigen müssen, das in seiner Geschichte eine große Vielfalt hervorgebracht und damit seine enorme Wandlungsfähigkeit unter Beweis gestellt hat.

Feierabend

(K)Eine Selbstverständlichkeit

Immer öfter hört man die Klage, dass die Arbeit nicht aufhöre und weiter und weiter in den Feierabend hineinreiche, vor allem auch, weil man mit dem Smartphone ständig erreichbar sein müsse (→Internet). Die Erfahrung, dass der Chef sich auch nach Dienstschluss noch etwas Unaufschiebbares einfallen lässt oder um Überstunden bittet, wird in den Sozialwissenschaften als die Entgrenzung von Arbeit und Freizeit bezeichnet. Nachdem der gemeinsame Feierabend im Zuge einer allgemeinen Flexibilisierungseuphorie in den 1990er Jahren (→Zeitsouveränität) eine Zeit lang als eine etwas hausbackene, langweilige Angelegenheit galt, entdecken ihn gerade diejenigen neu, die tagtäglich voll im →Stress stehen aber noch etwas anderes in ihrem Leben als Arbeit suchen.

Der kollektive Feierabend ist ein Kulturgut, nämlich ein zentrales Element der Zeitkultur der jeweiligen Gesellschaft, in der er existiert. Tatsächlich hat der Feierabend eine lange Tradition. Ursprünglich bedeutete er „Abend vor einem (religiösen) Fest". Schon vor einigen hundert Jahren, in der vorindustriellen bäuerlichen und handwerklichen Epoche, wurde der Begriff umgedeutet zu „Beginn der Ruhezeit am Abend". Damit verbanden sich bestimmte Vorstellungen wie „Gemütlichkeit" oder „Heimeligkeit" und zahlreiche Rituale, ihn einzuläuten. Es versteht sich als

Belohnung nach getaner Arbeit (→Leistung und Erfolg), so wie dieses Volkslied es beschreibt:

> *„Wer nur den lieben langen Tag*
> *Ohne Plag, ohne Arbeit vertändelt, wer das mag,*
> *Der gehört nicht zu uns.*
> *Wir steh'n des Morgens zeitig auf*
> *Hurtig mit der Sonne Lauf*
> *Sind wir, wenn der Abend naht,*
> *Nach getaner Tat*
> *Eine muntere, fürwahr,*
> *Eine fröhliche Schar!"*

Trotz vieler Anglizismen, mit denen unser Alltag durchsetzt ist – im Englischen sagt man nach der Arbeit „Let's call it a day!", was etwa heißt: „Machen wir Feierabend!" – wünschen wir uns am Ende unseres Arbeitstages – einen „Schönen Feierabend!": Denn alle, die den ganzen Tag durchgearbeitet haben, empfinden es gegenseitig als ihr gutes Recht, am Feierabend nichts mehr tun zu müssen.

Dass der Feierabend in den Köpfen der Menschen mit den Abendstunden in Verbindung gebracht wird, liegt, wie der Begriff schon sagt, vor allem an seiner Herkunft aus dem frühneuzeitlichen Handwerkermilieu, wo bereits vergleichsweise regelmäßige Arbeitszeiten mit Beginn in der Früh und Ende am Abend gelebt wurden. Auch in der nachfolgenden Industriegesellschaft war eine tägliche Arbeitszeit von morgens bis abends die Regel, Nachtarbeit bildete die Ausnahme. In der frühen Zeit der Industrialisierung markierten für jeden wahrnehmbare Symbole den Beginn des Feierabends, etwa Werksglocken und Sirenen. Diese wurden zum Teil willkürlich gesetzt, da die Arbeiter noch keine Taschenuhren hatten und es ihnen überdies verboten war, sie in der Fabrik zu tragen. In neuerer Zeit, seit das Fernsehen die deutschen Wohnzimmer erobert hat, setzte der Beginn der wichtigsten Nachrichtensendungen ein maßgebliches Signal, teilweise auch der Beginn der Vorabendserien: Jetzt ist Feierabend!

Im Rahmen dieses kollektiven Verständnisses von Feierabend findet man ungezählte individuelle Feierabende der Millionen Arbeitnehmer, die irgendwann im Verlauf des Tages ihre Arbeitswerkzeuge aus der Hand legen oder ihren Computer herunterfahren. Der individuelle Feierabend richtet sich seiner Natur gemäß an dem persönlichen Arbeitsbeginn und -ende aus; doch da der Mensch ein soziales Wesen ist, versucht jede(r), möglichst an den kollektiven Feierabend anzudocken, um im Lebens- und Arbeitsrhythmus der Gesellschaft beziehungsweise seiner Angehörigen und Freunde mitzuschwingen (→Wochenende). Im Verlauf der Sozialgeschichte haben sich so bestimmte Normalerwartungen nicht nur an die Dauer, sondern auch an die Lage eines als normal geltenden Arbeitstages herausgebildet, wie der sprichwörtliche „Nine to Five" Arbeitstag, der beides enthält.

Indem mit der starken Flexibilisierung der Arbeitszeit und auch mit der weiten Verbreitung der Spät-, Nacht- und Schichtarbeit seit den 1980er Jahren solche Normalitäten brüchig geworden sind – so stieg zwischen

1992 und 2014 die Abendarbeit von 13 auf 24 Prozent der Beschäftigten an (Destatis 2015b) – rücken auch die individuellen Feierabende immer öfter vom kollektiven Feierabend ab (Stiftung für Zukunftsfragen 2015). Auch wo, vorwiegend von Frauen, Teilzeitarbeit am Vormittag geleistet wird, können Feierabendgefühle im Sinne der Inklusion in den normalen Feierabend zunächst kaum entstehen – selbst wenn man sich freut, früher rauszukommen als andere, die Vollzeit arbeiten. Und was ist mit all jenen, die nicht aktiv im Erwerbsleben stehen, Rentner oder arbeitslos sind, zur Schule gehen, studieren, als Hausmann ihrer Arbeit nachgehen oder die ein →Ehrenamt bekleiden? Auch sie legen irgendwann am Tag ihre Arbeit hin, haben sich Ziele gesetzt, die sie heute erreicht haben oder nicht. Anders als im Büro oder in der Fabrik wird hier der Feierabend nicht durch das Ende der tariflich vereinbarten Arbeitszeiten eingeleitet und auch nicht durch äußere Zeichen, wie etwa den bekannten Satz eines Kollegen „Ich geh mir schon mal die Hände waschen...", sondern vor allem durch die eigene Erschöpfung oder Unlust und mit mehr oder weniger gutem Gewissen. Immerhin wird mehr als die Hälfte aller gesellschaftlich relevanten Arbeit nicht als Erwerbsarbeit, sondern als Privatarbeit erledigt. Der Feierabend, zumal der individuelle, scheint damit seinen tieferen Sinn weniger aus dem jeweiligen Typ der Arbeit zu ziehen, als vielmehr daraus, dass jemand sein Tagwerk in dem Bewusstsein beendet, nun in die Sphäre der Erholung und Entspannung überzugehen in der ganz andere zeitliche Gesetze gelten – oder gelten sollten (→Leistung und Erfolg

→Rhythmus). Der Feierabend ist somit das zeitliche Pendant zur Belastungserfahrung (Böhm/Diewald 2012; Heiden/Jürgens 2013) – individuell wie auch als kollektive, von Ritualen begleitete Zeitinstitution.

Wie man den Feierabend wahrnimmt und gestaltet, ist stark vom jeweiligen Lebensalter abhängig. So bedeutet er für junge Leute häufig, dass sie endlich ihren Outdoor-Aktivitäten nachgehen können. Für die Menschen mittleren und höheren Alters wiederum sind die Feierabendstunden eine oft willkommene Gelegenheit, es sich zu Hause vor dem Fernseher bequem zu machen (→Konsum →Familie). Im Familienkontext ist der Feierabend trotz oder gerade wegen der starken Flexibilisierung unseres Alltagslebens zu einer wichtigen Institution geworden, weil, wenn überhaupt noch, vor allem hier die gemeinsamen Mahlzeiten stattfinden (→Essen und Trinken). In der Praxis wird es immer schwieriger, sich als →Familie regelmäßig zum Abendessen einzufinden und die unterschiedlichen Zeitpläne der einzelnen Mitglieder zu koordinieren – teils weil mal wieder die nicht genau kalkulierbare Arbeitszeit einen daran hindert, teils weil andere Aktivitäten locken, etwa nach der Arbeit noch kurz im Fitnesscenter vorbeizuschauen. Und während der werktägliche Feierabend vornehmlich zu Hause verbracht wird, mit eher arbeitsähnlichen Tätigkeiten oder vor dem Fernseher, bietet der Feierabend am Freitag – ähnlich wie der Samstagabend – bereits viele Gelegenheiten für privates und öffentliches Beisammensein (→Feste und Feiern).

Die neue Rolle der Beschäftigten als Arbeitskraftunternehmer, der gehalten ist, sich ständig selbst zu optimieren, um seine Beschäftigungsfähigkeit den Anforderungen des Arbeitsmarktes anzupassen (→Leistung und Erfolg), hat auch die Funktion des Feierabends verändert. Immer öfter beginnt nach einer mehr oder weniger kurzen Erholungsphase und dem gemeinsamen Essen eine Phase des Lernens; das viel zitierte lebenslange Lernen hat seinen zeitlichen Ort, außer am Wochenende, vor allem am Feierabend (→Bildung). Oder es werden am Abend noch schnell mal nebenbei berufliche Korrespondenzen erledigt und berufsrelevante Informationen im Internet gesucht, um auf den nächsten Arbeits(kampf)tag besser vorbereitet zu sein. Offensichtlich trägt dieses Verschwimmen der Zeitgrenzen dazu bei, dass Mehrarbeit an (Feier-)Abenden und Wochenenden zu Hause aus freien Stücken geleistet und als informelle Mehrarbeit (→Arbeitszeit) weder durch Geld noch durch Freizeit kompensiert wird. Immerhin gibt es inzwischen Betriebsvereinbarungen, die die Erreichbarkeit am Smartphone in zeitliche Schranken weisen.

Auch wer wie im Einzelhandel und anderen Dienstleistungsbereichen immer öfter spät abends arbeiten und anschließend unter erschwerten Bedingungen die Heimfahrt antreten muss, weil Bus und Bahn dann seltener fahren, wird sich kaum auf den verbleibenden Rest-Feierabend freuen können, nicht zuletzt, weil dann vor allem kleine Kinder schon im Bett sind (→Familie →Mobilität). Zudem beeinträchtigt allein schon der Umstand, dass man selbst noch arbeitet, während die (meisten) anderen schon Feierabend haben, die grundsätzliche Zufriedenheit mit der eigenen

Arbeitssituation. (→Wochenende) Dass die Arbeit dafür vielleicht morgens später oder überhaupt erst am Nachmittag beginnt, dürfte für die meisten nur rein rechnerisch ein Ersatz sein.

Außer, dass die in den Abend verlegte Erwerbstätigkeit den Feierabend im althergebrachten Sinne beeinträchtigt, ist es der Trend zur Rund-um-die-Uhr-Bereitstellung von Konsummöglichkeiten, der den traditionellen Feierabend unter Druck setzt (Rinderspacher 1987). Einerseits ist es natürlich sehr praktisch, sich auch nach dem eigenen Arbeitsschluss noch in aller Ruhe das Nötige besorgen zu können, und für manchen auch entspannend im Übergang von der Arbeits- zur Mußezeit. Andererseits hat sich gezeigt, dass der Feierabend, obwohl er sich über 20 Uhr hinaus weiter nach hinten verlagert hat (Stiftung für Zukunftsfragen 2015), diesen Veränderungen gegenüber relativ resistent ist. Dafür spricht, dass Spätöffnungszeiten großer Supermärkte wieder reduziert wurden, weil diese vielerorts längst nicht so angenommen wurden wie vom Einzelhandel erhofft. Auf der einen Seite also scheint der Feierabend – als gesellschaftliche Zeitinstitution und wichtiger Teil unserer Zeitkultur ebenso wie als individueller Feierabend – bedroht, etwa wenn man an die Ausdehnung der offiziellen wie informellen →Arbeitszeiten und an ihre Flexibilisierung denkt, aber auch an die Notwendigkeit, sich am Feierabend fortzubilden. Auf der anderen Seite wird seine Erosion doch zunehmend öffentlich wahrgenommen und beklagt.

Wie auch immer: Feierabend bedeutet vor allem aufhören zu können und sich nicht dem Trend zur Non-Stop-

Gesellschaft (Adam/Geißler 1998) zu unterwerfen, sondern einen Punkt zu machen, möglichst zusammen mit den Menschen, die einem wichtig sind. Wie die Praxis und die hohe Wertschätzung des gemeinsamen Abendessens zeigt (→Essen und Trinken), scheint sich dieses Bedürfnis nach einem täglichen Fixpunkt für gemeinsame Zeit umso schneller auszubreiten, je flexibler unsere Welt wird. Es ist keine Selbstverständlichkeit, aber eigentlich ganz logisch.

Feste und Feiern

Was ganz Besonderes

Menschen feiern gerne, in der Regel gemeinsam mit Freunden. Alle Beteiligten sind bestrebt, gut drauf zu sein, schließlich wird für die Dauer des Festes die Routine des Alltags unterbrochen. Gründe gibt es genug: der Geburtstag ebenso wie der lang ersehnte Aufstieg des Fußballvereins in die nächsthöhere Liga. Und natürlich sind da die jährlich wiederkehrenden Feste die im Kalender stehen – Feste, die nach ihrem Anlass und ihrer Art denkbar weit auseinander liegen.

Fest, Feier, Festival, Fete und Ferien – alle fünf Begriffe haben den gleichen Wortstamm, die lateinischen Wörter *feriae* und *festus*. In ihrer ursprünglichen Bedeutung meinen sie: „die für religiöse Handlungen bestimmten Tage". Fest und Feier haben also einen religiösen Bezug. Fest- und Feiertage sind im Ursprung heilige Zeiten, die sich grundlegend von der übrigen profanen Zeit abheben.

Anlässe für Feiern werden entweder von großen Institutionen wie den Kirchen oder dem Staat ausgerufen. Sie sind dann an bestimmte religiöse oder weltliche Inhalte gekoppelt, wie den Jahreswechsel oder die Jahreszeiten (Silvester, 1. Mai, Tag der Einheit, Erntedankfest) und nicht zuletzt an das Kirchenjahr. Oder sie haben zyklisch mit einzelnen Personen zu tun (Geburtstag, Namenstag) beziehungsweise mit besonderen Anlässen im Rahmen der Familie (Hochzeitstag, Taufe und andere Familienzusammenkünfte). Daneben gibt es Festtage, die nur in bestimmten Regionen zelebriert werden, wie zum Beispiel Weiberfastnacht im Rheinland. Die meisten der institutionellen Fest-, Feier- und Gedenktage werden im jährlichen Rhythmus begangen, manche besonders intensiv in größeren Jahresabständen und nur einer kurzzyklisch, immer wiederkehrend im Jahresverlauf, nämlich der Sonntag beziehungsweise das freie →Wochenende.

Ein wichtiger Grund für ausgiebige Feste war von jeher der Eintritt in eine neue Lebensphase, wie die Eheschließung oder die Aufnahme in die Welt der Erwachsenen durch Kommunion, Konfirmation oder Jugendweihe. Die meisten dieser Übergänge werden begleitet von gesellschaftlichen Großinstitutionen, zumeist von Kirchen und Glaubensgemeinschaften, die solchen Statuspassagen mit ihren Ritualen einen spezifischen →Sinn verleihen. Und natürlich ist von jeher der Tod, als letzte Station des Lebens, Anlass für rituelle Handlungen gewesen.

Säkularisierung, Individualisierung und Trivialisierung (→Ich) haben bewirkt, dass Übergangsrituale wie Kommunion, Konfirmation und Jugendweihe von Teilen der Bevölkerung entweder überhaupt nicht mehr in Anspruch genommen oder gleichsam selbst gebastelt werden, wie etwa die Trauungszeremonie. Allerdings werden gerade von Jüngeren solche Rituale wieder eher in der traditionellen Form gewünscht.

Beim Fest geht es nicht nur darum, besonderen Anlässen eine angemessene Rahmung zu verleihen oder einfach nur Anlässe fürs Vergnügen zu stiften, sondern immer auch um die Demonstration der gesellschaftlichen Stellung, der Teilnehmenden ebenso wie derjenigen, die das Fest ausrichten – nicht selten mit politischen oder geschäftlichen Hintergedanken. Betriebsfeste, etwa zur Weihnachtszeit, gehören bekanntlich zu den Ereignissen, bei denen niemand denken darf, er könne sich hier unbeschwert und ohne Rücksicht auf die Regeln der geltenden Firmenkultur einfach nur beköstigen und amüsieren.

Fest- und Feiertage kommen und gehen – wie zuletzt der Bußtag, der einmal gesetzlicher Feiertag und damit arbeitsfrei war. Dabei kann es durchaus vorkommen, dass sich neue und alte überlagern: Das vor allem von Jugendlichen gern zum Anlass für eine Party genommene, neuere Halloween fällt zusammen mit dem Reformationstag und mit Allerheiligen. Je mehr Halloween an Popularität gewinnt, gesponsert auch durch die Angebote des Einzelhandels, desto öfter bemüht sich die Evangelische Kirche in Deutschland, ihren Feiertag wieder ins öffentliche Bewusstsein zu heben. Aus der Geschichte sind zudem Umnutzungen und Umdeutungen von Feiertagen bekannt. Sie geschehen zumeist mit der Absicht, die eigene Weltanschauung unter Anknüpfung an traditionelle Feiertage und zugleich in bewusster Abgrenzung dazu zur Geltung zu bringen. So sollte etwa während der nationalsozialistischen Herrschaft das christliche Weihnachtsfest durch das altgermanische Julfest am 21. Dezember ersetzt werden – was sich allerdings nie durchsetzen konnte.

Fest- und Feiertage im engeren Sinne, das heißt heilige Zeiten, finden sich von jeher in allen menschlichen Gemeinschaften. Sozialer Zusammenhalt basiert wesentlich auch auf gemeinsamen Erinnerungen, identitätsstiftenden Mythologien und anderen Narrativen, derer sich ein Volk, eine Religionsgemeinschaft oder eine andere Gruppe immer wieder neu vergewissern muss, um ihr kulturelles Gedächtnis zu entwickeln und zu bewahren. Dabei spielt die zyklische, zumeist jährliche Wiederkehr des Festes eine wichtige Rolle, indem sie selbst ein entscheidendes Symbol ist. Das trifft auch auf den wöchentlichen Zyklus des Sonntags beziehungsweise des freien →Wochenendes zu, ebenso wie auf den jüdischen Sabbat oder den islamischen Freitag.

Ganz allgemein gehen Vertreter kulturwissenschaftlicher Disziplinen davon aus, dass Alltag nur in Abgrenzung von Fest- und Feiertag definiert werden kann. Das Fest sei der Ort beziehungsweise die Zeit des „Anderen", wobei das „Andere" alles repräsentiert, was eine Kultur ausblenden muss, um jeden Tag funktionieren zu können. Überhaupt wird darin, dass die Menschen feiern können, ein grundsätzlicher Unterschied zum Tier gesehen: „Man könnte sagen: Tiere haben nur den Alltag, sie leben. Gott hat nur den Sonntag: er schaut. Die Menschen aber haben beides: sie leben und distanzieren sich vom Leben; sie arbeiten und feiern; sie haben den Alltag und das Fest." (Marquard 1989, S. 685)

Während der Alltag darauf gerichtet ist, möglichst effektiv seine Ziele zu erreichen, steht bei Fest und Feier das Wie, die ästhetische Inszenierung, im Vordergrund. Festsituationen fordern die Menschen von jeher dazu auf, die Grenzen des Gewohnten zu überschreiten, unter anderem indem sie Fülle und Überfluss, ja

Verschwendung demonstrieren (Bataille 1975). Bei Festen darf nicht nur, es soll geschlemmt werden – gerade in schlechten Zeiten oder ärmlichen Verhältnissen wird bei feierlichen Anlässen an Essen und Trinken geboten, was nur irgend möglich ist (→Essen und Trinken →Konsum).

Außerdem zeichneten sich Feste und Feiern ursprünglich nicht nur durch einen demonstrativ großzügigen Aufwand an materiellen Dingen aus, etwa bei Ausstattung und Bewirtung, sondern auch durch einen verschwenderischen Umgang mit der Zeit. Man erinnert sich in diesem Zusammenhang an alte Gemälde von Bauernhochzeiten in Deutschland oder an Dokumentarfilme über orientalische Hochzeiten. In diesen agrarischen oder nomadischen Gesellschaften war die Bedeutung der Zeit allerdings eine andere, sie war im heutigen Sinne noch kein ökonomisches Gut und wurde daher nicht in dem Ausmaß bewirtschaftet wie in modernen Industrieländern. Auch wenn Zeit in unserem Alltag immer knapper zu werden scheint – zum Feiern nehmen sich die Menschen zumeist vergleichsweise viel Zeit, und schon allein dies macht heute mehr denn je die Herausgehobenheit einer Festzeit aus: Sie reisen zu Familienfesten aus allen Himmelsrichtungen an, und der Karneval zieht für mehrere Tage Millionen von Menschen in seinen Bann (→Mobilität). Im Großen und Ganzen scheint in den westlichen Industrienationen die Dauer klassischer Feste aber durchschnittlich abgenommen zu haben.

Einige Feste sind dadurch gekennzeichnet, dass sie die üblichen Verhaltensnormen für kurze Zeit außer Kraft setzen, ja ins totale Gegenteil verkehren. Solchen Festen wird eine Ventilfunktion bescheinigt, die letztlich der Stabilisierung bestehender Verhältnisse dient. Besonders gut zeigt sich dies an karnevalistischen Festbräuchen (Ratschow 1991). Während hier die soziale Ordnung und mit ihr die bestehenden Herrschaftsverhältnisse für eine streng begrenzte Zeit auf den Kopf gestellt werden – an Weiberfastnacht übernimmt in Köln das Dreigestirn aus Prinz, Bauer und Jungfrau die Herrschaft –, kann der Einzelne durch Masken und Verkleidungen vorübergehend seine angestammte soziale Rolle und sein →Ich verlassen, um ein anderer zu werden. Zu beobachten ist allerdings, dass die Zahl der Fastnachts-, Faschings- oder Karnevalsaktiven über die letzten Jahrzehnte hinweg kleiner wird, wenngleich die Begeisterung der Menge für Karnevalsumzüge und alles, was mit ihnen (auch im Anschluss) verbunden ist, ungebrochen scheint. Auch große Fußballspiele, darin vor allem die ihnen vor- und nachgelagerten Rituale, erfüllen teilweise das menschliche Bedürfnis nach zeitweiliger Entgrenzung und Rollenwechsel und können unter diesen Gesichtspunkten auch als eine Form des Festes verstanden werden.

Gegenüber diesen expressiven Formen des Feierns haben die regelmäßigen, im Kalender verzeichneten Feste und herausgehobenen Zeiten, sowie die Sonntage beziehungsweise das freie Wochenende als Ganzes, im Allgemeinen einen weniger bacchantischen, aber doch ebenfalls einen Ausnahmecharakter. Um vor allem den Charakter der kirchlich fundierten Feiertage zu wahren, besteht für die meisten von ihnen ein gesetzliches Ruhegebot für den öffentlichen Raum (→Wochenende) ebenso wie ein Verbot, Arbeitnehmer zu beschäftigen. Dieser Typ von Fest- und Feierzeiten ist häufig mit spezifischen Vorbereitungs- und Übergangsritualen in die herausgehobene Zeit verbunden, als Einstimmung auf das Fest; besonders ausgeprägt findet man solche Rituale in der jüdischen Tradition. Reinigungsvorschriften können die Wohnung ebenso betreffen wie die Menschen selbst. Diese Vorbereitungen sind als solche Bestandteil des Festes, das innerhalb eines Spannungsbogens von Erwartung, der Feier als solcher und dem Ausklang besteht.

In neuerer Zeit wird vielfach vor einer Veralltäglichung und Kommerzialisierung der Feste gewarnt (Gebhardt 2015). Diese seien zu einem fast normalen Bestandteil der Freizeit geworden. Bereits 1961 sprach der französische Industriesoziologe Georges Friedmann von einer abnehmenden Bereitschaft der Menschen mit einem relativ großen Freizeitbudget, das Zeremonielle, das Bedeutsame und das Herausgehobene der Feiertage zu leben. Stattdessen komme mit wachsender Freizeit ein neues Bedürfnis zum Vorschein: das Streben nach dem linearen Glück, das nicht schwanken, sondern in möglichst gleicher Dosis sowohl den Alltag als auch die Fest- und Feiertage durchziehen soll (1961; →Sinn). Johann Wolfgang von Goethe warnte: „Nichts ist schwerer zu ertragen als eine Reihe von guten Tagen." Ähnliches fanden Sozialwissenschaftler in den 1990er Jahren heraus, als sie in Deutschland eine Erlebnis- oder Spaßgesellschaft diagnostizierten. Damit korrespondiert die These von der „Festivalisierung" und

„Eventisierung" des Alltags (Gebhardt 2015). Die permanente Suche nach dem Besonderen und Außergewöhnlichen ist auch die Suche nach dem täglichen Fest (→Sinn).

Dazu beigetragen hat die drastisch wachsende Zahl von Ereignissen, die aus kommerziellen Gründen als Fest deklariert werden. Nachdem in den 1970er Jahren die Wiederbelebung des Straßenfestes eine große Bereicherung für die Städte im Sinne einer bürgernahen Festkultur war, wurden sie seit den 1990er Jahren immer öfter von Geschäftsleuten dazu genutzt, eine Genehmigung für einen verkaufsoffenen Sonntag zu erwirken, der laut Gesetz an besondere Anlässe gekoppelt sein muss (→Wochenende). Das Fest dient damit als Vorwand für die Ausbreitung der Alltäglichkeit des ganz banalen täglichen →Konsums – eine stärkere Pervertierung der ursprünglichen Fest- und Feieridee ist kaum denkbar.

Die immer weitere Kommerzialisierung von Festen und Feiertagen, allen voran die des Weihnachtsfestes, lässt erahnen, wie sehr die Verfestlichung des Alltags und die Veralltäglichung von Festen lediglich zwei Seiten von ein- und derselben Medaille sind. Ein deutliches Zeichen hierfür sind die Weihnachtsartikel, die kurz nach der Sommerpause in den Supermärkten stehen, wodurch die Festzeiten bis zur Unkenntlichkeit in die Länge gezogen werden und damit ihre spezifische Aura verlieren (→Konsum).

Dazu passt, dass sich in den modernen westlichen Gesellschaften zunehmend Fest- oder Feiertage finden, deren Sinn sich den Menschen nicht mehr erschließt.

Dies ist sowohl bei kirchlichen als auch politischen Feiertagen der Fall: So wissen beispielsweise drei von vier Deutschen mittlerweile nicht mehr, was Pfingsten oder Fronleichnam bedeutet. Allerdings bestätigen immerhin noch 78 Prozent der Befragten, dass es sich bei Ostern um die Auferstehung Christi handelt (TNS-Emnid 2015).

Immer wieder mal ist versucht worden, regionale und auch nationale Feiertage im Kalender hin und her zu schieben, um mehr arbeitsfreie Tage herauszuwirtschaften. Die in den USA seit 1968 gültige, nicht unumstrittene „Monday Holiday Bill" machte es vor: Um den Beschäftigten mehrmals im Jahr ein dreitägiges Wochenende zu ermöglichen, wurden einige Feiertage mit Zustimmung der Bevölkerung auf Montage verschoben. Andere, die eine stärkere Verankerung bei den Menschen haben, mussten wegen lautstarken Protests wieder auf ihren ursprünglichen Tag zurückverlegt werden. Das ist nicht überraschend, denn Feste verbinden sich fast immer mit einem Datum, das mehr oder weniger stark symbolisch aufgeladen und daher als solches ein zentraler Bestandteil jedes wiederkehrenden Festes ist.

In Deutschland entstehen in letzter Zeit häufiger Konflikte um das Verbot von Tanzveranstaltungen und anderen öffentlichen Vergnügungen am Vorabend zu Karfreitag und anderen so genannten stillen Feiertagen. Nach geltender Gesetzeslage dürfen diese Zeiten nur für literarische Darbietungen und Ähnliches genutzt werden. Dagegen argumentieren vor allem jüngere Menschen, die zumeist nichts mehr speziell mit diesen Feiertagen verbinden können und solche Verbote stellten eine unzulässige Einschränkung ihrer persönlichen Freiheit dar. In der Tat müssen sich die Kirchen stärker bemühen, den Sinn ihrer Feiertage deutlicher auch in diese Zielgruppe hinein zu kommunizieren – angesichts der starken Säkularisierungs- und Entkirchlichungstendenzen in den westeuropäischen Gesellschaften sicher keine einfache Aufgabe.

Herausgehobenheit als Merkmal des Festes stellt sich aber nicht nur als Opulenz, Völlerei und gegebenenfalls als Grenzüberschreitung bestehender Regeln dar. Im Gegenteil: die Wochen zwischen Aschermittwoch und Ostern, die in der christlichen Tradition als Fastenzeit verstanden werden, werden viel öfter wieder als solche wahrgenommen. Der Verzicht auf üppige Mahlzeiten, Alkohol, Nikotin und andere leibliche Genüsse soll zu einer geistigen Reinigung und Erneuerung beitragen. Gefastet wird auch jenseits aller religiösen Motivation aus Gesundheitsgründen oder einfach, um den eigenen Charakter durch Konsumverzicht zu festigen. 2014 hatten, laut der Studie einer Krankenkasse, 42 Prozent der Befragten schon öfter für mehrere Wochen gefastet. Favoriten beim Fasten sind der Verzicht auf Alkohol (69 Prozent), Süßigkeiten (63 Prozent) und Fleisch (47 Prozent). 31 Prozent würden am ehesten auf Handy, Smartphone, Computer und Internet verzichten (DAK 2014).

Die alte Volksweisheit „Man soll die Feste feiern, wie sie fallen!" zeigt hingegen eine ganz andere Perspektive. Das Erleben herausgehobener Momente ist nämlich oft nicht nur eine Frage guter Organisation und

Vorbereitung oder die eines festen Datums im Kalender, sondern auch die des geeigneten Augenblicks. Die zunehmende Individualisierung und Selbstbestimmung über die eigene Zeit, über die viele, wenn auch längst nicht alle, verfügen (→Zeitsouveränität), bieten uns zahlreiche Gelegenheiten, im normalen Alltag kleine und große Momente zu entdecken und sie ganz nach unserem eigenen Geschmack feierlich zu begehen, auch wenn es eigentlich gerade keinen →Sinn macht.

Ich

Wer sonst?

Wir lieben das Bild der italienischen Großfamilie, Jung und Alt, Pasta essend um den großen Tisch versammelt auf dem eine riesige Weinflasche steht; wild gestikulierende Menschen, die sich angeregt unterhalten. Zu Hause aber kultivieren wir Deutschen die Kleinfamilie oder die kinderlose →Zweierbeziehung und einen Lebensstil, der darauf abzielt, wo immer möglich seine ganz persönlichen Bedürfnisse durchzusetzen. Dass dies oft nicht gelingt (→Frauen- und Männerzeiten) und regelmäßig Frustrationen zur Folge hat, ist nur die Kehrseite der verbreiteten Erwartungshaltung, sich im modernen Alltag an unterschiedlichen Orten in verschiedener Form selbst verwirklichen zu können. Doch das setzt eine Gesellschaft voraus, in der der Einzelne alles und die Gruppe wenig gilt. Die italienische Großfamilie entspricht dem jedenfalls nicht.

Das Individuum als alles überragender Bezugspunkt unseres Denkens und Handelns, so wie es uns heute in der Theorie und Praxis moderner Gesellschaften begegnet, ist keineswegs eine Selbstverständlichkeit. In vormodernen, agrarischen Gesellschaften spielte der einzelne Mensch eine eher untergeordnete Rolle. Dagegen waren Beziehungen in der Gruppe, vor allem in der Großfamilie und der weiteren Verwandtschaft, absolut vorherrschend (→Familie). In mehr oder weniger ausgeprägter Form gilt dies für die überwiegende

97

Zahl der Weltbevölkerung auch heute noch, mit Ausnahme der höchstentwickelten Länder in Mittel- und Westeuropa, Nordamerika und einigen wenigen anderen Regionen der Welt. In traditionellen Gesellschaften begründete sich die Vorrangstellung der Oberhäupter von Familien und Stämmen zumeist aus ihrer Geburt, aus einer zugewiesenen Rolle in der Gruppe oder gar aus Zweikämpfen. Die Autorität, die Häuptlingen und Stammesfürsten damit an die Hand gegeben war, ist aber nicht gleichzusetzen mit der Art von Autorität, die herausragende Persönlichkeiten, die sich auf individuelle Leistungen berufen, heute in unserer modernen Welt auszeichnet (→Leistung und Erfolg).

Erst die griechische Antike entwarf, soweit man dies nachvollziehen kann, ein historisch neues Bild vom Menschen, bei dem das Individuum als eigenständige Person gedacht war, ausgestattet mit einem starken Bewusstsein von sich selbst und der Fähigkeit zur Selbstreflexion. Auch Seneca, der römische Schriftsteller, stellte das Individuum und sein Schicksal in den Vordergrund seiner Betrachtungen über die „Kürze des Lebens" und die Konsequenzen, die daraus für einen möglichst ertragreichen Lebenswandel zu ziehen seien. Auf die einzelne Person zielt von Beginn an auch das Christentum, indem es die Verantwortlichkeit jedes einzelnen Menschen für sein Tun vor Gott zum Ausgangspunkt seines Glaubensbekenntnisses macht: Jesus Christus, gestorben für die Sünden der Welt, vor allem aber für jeden einzelnen Sünder. Autonomie des christlichen Menschen im heutigen Sinne – im Glauben und auch sonst – wurde aber erst relativ spät denkbar. Es war zuerst die Reformation, die ein Bild vom Menschen entwarf, in dem tatsächlich der einzelne Mensch und sein ganz persönliches Verhältnis zu Gott zum Angelpunkt der Religion wurde. Man kann darin zumindest eine historische Vorbereitung auf die Entstehung eines selbstverantwortlichen Subjekts in der europäischen Moderne sehen, das unter anderem die Grundlage eines modernen Rechtssystems bildet. Letztlich entwarf aber erst die Aufklärung ein auf ein (religions-)freies „Ich" bezogenes Bild vom Menschen, das diesen zumindest aus seinen bisherigen metaphysischen Abhängigkeiten gedanklich herauslöste. In der Epoche der Französischen Revolution wurde der Mensch zu einem selbstständigen, nur sich selbst und seiner Gesellschaft gegenüber verantwortlichen Wesen erklärt und von einigen ihrer Protagonisten sogar an Stelle eines höheren Wesens zum Maß aller Dinge erhoben (→Sinn). Politisch gesprochen bedeutete dies: Unveräußerliche Souveränität, Freiheit und Würde für jeden einzelnen Menschen – ohne existenzielle Abhängigkeit von einem Schöpfergott, der ihm diese Freiheit geschenkt hätte. Doch vom gesellschaftspolitischen Aufbruch des Individuums in der Welt der Philosophie, bis zu einer praktischen Politik in der realen Welt, die das Individuum von politischer Willkür und Zwang befreite und den Idealen der bürgerlichen Gesellschaft einigermaßen Rechnung trug, war es noch ein langer Weg.

Ein wichtiges Indiz für das Aufkommen des real existierenden Individuums im 19. Jahrhundert mag unter anderem die allmähliche gesellschaftliche Durchsetzung von Theorien über die innere Beschaffenheit des

Menschen sein, wie in der neuen Wissenschaftsdisziplin der Psychologie und in der Psychoanalyse. Die triebhaften Begierden, die jedem Menschen innewohnen, treffen auf seine moralischen Einsichten, sein Gewissen. Beide miteinander in Einklang zu bringen, leistet das „Ich". Auch in der Literatur, im bürgerlichen Roman, findet sich erst spät ein „Ich" in dem uns heute geläufigen Sinne. Das „Ich" als der alles überragende Referenzpunkt der Welterfahrung ist, so lässt sich vielleicht sagen, ein Konstrukt der Moderne, das Produkt eines kulturellen Entwicklungsprozesses und gleichsam eine Selbstschöpfung des Menschen.

Seit Mitte der 1960er Jahre haben sich die grundlegenden Einstellungen der Menschen in den hoch entwickelten westlichen Ländern gegenüber der Epoche der Ersten Industriellen Moderne noch einmal tief greifend in Richtung Ich-Bewusstsein radikalisiert, was allgemein als „Wertewandel" bezeichnet wird (Dietz u. a. 2013): Dieser gewaltige Individualisierungsschub erfasste die Einstellungen der Menschen zu →Familie, Partnerschaft und Sexualität (→Zweierbeziehung) ebenso wie zu Musikstilen, Kleidermoden, Essgewohnheiten und vielem anderen mehr (→Essen und Trinken). Man könnte diese Epoche auch als umfassende, kollektive Suche nach einem neuen →Sinn interpretieren. Bezeichnenderweise mündet diese Suche in ein Ich-Bewusstsein breiter Bevölkerungsschichten, wie es so noch nie zuvor existiert hatte (Kron/ Horácek 2009). Dieser Prozess ist freilich ambivalent: Einerseits steht er für die Befreiung der Menschen aus der Enge unerwünschter Fesseln vorangegangener Gesellschaftsformationen. Das betrifft nicht zuletzt die einst unauflösbaren Bindungen an Familie, Herkunft und Verwandtschaftsbeziehungen (→Familie →Rente), die immer mehr durch selbst gewählte Bindungen mit oftmals geringerem Verbindlichkeitscharakter abgelöst werden. Dazu gehört auch die Ermöglichung einer Bindung auf Zeit (→Zweierbeziehung). Andererseits birgt die starke Konzentration auf die eigene Person, deren Bedürfnisse und die große Bedeutung autonomer Entscheidungen die Gefahr der Vereinzelung. Einer der Urväter der Soziologie, Emile Durkheim, befürchtete bereits Ende des 19. Jahrhunderts, dass der Prozess der Individualisierung, auf die Spitze getrieben und ohne ein gegenläufiges Element, den Verlust gemeinsamer Werte nach sich ziehen und damit den gesellschaftlichen Zusammenhalt blockieren könnte (1981).

Wo sich also die Interessen und Bedürfnisse der Menschen freier entfalten können, fällt es ihnen mitunter schwerer sich auf Gemeinsamkeiten festzulegen. Das gilt auch für ihren Umgang mit der Zeit. So werden zentrale Zeitinstitutionen, die ein kollektives Zeitverhalten begründen (wie der arbeitsfreie Sonntag), seit längerem vermehrt in Frage gestellt und gefragt, warum denn alle Menschen zum gleichen Zeitpunkt ausruhen und ihre Arbeit unterbrechen sollen (→Wochenende). In den Sozialwissenschaften wird daher seit Längerem verstärkt über den „sozialen Kitt der Gesellschaft" diskutiert, also darüber, was diese bei weiter voranschreitender Individualisierung künftig noch zusammenhalten kann und soll.

Der Wandel von eher kollektiven zu individuellen Perspektiven hat sich nicht zuletzt im Umgang der Menschen mit ihrer nun emphatisch als „eigene" verstandenen Zeit niedergeschlagen. Die Verwendung der eigenen Zeit ist seit längerem auch zu einer gängigen Themenstellung in den Sozialwissenschaften herangewachsen. Das Konzept der →Zeitsouveränität, welches das Individuum als letzte, souveräne Instanz seiner Zeit und damit zugleich seiner Lebensgestaltung betrachtet, ist bezeichnenderweise in diesen Jahren aus einem starken gesellschaftlichen Individualisierungsschubs entstanden. Einige Autoren sprechen inzwischen gar vom „Recht auf eigene Zeit" als eine Art Menschenrecht, selbst über seine Zeit verfügen zu dürfen (Mückenberger 2011; 2015).

Mehr Freiheit im Umgang mit der Zeit bedeutet zugleich eine größere Herausforderung für den Einzelnen. Denn Wahlfreiheit erfordert die Fähigkeit, in einer gegebenen Situation die wie auch immer verstandene beste Option zu wählen, um mit der knappen Lebenszeit angemessen umzugehen, zumal die Angebote alternativer Zeitverwendungen im Privaten und in der Öffentlichkeit bekanntlich sehr vielfältig und allenthalben die berüchtigten →Zeitdiebe am Werk sind (→Konsum →Internet →Familie; Rinderspacher 2003). So kommt es in den unterschiedlichen Situationen des Alltags – in Erwerbsarbeit, Hausarbeit, Freizeit, im →Ehrenamt, Straßenverkehr und bei Sport oder →Spiel – eben nicht nur darauf an, möglichst schnell und zielgerichtet zu handeln, sondern häufig auch darauf, im richtigen Augenblick, das jeweils rechte

Zeitmaß zu finden (→Rhythmus). Die Fähigkeit mit der Vielfalt an verschiedenen Geschwindigkeiten, Rhythmen, Eigenzeiten und Zeitpunkten, in Bezug auf die eigenen Bedürfnisse, gut umgehen zu können, wird auch als „Zeitkompetenz" bezeichnet (Hatzelmann/Held 2010).

Die Epoche der immer weiter zunehmenden Ich-Bezogenheit der Menschen könnte nun aber an ihr Ende gekommen sein, dem die Bedeutung von Gemeinschaften scheint wiederentdeckt zu werden. Eine Befragung vom Freizeit- und Zukunftsforschers Opaschowski im Jahr 2014 ergab, dass für immerhin 88 Prozent aller Deutschen über 14 Jahren die Familie(ngemeinschaft) als wichtigster Lebensinhalt gilt. Einschränkend muss gesagt werden, dass bei Jugendlichen die Bedeutung der Familie gegenwärtig aber wieder abzunehmen scheint (Deutsche Shell 2015, →Familie). Die Aussage „Für Egoismus ist in unserer Gesellschaft weniger Platz, wir müssen mehr zusammenhalten" unterstützen aber immerhin 86 Prozent der Erwachsenen, und 75 Prozent halten „Vertrauen, Verantwortung und Verlässlichkeit" noch für zentrale Werte (Opaschowski 2014). Dass für die meisten Menschen ein „Wir-Gefühl" sehr wichtig ist, bestätigt auch eine Umfrage der ZEIT. Fragt man sie allerdings nach der Zukunft, befürchtet ein sehr großer Teil der Befragten, dass dieses für nachfolgende Generationen weniger wichtig sein wird. Auf der anderen Seite zwingen die wirtschaftlichen und sozialen Verhältnisse in den hoch entwickelten Industrieländern die Menschen in vielen Lebensbereichen verstärkt zu konkurrenzhaftem Verhalten, vor allem wenn es um gute Schulnoten, einen Arbeitsplatz oder den beruflichen Aufstieg geht (DIE ZEIT 2016b). Schon lange ist von der Ellenbogengesellschaft die Rede (→Leistung und Erfolg →Einkommen →Sinn). Im Sport kann oder sollte nach wie vor die faire Balance zwischen Leistungswettbewerb und Solidarität eingeübt werden (→Bildung); die zahlreichen bekanntgewordenen Dopingfälle im Profisport sprechen allerdings eine andere Sprache. Von den Angehörigen der zwischen 1977 und 1998 geborenen, sogenannten *Generation Y*, spricht man auch von der Generation der Ego-Taktiker, die trotz einer schwieriger gewordenen beruflichen Ausgangslage positiv in die Zukunft sehen können, weil sie willens und in der Lage sind, sich pragmatisch aus den gegebenen Möglichkeiten die jeweiligen Vorteile herauszusuchen (Hurrelmann/Albrecht 2014). Ob sie dabei eine gute Balance zwischen den eigenen Interessen und den legitimen Interessen anderer gefunden haben, lässt sich wohl am besten am Einzelfall beurteilen.

Auch wenn die Menschen in hochmodernen Gesellschaften in fast allen Lebenszusammenhängen ihre persönlichen Zeit-Interessen verfolgen dürfen, tun sie doch gut daran, zugleich bestimmte zeitliche Strukturen, die die Gesellschaft vorgibt, zu akzeptieren. So macht es Sinn, sich in den Rahmen bestimmter Zeitinstitutionen einzufügen, wie in den des Freien →Wochenendes oder den eines gemeinsamen Urlaubs. Sie tun sich damit selbst einen Gefallen: So kann Zeitwohlstand in vielen Fällen nur dann entstehen, wenn es gelingt, gesellschaftliche und individuelle Zeitinteressen in ein ausgewogenes Verhältnis zu bringen. Beide sind gleichermaßen legitim. Sie so weit wie möglich in Übereinstimmung zu bringen und gegebenenfalls Widersprüche zwischen ihnen auszugleichen, darin besteht eine kontinuierliche Aufgabe von Zeitpolitik (Weichert 2011). Angesprochen sind damit nicht nur Staat, Kirchen, Gewerkschaften und Verbände, sondern auch jeder Einzelne in seinem ganz normalen Alltag.

Internet

Unterwegs im Netz der Zeit

Eine der faszinierendsten Eigenschaften aller elektronischen Netze, ob die des digitalen World Wide Web oder die des klassischen Telefons, hat unmittelbar mit Zeit zu tun: Sie besteht in der nahezu zeitgleichen Kommunikationsmöglichkeit zwischen zwei Menschen, völlig unabhängig davon auf welchem Punkt der Erde diese sich gerade befinden, und damit in der Aufhebung des Raumes. Das gute alte Telefon war allerdings räumlich an bestimmte Telefonierorte gebunden. Allein die Tatsache, dass wir seit der digitalen Revolution über elektronische Briefkästen verfügen, die jederzeit und von jedem Ort aus geleert werden können, hat unser Zeitverhalten verändert. Dass der Kommunikationspartner immer dann, wenn er selbst Zeit hat, eine (Kurz-)botschaft senden und auch abrufen kann, und das anders als bei der gelben Post praktisch ohne jede zeitliche Verzögerung, verschafft uns viel Flexibilität. Es bindet uns aber auch auf neue Weise, und die soeben gewonnene Freiheit kann unversehens wieder verspielt werden (→Zeitdiebe). Das hat sowohl etwas mit der Konstruktionslogik dieser schon lange nicht mehr neuen Technologie zu tun – der Hardware ebenso wie der Software – als auch damit, was wir als ihre Nutzer daraus machen.

Das gesamte Netz beziehungsweise dessen Nutzung – nicht nur in sozialen Netzwerken – ist bei genauer Betrachtung nun schon seit über zwei Jahrzehnten

Schauplatz eines historisch einzigartigen Experiments. Denn mit der Schaffung neuer, informationeller, technischer und sozialer Netzwerke sind im täglichen Umgang der Kommunikationspartner miteinander so ganz nebenbei völlig neue soziale Regeln entstanden und mit diesen auch völlig neue, systemspezifische Zeitkulturen. Die Regeln und Gewohnheiten sind jedoch durch die Technik als solche nur in einem bestimmten Umfang determiniert, sodass ein Gestaltungsspielraum für die Milliarden Nutzerinnen und Nutzer (und darin die nach Millionen zählenden Nutzergemeinden) besteht. Dabei haben sich in einigen Kommunikationskontexten feste Regeln etabliert, in anderen, naturgemäß vor allem in denen, die immer wieder neu entstehen, sind diese noch ziemlich offen: Ob und wann man sich als reale Person einbringt oder mit einem Decknamen, wie man aufeinander zugeht, wie schnell man aufeinander reagieren sollte, um den anderen nicht zu brüskieren, welche verbalen und bildlichen Gepflogenheiten und Grenzen es gibt und dass man statt vieler Worte besser ein „Like" oder ein Smiley setzt. Wie im wirklichen Leben kann man auch in der virtuellen Welt solche Regeln entweder befolgen oder nicht, und wie dort muss man mit Sanktionen rechnen, wenn man sich außerhalb einer Gemeinschaft stellt (ZpM 2014). Dabei stellt sich immer wieder die Frage, welcher Gemeinschaft man sich eigentlich zurechnen möchte – und ob es nicht vielleicht gerade opportun wäre, selbst eine zu kreieren.

Teilweise haben sich dabei eigentümliche, netzspezifische Interaktionsmuster herausgebildet, etwa der Shitstorm. Dass diese Massenreaktion auf eine strittige Botschaft mit dem fäkalen Wort *shit* und nicht als Entrüstung bezeichnet wird, deutet darauf hin, dass die Regeln in der Netz-Community härter und rücksichtsloser sind als in traditionellen Face-to-Face-Communities, in denen man sich bei einer kritischen Äußerung in die Augen sehen muss.

Durch den leichten elektronischen Zugang zu einer Community ist die Möglichkeit, sich Gemeinschaften zugehörig zu fühlen, allein vom Umfang her gewaltig gewachsen – schon allein deshalb, weil der Zeitaufwand, um sich zu treffen, im Vergleich zu den vordigitalen Kommunikationsmöglichkeiten (→Mobilität) enorm reduziert wird. Dies hat gewissermaßen zu einer Rationalisierung der Interaktionsformen und -möglichkeiten geführt, jedenfalls wenn man unter Rationalisierung versteht, in derselben Zeit einen größeren Effekt zu erreichen. Da der Tag nur 24 Stunden hat, liegt es mit steigender Zahl der Kontakte auf der Hand, dass diese sich zeitlich und damit zumeist auch inhaltlich immer weiter verkürzen. Twitter steht für einen solchen Rationalisierungseffekt. Überhaupt schmilzt der Zeitvorteil der digitalen Kommunikation schnell wieder dahin, →Zeitdiebe lauern auch und gerade hier, etwa wenn der leichtere Zugang zu Interaktionsmöglichkeiten zuallererst für die unbegrenzte Erweiterung „geaddeter" Freunde genutzt wird. Zugleich bietet das Netz selbst aber auch neue, faszinierende Zeitverwendungsalternativen an, zum Beispiel zeitgleich, aber verteilt auf mehrere Standorte auf dem Globus, gemeinsam zu musizieren.

Ein systembedingtes Problem ist dabei, dass man noch viel mehr als im wirklichen Leben auswählen muss, weil die Beteiligung an Netzwerken und somit der Kontakt zu Einzelpersonen ja theoretisch unbegrenzt ist. So kommt es, dass man mit jedem neuen Kontakt, für den man sich entscheidet, gleichzeitig Millionen andere Personen und Dinge ausschließen muss, die ebenfalls als attraktiver Zeitvertreib in Frage gekommen wären. Dieses Problem ist allerdings kein netzspezifisches, sondern ein generelles der Multi-Optionsgesellschaft (→Ich →Konsum), das sich hier nur wie in einem Brennglas verstärkt.

Die Rolle des Users beschränkt sich jedoch nicht auf die des Konsumenten im digitalen Datennetz, er ist darüber hinaus netzaktiver Produzent. Tatsächlich hat sich zumindest in den ersten beiden Jahrzehnten seiner Existenz das Netz auch deshalb so rasant entwickeln können, weil ein enormer Anteil sowohl an Software-Produkten (Freeware usw.) als auch an Inhalten (Contents) von Nutzern unentgeltlich – und das heißt: ohne sich den Zeitaufwand für das der Netzöffentlichkeit zur Verfügung gestellte Produkt bezahlen zu lassen – bereitgestellt wurde und weiter bereitgestellt wird. Für den Produzenten im Netz steht allen voran das Nachschlagewerk Wikipedia, das inzwischen unabhängig davon, wie man seine Qualität beurteilen mag, faktisch zu einem Volkslexikon neuen Typs geworden ist. Nicht weniger von Usern gestaltet werden Portale und die Contents unentgeltlicher Eigenproduktionen, von Musikstücken bis hin zur Pornografie.

Aus dieser positiven Grundstimmung der Gründerjahre her lässt sich vermutlich auch am besten erklären, warum das Netz, das sich ja zunächst als ein völlig offener Kommunikationsraum darstellte, sich so rasant entwickeln konnte, zunächst ungebremst durch kommerzielle Schranken. Allerdings stellte sich bald heraus, dass die gesellschaftlichen Grundregeln des Geldverdienens und der Ungleichheit auch oder gerade vor der Nutzung dieser neuen Technologie nicht haltmachen. Das zeigt sich nicht nur an den immer wieder aufflammenden Diskussionen über das gleiche Recht aller Nutzer auf den Netzzugang, sondern auch auf die Nutzung der gleichen Netzgeschwindigkeit für alle.

Netz und Computer, ob in Gestalt des heimischen PCs oder des Smartphones, stellen somit sowohl ein Spielzeug als auch ein Werkzeug dar. In beiden Fällen gehört die Zeitersparnis, die sie bieten, zu einem ihrer entscheidenden Vorteile. Auch wenn diese Hilfe zweischneidig ist: So will das endlose Meer verwertbarer Informationen zunächst gesichtet und dann verarbeitet werden. Der Zeitaufwand für die Einzelrecherche ist zwar enorm kurz geworden, kann aber wegen der Menge und Komplexität der Informationen leicht auch zu einer Angelegenheit werden, die mehr Zeit verschlingt als konventionelle Arbeitsmethoden. Um solche zeitlichen Rebound-Effekte zu vermeiden, ist es daher notwendig, effektive und direkte Zugangswege zur gewünschten Information zu kennen. Ganz allgemein stellen Apps ein Angebot dar, die Komplexität des unermesslichen und unüberschaubaren Gesamtangebots im Netz fokussiert auf praktische Nutzerinteressen zu reduzieren.

Ein anderer Typ der Suche nach Informationen ist das Surfen, das jedoch ebenso leicht zur Zeitfalle werden kann. Denn im Unterschied zu dem „Klassiker" aus der alten, nicht-virtuellen Welt, dem Stöbern in den Büchern und Zeitschriften einer Bibliothek, aber auch nach Klamotten in der Fußgängerzone, wird das nächste Thema oder das nächste Kaufobjekt nicht mehr von einer räumlichen Distanz getrennt. Statt diese zu überwinden, was ja immerhin Zeit und Mühe kostet, sind sie nur noch einen Mausklick entfernt, und allein dadurch wächst die Menge zugänglicher Dinge um ein Vielfaches. Dadurch bekommt das Surfen etwas Spielerisches (→Spiel(en)), das heißt die Zeit beziehungsweise der Zeitverbrauch werden hier sekundär und der Inhalt, die Neugierde und gegebenenfalls das Interesse an der Sache treten in den Vordergrund. Surfen ist wie Stöbern also ein wenig wie ein Glücksspiel, bei dem man seine knappe Zeit einsetzt, ohne einigermaßen vorhersagen zu können, was dabei herauskommt. Auf diese Weise die – virtuelle – Welt zu entdecken, macht das Netz für viele besonders attraktiv.

Das Internet kennt bekanntlich keine Öffnungszeiten. Der Rund-um-die-Uhr-Betrieb scheint seine natürliche Eigenschaft zu sein und in seine Konstruktionslogik von Anfang an eingewoben. Es hat anders als viele der physisch präsenten Dinge, die uns in unserer Lebenswelt umgeben, keinen endogenen →Rhythmus und käme daher von sich aus nicht auf die Idee, eine Pause einzulegen oder auch nur für ein paar Momente seine Leistung herunterzufahren. Da für diese Megamaschine des 21. Jahrhunderts eine Unterbrechung des

Betriebes nicht vorgesehen ist, wird, sollte sie dennoch einmal vorkommen, sie als Störfall behandelt, den es schnellstens zu beheben gilt. Das Netz ist damit zu einem der entscheidenden Taktgeber – oder besser: Nicht-mehr-Taktgeber – der Gesellschaft geworden: Takt und →Rhythmus waren anscheinend gestern, Linearität ist heute, und beschreibt das, was uns spätestens mit dem Smartphone gewissermaßen buchstäblich auf den Leib geschrieben ist und was subkutan immer mehr zum Leitbild unseres (post-)modernen Zeitverhaltens wird.

Die Konfrontation dieser digitalen Logik mit den natürlichen und biologischen Rhythmen unserer Lebenswelt kann demzufolge nicht ausbleiben: Nicht nur mit dem Tag-Nacht-Rhythmus, sondern auch mit dem überlieferten 7-Tage-Rhythmus, deren beider hervorstechendes Merkmal die regelmäßig wiederkehrende, gemeinsame Unterbrechung der alltäglichen Aktivitäten der Gesellschaft ist (→Feierabend →Wochenende). Die Erwerbsarbeit wie auch Einkäufe sind aus gutem Grund durch Arbeitszeitregelungen (→Arbeitszeit), Ladenschluss (→Konsum), eben durch kollektive Unterbrechungen der Betriebsamkeit eingeschränkt. Selbst unnötige Lärmbelästigungen sind am Sonntag gesetzlich untersagt, um die Herausgehobenheit des Sonntags gegenüber dem Alltag erfahrbar werden zu lassen. Dies soll den Menschen einen Tag ermöglichen, der anders ist als die anderen und damit nicht zuletzt die Gestaltung des Sonntags nach christlich-abendländischer Tradition unterstützen.

Es führt aber zu Widersprüchen zwischen den Regeln

der realen Welt hier und denen der virtuellen dort, wenn am Sonntag die Läden geschlossen bleiben, während bei Amazon eine der intensivsten Phasen der Bestellungen läuft. So kann man die Frage aufwerfen, ob sich, um der Entrhythmisierung des modernen Alltags etwas entgegenzusetzen (→Wochenende), nicht auch das Internet dem im Grundgesetz verankerten Ruhegebot, zumindest was diesen Bereich angeht, unterwerfen müsste. Freilich würde es nicht einfach sein, die Mehrheit einer weithin säkularen und schon lange auf ununterbrochenen →Konsum getrimmten Gesellschaft von einer solchen Maßnahme zu überzeugen (→Ich →Sinn).

Auch in einer anderen Hinsicht, nämlich auf die der Reaktionsgeschwindigkeiten, werden das Netz und die mit ihm verbundenen Aggregate zum heimlichen Lehrmeister unseres Zeitverhaltens: So übt die Tatsache, dass die Übermittlungszeit einer Mail oder SMS gefühlt gleich Null ist, offensichtlich einen Druck auf den Takt aus, in dem wir sie beantworten: Während bei der gelben Post die Laufzeiten von Briefen in Tagen zu rechnen war, dem ein ähnlich getakteter Beantwortungsrhythmus adäquat schien, fordert die sekündliche Übermittlung einer Nachricht nun eine fast ebenso rasche Antwort – jedenfalls wenn man nicht aus dem Takt fallen möchte. Denn diesem zu folgen oder nicht beinhaltet auf der Beziehungsebene bereits für sich eine Botschaft wie Nähe oder (Des-)Interesse (→Zweierbeziehung); diese kann mitunter wichtiger sein als die verbal-inhaltliche. In der geschäftlichen Kommunikation wird mit schnellen Reaktionszeiten als Subtext außer

Interesse und Nähe zusätzlich Stärke und Leistungsbereitschaft (→Leistung und Erfolg) kommuniziert. Eine interessante Information kann aber nicht nur die Geschwindigkeit des Agierens sein, sondern auch die Zeit, zu der die Nachricht abgeschickt wurde (→Arbeitszeit): Wer auch nach →Feierabend für einen Dialog erreichbar ist, signalisiert schon allein damit ein Interesse an Führungsaufgaben (→Stress).

Dass in der digitalisierten Kommunikation die Zeit zum Überlegen fehlt, ist schon im Privaten problematisch. Schnell kann eine unüberlegte Antwort zu Missverständnissen führen, an die sich vielleicht eine zeitraubende Folgekommunikation anschließt. Hierzu trägt auch die (zumindest gegenwärtig noch) dominierende Schrift- beziehungsweise Dokumentationskultur in der digitalen Interaktion wesentlich mit bei, weil die damit verbundene, exakte Nachvollziehbarkeit der ausgetauschten Botschaften eine niederschwellige, sofortige Revision von unbeabsichtigten Kommunikationsinhalten so wie im Gespräch – „sorry, war nicht so gemeint, nehm' ich zurück" – erschwert. Einerseits nimmt die schriftliche Form also Zeitdruck, das heißt Koordinationsarbeit, aus unserem Alltagsleben heraus, indem wir zeitlich versetzt und trotzdem dialogisch in kurzen Intervallen kommunizieren können – wie etwa beim Twittern. Doch dass das Netz alles speichert und nichts vergisst, erscheint nicht nur prinzipiell, sondern allein auch unter zeitlichen Gesichtspunkten ein Problem.

Wer oder was also zwingt uns eigentlich dazu, mit unserem ganz individuellen Zeitverhalten der Logik der großen Megamaschine Internet zu folgen? Wenn wir

Herren und nicht Sklaven der technischen Innovationen sein wollen, die uns umgeben, geht es um drei Dinge, die man unter dem Oberbergriff der „Kontrolle über die eigene Zeit" zusammenfassen kann: Die Kontrolle behalten sollten wir erstens über den reinen Umfang der Zeit, die wir im Netz verbringen, damit wir einen Nutzen daraus ziehen und das Netz nicht zum →Zeitdieb oder gar zur Quelle eines Suchtverhaltens wird (Möller 2011); zweitens über die (Handlungs-) Geschwindigkeit, mit der wir im Netz agieren. Drittens besteht die Gefahr, dass uns die Megamaschine in ihrer Faszination vergessen macht, dass wir lebendige und damit rhythmisch organisierte Wesen sind, das heißt Wesen, die nachhaltig nur existieren können, wenn ihr Leben ein Auf und Ab zulässt, vor allem in ihrer Aufmerksamkeits- und Leistungskurve (→Feierabend →Wochenende →Stress →Rhythmus).

Die in seinen Anfangstagen oft gestellte Frage, ob wir das Internet wirklich brauchen oder nicht, entscheidet sich schon längst nicht mehr am Nachweis seiner Nützlichkeit. Ob es dem Nutzer sachliche Vorteile verschafft oder nicht, unwiderruflich ist das Netz zu einem zentralen Bestandteil postmoderner Lebenskultur geworden – in diesem Sinne nicht nur ein unverzichtbares Werkzeug, sondern auch ein allgegenwärtiges Kulturgut. An diesem zu partizipieren hat aber weniger etwas mit dem Aufweis praktischer Vorteile zu tun – die bei Abwägung der positiven und negativen Seiten ja oft nur vermeintliche sind – als vielmehr mit dem urmenschlichen Bedürfnis, in die Gesellschaft inkludiert zu sein. Und so, wie man schon allein, um nicht unangenehm aufzufallen, Messer und Gabel benutzt, statt wie vielerorts auf der Welt mit den Fingern zu essen, bindet, wer etwas auf sich hält, einen Teil seiner Lebenszeit an die Beschäftigung mit dem Netz. Die Masse der User wird wesentlich mit darüber entscheiden, wie diese Kultur in Zukunft aussehen wird. Das ist online nicht anders als offline, also wie im ganz normalen Leben.

Kinderzeiten

Von den Kleinen lernen

Es gibt sie noch, die verregneten Spielenachmittage ohne Termin- und Zeitdruck. Und auch die einzigartige Erfahrung, mit kleinen Kindern spazieren zu gehen und von ihnen ein positives Langsamkeitsgefühl vermittelt zu bekommen. Es kann Spaß machen, Dinge mit anderen Augen zu sehen und vom Zeitgefühl der Kinder zu lernen. Ist es vielleicht das, was wir mit dem Begriff „Zeitwohlstand" eher abstrakt-theoretisch zu erfassen versuchen?

Der durchschnittliche kindliche Alltag ist jedoch nicht unbedingt eine Idylle und stark von den Zeitmaßen der Erwachsenenwelt bestimmt (Zeiher 2001). Das zu behaupten setzt allerdings voraus, dass es einen spezifisch kindlichen Umgang mit Zeit gibt, der idealerweise frei von Uhrzeit und Terminen ist und eher dem Lustprinzip und natürlichen →Rhythmen folgt als von außen gesetzten Zeitanforderungen. (→Spiel(en)) Kinder übernehmen erst nach und nach die zeitlichen Vorgaben der Erwachsenenwelt, die sie außer in einem mehr oder weniger zeitlich streng strukturierten Familienalltag vor allem in den Institutionen Kita und Schule lernen, deren heimlicher Lehrplan ja auch immer die Eingliederung der Kinder in die zeitlichen Normen der Gesellschaft ist (Zeiher/Schroeder 2008). Dieser Prozess verläuft, wie Eltern und Erzieher wissen, oft überaus konfliktreich. Damit steht in einem engen Zusam-

117

menhang, dass die Kindheit ein Lebensabschnitt ist, der einerseits ein Schonraum sein soll, an den aber andererseits viele Erwartungen gerichtet sind, vor allem was die „normale" und „erfolgreiche" Entwicklung des Kindes in bestimmten Einzelabschnitten betrifft (→Bildung →Leistung und Erfolg). Dabei ist die Definition der Kindheit als eigener Lebensabschnitt eine Entdeckung der Neuzeit (Cunningham 2006). Der französische Historiker Philippe Ariès hat zeigen können, dass sich in früheren Gesellschaften die besondere Fürsorge lediglich auf jene kurze Periode beschränkte, in der das kleine Wesen ohne fremde Hilfe nicht überleben konnte. Danach wurde es übergangslos in die Welt der Erwachsenen eingebunden, „es teilte ihre Arbeit und ihre Spiele". (Ariès 1978, S. 46) Erst in der bürgerlichen Welt des 19. Jahrhunderts entstanden dann kindliche Eigenwelten: →„Spielen" (zu Hause) und „Lernen" (in der Schule; →Bildung). Kindererwerbsarbeit ist heute in den hoch entwickelten Ländern verboten; die Zeit der Kindheit soll stattdessen für eine möglichst gute Bildung und Erziehung genutzt werden. Dennoch, oder gerade deshalb, sind Kinder heute – in ganz unterschiedlicher Form – von Arbeit keineswegs befreit (Hengst/Zeiher 2000).

Vor allem seit den 1970er Jahren lässt sich ein starker Hang zur Pädagogisierung der Kindheit beobachten. Dies hat gesteigerte Aufmerksamkeit seitens der Erwachsenen zur Folge, sowohl der Eltern als auch der professionellen Erzieher. Die Erwartungen der Erwachsenen richten sich auf das „gelingende Kind", was bedeutet, diese frühe Phase im Leben eines Menschen

mit Blick auf den weiteren Bildungsweg nicht „unge-
nutzt" verstreichen zu lassen (Hengst/Zeiher 2005).
Die Eltern fühlen sich in immer stärkerem Maße dafür
verantwortlich, dass die Kindheit eine sinnvoll verbrachte Zeit ist, das heißt: gemessen an dem, was die
Erwachsenen für sinnvoll halten (→Sinn). Dazu zählt
auch die Verschulung der kindlichen Freizeit. In bil-
dungsnahen sozialen Schichten werden daher Freizeitaktivitäten, die in diese Richtung gehen, immer bedeu-
tungsvoller. Jürgen Zinnecker hat Kinder sogar als eine
Art „kulturelle Mußeklasse" bezeichnet. Musische
Betätigungsfelder wie Tanz oder das Erlernen von
Musikinstrumenten würden an die Kinder delegiert,
weil den verantwortlichen Erwachsenen selbst dazu die
Zeit fehle (Zinnecker 1996). Je mehr der kindliche Alltag also verplant und inszeniert wird, desto mehr ver-
lernen die Kinder, spontan zu sein und ohne vorge-
steckten Zeitrahmen einfach zu spielen, solange ihr
Spiel dauert. Langeweile entsteht so immer öfter
dann, wenn von außen kommende Impulse oder Anforderungen der Erwachsenenwelt fehlen (→Internet).
Unbestritten bleibt dabei, dass die Erfahrung von Langeweile eine wichtige Funktion im kindlichen Entwick-
lungsprozess haben kann. Manche Sozialwissenschaftler diagnostizieren sogar das Verschwinden der
Kindheit, weil es in unserer modernen Gesellschaft
keine Geheimnisse mehr gebe, die die kindliche Fanta-
sie beflügeln könnten (Postman 1983).
Eine Folge eines durchorganisierten Kinderalltags ist
auch das Phänomen der sogenannten Verinselung:
Werden die Kinder nicht zu allen möglichen Aktivitä-

ten an bestimmte Orte transportiert, sitzen viele von ihnen unbeweglich und still Stunde um Stunde im eigenen Kinderzimmer, spielen oder lernen vor dem Bildschirm, weil die Spielmöglichkeiten außer Haus auf wenige, dafür präparierte Räume im Wohnumfeld begrenzt sind, wie etwa Spielplätze oder Kinder- und Jugendzentren (→Mobilität).

Die Lebenswelt der Kinder zeichnet sich also keineswegs durch Leichtigkeit und Unbeschwertheit aus (World Vision Deutschland 2013), auch nicht in den wohlhabenden Gesellschaften. So befinden sich Kinder dort zunehmend in therapeutischer Behandlung. Hinderlich für ihre gelingende Entwicklung ist Bewegungsmangel, vor allem in Kombination mit Stresssituationen. Diese werden häufig durch vielgestaltige Leistungsansprüche hervorgerufen, die Kinder werden gewissermaßen durch ihre Kindheit gehetzt und zum Teil mit Leistungsansprüchen überhäuft (Schulte-Markwort 2015). Der Kinderarzt und Psychotherapeut Helmut Bonney meint hierin auch eine der Ursachen für das „Zappelphilipp-Phänomen" ADHS gefunden zu haben (2015).

So haben wir in unserer Gesellschaft zwar die klassischen Kinderkrankheiten beherrschbar gemacht, haben unsere Kinder jedoch gleichzeitig mit den Zivilisationskrankheiten der Erwachsenenwelt infiziert.

Eine besonders bei Kindern unverzichtbare Voraussetzung für innere Ruhe und Zufriedenheit ist die Verlässlichkeit von alltäglichen Zeitstrukturen (Westlund 1998). So wird für Kinder mit Neurodermitis zum Beispiel ein geregelter Tagesablauf dringend empfohlen, der ihnen hilft, Nervosität abzubauen. Empirische Studien zeigen, dass Familien zum Ausgleich für die zunehmende Unruhe im Alltag großen Wert auf besondere, eigene Rituale legen (→Feste und Feiern). Aber auch das *living apart together*, die räumliche Nähe eines Elternteils oder beider, kann bei heranwachsenden Kindern ein Gefühl von Sicherheit erzeugen (→Ich).

Die neueste Zeitbudgetstudie des Deutschen Statistischen Bundesamtes zeigt, dass Mütter im Durchschnitt 1,45 Stunden pro Tag mit ihren Kindern verbringen, Väter dagegen nur 51 Minuten. Ob Kinder das als viel oder wenig empfinden, hängt freilich von der jeweils konkreten Situation, vom Alter und vielen anderen Faktoren – nicht zuletzt auch vom betreffenden Kind selbst – ab. Immerhin 32 Prozent der Männer und 19 Prozent der Frauen geben in Befragungen an, zu wenig Zeit für ihre Kinder zu haben (Destatis 2015a). Die Kinder ihrerseits empfinden dieses Defizit nicht so stark, die Berufssituation der Eltern scheint eine entscheidende Rolle zu spielen: In einer Studie über die Situation der sechs bis elf Jahre alten Kinder in Deutschland meinten 91 Prozent der Kinder mit einem erwerbstätigen Elternteil, ihre Eltern hätten genug Zeit für sie, hingegen nur 68 Prozent bei Alleinerziehenden (World Vision Deutschland 2013). Dabei dürften die Defizite vermutlich größer ausfallen, wenn man jüngere Kinder befragen würde.

Sind beide Eltern erwerbstätig, wird das Timing im Haushalt für die Zeitwahrnehmung der Kinder neben Kita- und Schulzeiten zum zentralen Taktgeber: Auch und gerade kleinere Kinder müssen gemeinsam mit den

Eltern aufstehen, mit ihnen das Haus verlassen und zumeist auch wieder mit ihnen nach Hause zurückkehren. Indem die Arbeitszeiten wesentlich flexibler und länger geworden sind (→Arbeitszeit →Feierabend) und vor allem indem sie sich immer öfter in die Abend- und Nachtstunden hinein verschoben haben, wird nicht nur die Dauer, sondern auch die Lage und Verteilung der elterlichen Zuwendung zu einem Thema, zum Beispiel wenn es darum geht, die Kinder begleitet von den wichtigen Abendritualen möglichst stressfrei ins Bett zu bringen. Immer öfter bleibt besonders für Alleinerziehende stattdessen nur die Betreuung in einer öffentlichen Einrichtung. Dementsprechend ist der Ruf nach einer Anpassung der Kita-Öffnungszeiten an die Betriebszeiten der Unternehmen lauter geworden – wovon auch die Nachtzeiten nicht ausgeschlossen sein sollen: So bieten einige Einrichtungen an, die Kinder immer dann zu betreuen, wenn der Arbeitgeber ruft. Inwiefern solche Einrichtungen, auch wenn sie sachlich und personell gut ausgestattet sind, den Zeitbedürfnissen der Kinder widersprechen oder gar das Wohl des Kindes gefährden, ist in Deutschland bislang unerforscht. Daher erscheint, so lange die Unschädlichkeit einer regelmäßigen Nachtbetreuung nicht erwiesen ist, deren breitere Förderung, wie sie vom Bundesfamilienministerium propagiert wird, zumindest aus der Sicht des abhängigen Kindes nicht empfehlenswert. Man muss aber auch anerkennen, dass durch viele berufliche und soziale Lagen für die Eltern, insbesondere alleinerziehender, ein Zeitkonflikt zwischen kindlichen und elterlichen Interessen besteht.

Der beispiellose Flexibilisierungsprozess in unserer Arbeits- und Lebenswelt hat auch zu immer größeren Schwierigkeiten der Synchronisierung der Zeitpläne von Eltern untereinander sowie zwischen Eltern und Kindern geführt, sowohl was die Erwerbsarbeitszeit als auch die davon abhängigen Familienzeiten betrifft (→Arbeitszeit →Feierabend →Rhythmus). Zunehmend muss daher der Zeitpunkt des für den Familienzusammenhalt so wichtigen gemeinschaftlichen Abendessens – ob und wenn ja wann gemeinsam gegessen wird – erst zwischen den Beteiligten ausgehandelt werden (→Essen und Trinken). Dabei erleben Kinder neben relativ starren Zeitmustern, etwa im System der Schule (→Bildung), dass es darüber hinaus auch einen individuellen Umgang mit der Zeit gibt und dass Zeitmuster mit Hilfe von Vereinbarungen im gegenseitigen Einvernehmen veränderbar sind. Das hat Vor- und Nachteile: Auf der einen Seite wird jedes Familienmitglied als Verhandlungspartner mit seinen Zeitvorstellungen ernster genommen (→Ich), auf der anderen stellt die Entrhythmisierung des Alltags besonders für Kinder einen erheblichen Stressfaktor dar (→Rhythmus →Stress) – auch wenn sie das Ergebnis der Einsicht in sachliche Notwendigkeiten ist.

Es ist in diesem Zusammenhang gern von gesellschaftlicher Zeitkompetenz die Rede und davon, dass Kinder früh die Erziehung zum „Zeiterwachsenen" durchlaufen. Doch in diesem Lernziel steckt, auch wenn es als Aufbau einer wichtigen Fähigkeit daher kommt, die Logik einer hochgradig beschleunigten und flexibilisierten Erwachsenenwelt (→Leistung und Erfolg), die gerade nicht den Zeitbedürfnissen der Kinder folgt. Und so fügt sich nicht jedes Kind ohne offenen oder versteckten Widerstand in die Zeitordnung der Erwachsenen ein, wie etwa das Beispiel ADHS nahelegt.

In der Regel pflegen Kinder – bevor sie zu „Zeiterwachsenen" werden – einen ganz besonderen Umgang mit Zeit. Beobachtungen bei kleineren Kindern zeigen, dass sie sich ohne äußeren Zeitdruck auf die Sache beziehen, mit der sie sich gerade beschäftigen: „Ich komme, wenn das Bild fertig gemalt ist", wenn „ich mit dem Spielen fertig bin" und nicht dann, wenn – aus einem diesen Dingen äußerlichen Grund – gerufen wird, zum Beispiel zum Essen (→Essen und Trinken). Dieses Sich-verlieren-Können in eine Sache und darüber die Zeit zu vergessen ist eine Gabe, die uns auf dem Weg zum Zeiterwachsenen systematisch abtrainiert wird (→Spiel(en)). Erst in einer viel späteren Lebensphase – dann nämlich, wenn sich Kinder und Jugendliche nicht mehr länger als zwei Minuten auf eine Sache konzentrieren können – wird dieser Verlust bitterlich beklagt (Postman 1988).

In dem Aufeinandertreffen so genannter Kinderzeiten mit den bestimmenden Zeitstrukturen der Erwachsenengesellschaft (→Arbeitszeit; Rinderspacher 2015) wird das grundsätzliche Machtungleichgewicht zwischen Kindern und Erwachsenen in unserer Gesellschaft besonders deutlich. Ihre spezifischen Zeitvorstellungen haben – solange das Diktat der vernünftigen Ökonomie der Zeit in fast allen Bereichen der Gesellschaft vorherrschend bleibt – schlicht keine Chance, akzeptiert zu werden. Die Erwachsenenwelt findet es vielleicht noch süß, wenn Kinder mal bummeln, bei jeder Blume stehen bleiben und stundenlang einfach so zum Genuss in einer Pfütze herumplatschen. Doch dass Kinder „Experten in eigener Sache" sind, wird ihnen, was ihre Zeit anbetrifft, immer seltener zugestanden. Dabei ist in der UN-Kinderkonvention das Recht auf Mitbestimmung, Anhörung und Information in der mittleren Kindheit verankert. Dies könnte ganz praktisch heißen, Kinder ihre Zeit wieder öfter mal selbst gestalten zu lassen, auch wenn es gerade nicht passt – und davon zu lernen.

Konsum

Mehr haben oder mehr sein?

Die Kinder ersticken in Spielsachen, im Regal stapeln sich DVD's, T-Shirts und Schuhe füllen die Schränke – auch die letzten Winkel der Wohnung sind angefüllt mit gekauften Gegenständen. Manches davon wurde für den Familienhaushalt als notwendig erachtet, langfristig geplant. Bei anderen Käufen war es vorrangig der Jagdinstinkt, der ein Schnäppchen wittern ließ: Seine Zeit mit Shoppen zu verbringen gilt als eine der Lieblingsbeschäftigungen in der Freizeit. Dabei geht es erst einmal gar nicht so sehr ums Einkaufen, sondern mindestens ebenso ums Schauen und Anfassen und um eine Art von geselligem Beisammensein unter dem kleinsten gemeinsamen Nenner. Doch natürlich will niemand mit leeren Händen nach Hause kommen: So ist Einkaufen oft nichts als eine unkontrollierte Reaktion auf die Verlockungen des Augenblicks.

Spontanes, aber auch geplantes Einkaufen geschieht, wie man weiß, außer in den Fußgängerzonen im Online-Handel und wird auch dort durch viele Anreize gefördert. Die Bestellungen werden nicht mehr nur vom heimischen PC aufgegeben, sondern – eher beiläufig – vom Smartphone, auf dem Heimweg in der S-Bahn oder während eines Wochenendausflugs. 41 Prozent derjenigen, die im Internet shoppen, tun dies am Arbeitsplatz (Statista Studie/497732). Smartphones werden vor allem zum Preisvergleich (29 Prozent) und Produktvergleich (19 Prozent) oder für allgemeine Infos zum Produkt genutzt (Focus 9/2013). Doch erst ein, zwei Tage nach dem entscheidenden Mausklick hält der Besteller die begehrte Ware in den Händen – dies ist dann, jedenfalls im Verhältnis zur Kürze des Entschlusses und des Bestellvorgangs, doch ein recht langer und leider keineswegs genau kalkulierbarer Zeitraum. So verlangt der E-Commerce dem Kunden letztlich mehr Geduld ab als der Einkauf in der Shoppingmeile; damit wird das Bedürfnis nach sofortigem Genuss eigentlich eher frustriert als befriedigt (→Ich). Insofern ist es auch wieder erstaunlich, dass dieser Sektor in wenigen Jahren so gewaltig expandieren konnte. Möglicherweise werden aber schon bald Drohnen auf den Weg geschickt, um den Gegenstand der Begierde möglichst rasch zum Konsumenten befördern können.

Zeitlich ergeben sich aus dem Onlineshopping noch weitere Unannehmlichkeiten. Zum einen muss die Annahme der Pakete zu Hause organisiert sein – entweder indem man selbst daheim ist oder (wieder einmal) die Hilfe eines Nachbarn in Anspruch nehmen muss. Oder man begibt sich zu einer der im Augenblick noch verhältnismäßig dünn gesäten Paketstationen. Zudem verbringt man seine Zeit immer häufiger damit, Pakete auszupacken und Artikel, die nicht passen oder gefallen, nach dem Einpacken wieder zu einer der Versandstellen zurückzubringen – mit beschränkten Öffnungszeiten und oft frustrierenden Warteschlangen. Im internationalen Vergleich fallen diesbezüglich die Deutschen auf, die etwa zwei Drittel der bestellten Waren wieder zurückschicken. Dies erzeugt zudem zusätzliche umweltschädliche Transportbewegungen auf unseren Straßen (→Umwelt →Mobilität). Für die Einkaufszentren und Fußgängerzonen in den Innenstädten – die, wie immer man das bewertet, zu ihrer Belebung erheblich beitragen – könnte der Zuwachs des E-Commerce die schleichende Entvölkerung und damit das Aus bedeuten (Focus 24/2013).

Die mehr oder weniger ununterbrochene Möglichkeit Dinge zu kaufen, hat auch in anderer Hinsicht ihren Preis. Etwa ein Viertel der bundesdeutschen Bevölkerung gilt als kaufsuchtgefährdet; der E-Commerce verstärkt diese Sucht, indem er die Zugangsschwelle senkt. Dabei kauft man nicht nur die begehrten Gegenstände als solche, sondern auch vielgestaltige Formen von „Zusatznutzen", darunter den Spaß beim Kauf einer Ware, egal welcher, im Laden oder im Internet. Shopping ist Abwechslung, Zeittöter, Seelentröster und soll gelegentlich sogar über Liebeskummer hinweghelfen. Das Einkaufen und Verbrauchen – vor allem die Art, wie, wann und wie oft wir es tun – gehört zu unserem persönlichen Lebensstil und ist Teil unserer Identität (→Ich).

Bekanntlich können nicht alle Bedürfnisse direkt durch Konsum befriedigt werden. Dazu gehören außer materiellen in besonderer Weise auch soziale, wie das Bedürfnis nach „Mitsein" (Klaus M. Meyer-Abich) und Dazugehörigkeit. Diese können mit Hilfe von Konsumartikeln jedoch in vielfältiger Form unterstützt werden, etwa indem sie gewollt oder ungewollt als Statussymbole wirken: Ihr Besitz, aber auch ihre Beschaffenheit, ihr Material und Design bezeichnen Rang-

128

unterschiede. Sie sind weithin mit der Erwartung verknüpft, Vehikel auf dem Weg zu Schönheit, Jugend, Glück, Gesundheit, Erfolg und Liebe zu sein. Umgekehrt lassen Billigartikel auf soziale Randständigkeit schließen, das heißt: Die Konsumenten geben mit ihnen zu erkennen, Angehörige einer Gruppe der Gesellschaft zu sein, die nur wenige Ansprüche anzumelden hat. Dieser Personenkreis dürfte infolge zunehmender Polarisierung der Gesellschaft in Arme und Reiche weiter anwachsen (→Einkommen), selbst wenn inzwischen auch wohlhabende Menschen bei Discountern einkaufen, da deren Produkte teilweise als erstaunlich gut und gleichzeitig günstig gelten.

Die Funktion des Konsums, durch „Haben" (Erich Fromm, 2005) die soziale Zuordnung eines Menschen zu symbolisieren, beschränkt sich aber nicht auf materielle Güter, sondern kann sich auch im Umgang mit der Zeit niederschlagen. So ist beim höfischen Adel das „Zeit-Haben" schon immer ein Bestandteil demonstrativen Konsums der Oberschichten gewesen. Zeit-Luxus wurde ebenso gern zur Schau gestellt wie materieller Luxus („demonstrative Muße", Veblen 1997). Eine Steigerung noch findet sich im Bild des Flaneurs, der die Passagen und Boulevards von Paris durchmaß und Schnecken am Halsband spazieren führte, wie Walter Benjamin es treffender nicht hätte schildern können. War der Status-Inhaber aus Zeitmangel selbst nicht in der Lage, Muße zu demonstrieren, konnte er dies an Ehefrau oder Nachkommen delegieren.

In der Gegenwartsgesellschaft ist das Zeit-Haben als ein Statussymbol ambivalent. In Zeitratgebern wird zwar häufig die These vertreten, dass die „demonstrative Muße" früherer Tage von „demonstrativem Zeitmangel" verdrängt worden sei. Dies trifft jedoch nur teilweise zu. Zwar gilt man schnell als Angehöriger einer Randgruppe, wenn man keinen gefüllten Terminkalender vorweisen kann, da man sonst nicht über so viel freie Zeit verfügen könnte. Doch umso mehr ermöglicht eben jenes Grundgefühl der Gehetztheit, welches unsere Gesellschaft prägt, den außerordentlich Wohlhabenden ihre besondere Stellung auch dadurch zur Schau zu stellen, dass sie es sich dennoch leisten können, viel Zeit für eine interessante Sache oder Person aufzuwenden. Mit anderen Worten: Man muss in einer von Eile geprägten Gesellschaft entweder ziemlich weit oben oder weit unten in der Gesellschaftspyramide stehen, um über seine Zeit relativ frei disponieren und sie erst recht demonstrativ verbrauchen zu können.

In jedem Fall benötigt man Zeit für das Konsumieren als solches. Das bemerkten kritische Beobachter schon früh, als in der Bundesrepublik der 1950er Jahre der Konsum regelrecht zu explodieren begann. Sie stellten eine allgemeine Verlagerung des Kaufinteresses fest von eher statischen, immobilen Gütern hin zu Dingen, die mit Aktivität oder →Mobilität zusammenhängen und die Menschen daher zeitlich stärker in Anspruch nehmen. Die Entwicklung ging also schon relativ früh weg vom „Ding" hin zur „Zeit": „Die Möglichkeiten, die Wohnung mit teuren Möbeln und anderen starren Dingen voll zu füllen, deren bloßes Dasein dem Prestige zugute kommt [...] sind begrenzt. Schon die Rundfunk- und Fernsehempfänger verlangen Zeit und erst recht die Fahrzeuge, die Reiseorganisationen, der Sport, das Hobby", bemerkte der kulturkritische Publizist Walter Dirks bereits Ende der 1950er Jahre (1958, S. 25). Mithin stellte die Zunahme an erwerbsarbeitsfreier Zeit bei gleichzeitig steigenden Löhnen seit dieser Epoche eine wesentliche Voraussetzung für die Anhebung des Konsumstandards in der Bundesrepublik Deutschland dar (→Arbeitszeit →Wochenende).

Schon länger befasst sich die Wissenschaft mit dem paradoxen Phänomen, dass der gehobene materielle „Wohlstand für alle" letztlich den Effekt hat, die Zeit immer noch knapper erscheinen zu lassen. Das nach dem schwedischen Wirtschaftswissenschaftler Staffan B. Linder benannte „Linder-Axiom" spricht von einem „Wohlstandsparadox": Während man früher angenommen habe, „eine der segensreichen Wirkungen der Wirtschaftsblüte (werde) ein Leben der Ruhe und Harmonie sein – ein Leben in Arkadien" (1972, S. 11), sei das Gegenteil der Fall. Er erklärt das ungefähr so: Die durchschnittliche Leistung eines Arbeitnehmers habe im Verlauf der Jahrzehnte immer weiter zugenommen und damit der (Arbeits-)Ertrag pro Zeiteinheit. Nun gleiche sich der Ertrag der Zeit, die auf alle privaten Tätigkeiten verwendet wird, diesem steigenden Ertrag der Arbeitszeit ständig an. „Die Zeit, die man auf andere Aktivitäten (als Erwerbsarbeit) verwendet, muss ebenfalls ,mehr abwerfen'" (ebd., S.14). Weil aber der „Ertrag" in Gütern gemessen wird, besetzen die Wohlstandsbürger auch die Freizeit mit mehr, größeren oder neueren Gütern. Die Zeit für Bedürfnisse, die nicht an

Güter gebunden sind, wird auf diese Weise knapper. So konstatierte Linder bereits 1970 für die modernen Industrie- und Dienstleistungsgesellschaften einen nur partiellen Wohlstand: ein reiches Angebot an Waren, während auf der anderen Seite dieselben Gesellschaften an „Zeit-Hunger" leiden würden. Mit anderen Worten: Es fehlt ihnen an Zeitwohlstand (Rinderspacher 2002). In einem deutschen Haushalt finden sich im Durchschnitt zehntausend Gegenstände, während einfache Gesellschaften kaum mehr als zweihundert Gegenstände kennen, geschweige denn besitzen (BUND/Misereor 1996, S. 223). Abgesehen davon, dass jedem Menschen prinzipiell der Zugang zu allen Gütern entsprechend dem Leistungsprinzip (→Leistung und Erfolg →Einkommen) offen stehen muss, kann man daraus jedoch nicht schließen, dass die Menschen in den reichen Ländern der westlichen Welt aus diesem Grunde um ein Vielfaches zufriedener oder gar glücklicher wären, wie die psychologisch orientierte Glücksforschung zeigt. Menschen messen sich an ihresgleichen und verteidigen diesen Status. „Mit einem höheren Einkommen steigen die Ansprüche an einen höherwertigen Lebensstil. An diesen gewöhnen wir uns jedoch, und das Glücksgefühl kehrt wieder zurück auf das frühere Niveau." Der Psychologe Donald Campbell nannte das „hedonic treadmill" (die hedonistische Tretmühle): Die Ansprüche steigen, während die Lebenszufriedenheit stagniert. (Köcher/Raffelhüschen 2011, S. 85)

Schon Kinder machen die Erfahrung, dass das Haben von Spielsachen höchstens für kurze Zeit Wohlbefinden erzeugt, während das zeitverlorene aktive Spiel unter Einsatz der Phantasie viel größere Lust und viel intensivere Erlebnisse bringen kann (→Kinderzeiten →Spiel(en)). Der amerikanische Psychologe Tim Kasser (2002) berichtet in diesem Zusammenhang von Hunderten von Untersuchungen weltweit, die gezeigt haben, dass der alleinige Besitz von Gütern und Geld ohne die Möglichkeit, die persönlichen Stärken und Fähigkeiten zu entfalten, mit anderen Menschen zusammen sein zu können und sich für eine Gemeinschaft einzusetzen, krank machen kann (→Stress). Damit hängt die Zukunft des Konsums, das heißt die Art, wie und was wir konsumieren, in erheblichem Maße davon ab, ob die Menschen früh lernen, sinnvoll mit ihrer Zeit umzugehen, statt Sinnlücken mit unbefriedigenden Konsumartikeln zu füllen.

Für immer mehr Konsumenten besteht eine Kaufentscheidung nicht mehr nur darin, Preise und Qualitäten zu vergleichen, sondern auch Umweltaspekte und die Arbeitsbedingungen bei der Herstellung mit in ihre Entscheidung einzubeziehen: Stichwort nachhaltiger Konsum (→Umwelt). So spielt etwa die Frage nach dem „ökologischen Rucksack" eines Produkts – nämlich welche Umweltbelastung damit sowohl bei seinem Herstellungsprozess als auch während seines Gebrauchs und seiner Entsorgung verbunden ist – für immer mehr Konsumenten eine Rolle bei ihrer Kaufentscheidung. Zertifizierungen können da helfen, indem sie Zeit und Mühe für die Suche und Bewertung detaillierter Informationen ersparen. Die Verbraucherinnen und Verbraucher würden sich in ihrer Mehrzahl wünschen, nicht mehr als kritische Konsumenten so viel Zeit für die ständige Beschäftigung mit Qualitäts- und Preisvergleichen vergeuden zu müssen, sondern würden es vorziehen, sich auf die Empfehlungen vertrauenswürdiger Warentestinstitute und Zertifikate verlassen zu können (Focus (23/2013); Rinderspacher 2003). Man kann daraus den Schluss ziehen, dass die Menschen ihre als wertvoll erkannte Lebenszeit nicht nur in der Welt der Waren verbringen, sondern sich lieber anderen Dingen zuwenden möchten.

Andererseits sind die Menschen grundsätzlich durchaus bereit, auch Zeit für eine bessere →Umwelt aufzubringen. Dem Beschaffen von Konsumgütern steht ihre Entsorgung gegenüber. Auch sie macht sich im Zeitbudget der Konsumenten bemerkbar. Nicht nur in der Trennung und sachgerechten Entsorgung des täglichen Hausmülls, sondern beispielsweise auch in der ebenso gewissenhaften Entsorgung langlebiger Konsumgüter, vor allem soweit sie wertvolle wiederverwertbare Rohstoffe enthalten. Und auch die Frage, ob und zu welchem Zeitpunkt die alte Kühltruhe mit den indiskutablen Verbrauchswerten entsorgt werden soll, erfordert abgesehen von der Suche nach einer geeigneten Verschrottungsmöglichkeit einige Zeit für die Informationsbeschaffung im Vorfeld einer sachgemäßen Kaufentscheidung.

Im Verlauf eines ganz gewöhnlichen Alltags fällt jeder von uns mehrere kleine oder größere Konsumentscheidungen – wozu übrigens auch die Entscheidung gehört, dieses oder jenes (diesmal) nicht zu kaufen. Immerhin binden wir mit jedem Konsumgut, das wir zu nutzen gedenken und vielleicht auch tatsächlich nutzen werden, einen mehr oder weniger großen Teil unserer wertvollen Lebenszeit daran. Mehr noch hat manche überlegte oder unüberlegte Konsumentscheidung Auswirkungen, die unser Handeln länger bindet als uns lieb ist, vielleicht sogar im ganzen weiteren Lebensverlauf, wenn man etwa an Kreditfinanzierungen und die damit verbundenen Verbindlichkeiten denkt (→Einkommen). Nicht selten bestimmen sie über lange Phasen das zeitliche Arrangement unseres Alltags, etwa wenn man gezwungen ist wegen finanzieller Verpflichtungen länger und vielleicht sogar zu unsozialen Zeiten wie am →Wochenende oder in der Nacht zu arbeiten – selbst wenn das der eigenen Gesundheit oder dem Familienleben nicht gut tut (→Arbeitszeit →Stress →Einkommen).

Zeitwohlstand zu leben reicht also über die zeitliche Dimension weit hinaus: Gefragt ist die richtige Balance zwischen unseren Ansprüchen an den Umfang und die Qualität der Zeit, über die wir verfügen möchten auf der einen Seite, und den Gütern, mit denen wir meinen, uns umgeben zu müssen, um ein besseres Leben führen zu können auf der anderen. Ein Gleichgewicht zwischen Haben und Sein.

Leistung und Erfolg

The winner is...?

Dass der Erfolg viele Väter hat, der Misserfolg dagegen keine, ist eine bekannte Volksweisheit. Jeder will an einem Vorhaben beteiligt gewesen sein, das erfolgreich war, und jeder schweigt über seine Beteiligung, wenn es gescheitert ist. Das ist nicht nur in der Geschäftswelt so, auch im privaten Leben findet sich dieses Verhaltensmuster. Nicht nur Politiker und Unternehmer, wir alle sehen uns dem permanenten Druck ausgesetzt, Erfolge vorweisen zu müssen. In Begriffen wie „Turbokapitalismus" oder „Jugendwahn" drückt sich die Kritik an der Uferlosigkeit des Erfolgs- und Optimierungsdrucks aus, der inzwischen immer mehr Menschen krank macht (Neckel/Wagner 2013; Schulte-Markwort 2015; Handrich u. a. 2016, →Stress). Gleichwohl sind moderne Gesellschaften ohne ein ausgeprägtes Bewusstsein für Leistung und Erfolg nicht denkbar. Der Wille, aber auch der Zwang erfolgreich zu sein, ist der Motor, der das moderne Individuum antreibt, seine körperlichen und geistigen Kräfte bis an die Grenze des Machbaren – und darüber hinaus – zu verausgaben.

Leistung wird praktisch auf allen Sektoren des Alltagslebens erwartet. Der erste ist bekanntlich die Erwerbsarbeit. Beruflicher Erfolg beruht im Normalfall auf Arbeit, deren Ergebnisse einem bestimmten Individuum zuzurechnen sind. Doch nicht jede Arbeit, die geleistet wurde, gilt automatisch schon als Leistung.

Denn erst die gesellschaftliche Anerkennung macht aus einer Tätigkeit, wie anstrengend sie auch immer gewesen sei, eine Leistung: Was als Leistung gelten darf und was nicht, entscheiden nicht wir selbst, sondern andere – in der Arbeitswelt in letzter Instanz der Markt. Dieser setzt die Normen, die jemand erfüllen muss, um für seine Leistung einen Lohn zu erhalten und auch dessen Höhe (→Einkommen). Solche Normen sind der ständigen Veränderung unterworfen, so etwa wie viele Werkstücke pro Stunde von einer Person hergestellt oder wie viele Kunden bedient werden müssen. Sie werden laufend von der Arbeitgeberseite neu gesetzt beziehungsweise von den Tarifparteien neu ausgehandelt („Leistungspolitik"; →Einkommen →Arbeitszeit).

Um als Leistung gelten zu können, muss eine Arbeit aber nicht nur schnell entsprechend den geltenden Zeitnormen sein, sondern im Wortsinne auch zeitgemäß: Wer nicht zur rechten Zeit das Rechte am rechten Ort tut, wer zu früh oder zu spät reagiert und nicht im Takt seiner Arbeitsumgebung mitgeht, wer nicht bemüht ist, in seiner Arbeit, wo immer es geht, Zeit einzusparen; aber auch, wer auf der anderen Seite, etwa in einer Führungsposition, zu kurzfristig agiert und nicht den nötigen Weitblick walten lässt – wer also den vielgestaltigen zeitlichen Anforderungen nicht gerecht wird, der mag sich zwar anstrengen, erbringt im Sinne des Effizienzverständnisses der modernen Leistungsgesellschaft jedoch keine Leistung, oder allenfalls nur eine geringwertige (Ermert/Rinderspacher 1981).

Leistung und Erfolg sind aber nicht auf die Erwerbsarbeit beschränkt. Sie kommen beispielsweise auch im

→Ehrenamt vor. Selbst wenn der Einsatz der persönlichen Lebenszeit für eine gute Sache hier freiwillig ist, gelten dennoch Effizienzkriterien, wobei nicht ganz einfach zu sagen ist, was Leistung und Erfolg hier eigentlich meint und wie solche Bewertungen zustande kommen. In der Wirtschaft geht das leichter: Erfolg lässt sich dort schlicht in geldlichen Umsätzen und Erträgen ausdrücken. Da aber das Ehrenamt definitionsgemäß freiwillig geleistet wird, bestimmen die Ehrenamtlichen dort das Tempo ihrer Arbeit weithin selbst (→Sorgen und Pflegen). Inzwischen bemühen sich aber auch gemeinnützige Trägerorganisationen darum, die Effizienz ihrer freiwilligen Mitarbeiterinnen und Mitarbeiter zu erhöhen und vorab kalkulierbar zu machen, wodurch zumindest der informelle Leistungsdruck zunimmt.

Aber auch die →Familie bleibt von Leistungsnormen nicht verschont. Sie wird von der Familiensoziologie inzwischen nicht mehr als einfach existierende Selbstverständlichkeit angesehen, sondern als eine „Herstellungsleistung" ihrer Mitglieder betrachtet („doing family"), was sicher den Realitäten entspricht (Jurczyk u. a. 2014). Die Erfolgskriterien, die dort vorherrschen, sind dennoch erst einmal andere als im Beruf (→Kinderzeiten →Sorgen und Pflegen). Denn die Familie pflegt normalerweise eine eigene Logik im Umgang mit der Zeit, die durch Vielgestaltigkeit, oft auch Widersprüchlichkeit der Aufgaben und zum Teil sogar Irrationalität gekennzeichnet ist: Auf der einen Seite ist es, ähnlich wie im Wirtschaftsbetrieb, notwendig, Zeit zu gewinnen und sparsam mit ihr zu haushalten; auf der anderen kann man in der Familie nur dann erfolgreich sein, wenn ihre Mitglieder bereit sind, auch Zeit zu verlieren (→Zeitdiebe) und mal nicht auf die Uhr zu schauen. Das betrifft nicht etwa nur die Kinder, sondern ebenso die Partner (→Zweierbeziehung →Kinderzeiten →Rhythmus). Leistungswille und zugleich Nonchalance, Zeitökonomie und zugleich Zeitvergessenheit, die Konzentration auf die Gegenwart und zugleich der Blick in die Zukunft: In ziemlich kurzen Abständen muss man sich immer wieder auf wechselnde Situationen einstellen. Nur wer das gesamte Ensemble erforderlicher Fähigkeiten in sich vereint, kann im komplexen Haushalts- und Familienmanagement – erfolgreich – bestehen.

Die moderne Gesellschaft ist immer wieder als „Leistungsgesellschaft" charakterisiert worden. Das heißt im Klartext: Nur wer für die Gemeinschaft etwas leistet, erwirbt sich nach herrschendem Verständnis das Recht, an ihren Segnungen und Ressourcen teilzuhaben (→Einkommen). In welchem Umfang dies geschieht, bemisst sich am individuellen Beitrag jedes Einzelnen. In der Regel ist damit die Erwerbsarbeit gemeint, die allerdings gegenüber der Bedeutung der privaten Arbeit nach wie vor weit überschätzt wird, so wie sie etwa in der →Familie oder im →Ehrenamt geleistet wird (→Sorgen und Pflegen). Doch die Chancen, überhaupt etwas für die Gemeinschaft zu tun, ebenso wie der Zugang zu Wohlstand und sozialer Anerkennung sind sehr ungleich auf verschiedene Gruppen der Gesellschaft verteilt (Diestelhorst 2014). Das betrifft auch den Zugang zum Arbeitsmarkt, von dem je nach wirtschaftlicher Entwicklung eines Landes ein mehr oder weniger großer Teil der Bevölkerung ausgeschlossen ist – und damit zugleich von der Möglichkeit, eine der entscheidenden Formen von Leistung, Erwerbsarbeit, zu erbringen. Da dies auch immer ein Wettbewerb um die Fähigkeit ist, den zeitlichen Anforderungen einer stark von Konkurrenz geprägten Gesellschaft zu entsprechen, kann man auch von einem Mechanismus des „Zeitdarwinismus" sprechen, in dem die vermeintlich Langsameren ausgesondert werden (Rinderspacher 2001).

Wer genau entscheidet eigentlich in der Praxis, was eine Leistung ist und was nicht, wann Erfolg vorliegt und wann Versagen? Schulen und Universitäten haben hier in den letzten Jahrzehnten an Einfluss sowohl gewonnen als auch verloren. Einerseits gelten ihre Zertifikate und Titel zusehends weniger als Ausweis von Erfolg oder Misserfolg, weil persönliches Durchsetzungsvermögen oder soziale Kompetenz im wirklichen Leben von potenziellen Arbeitgebern oft höher gewichtet werden als Schulnoten. Andererseits ist der Einfluss von Leistungsbeurteilungen und Zertifikaten der klassischen Bildungsinstitutionen wieder gewachsen (→Bildung), weil infolge größerer Konkurrenz unter den Bewerbern und höherer Bewerberzahlen Zeugnissen, Gutachten, Eignungs- und Intelligenztests, also dem formalen Bildungsprofil einer Person, zumindest bei der Vorauswahl als Mindestvoraussetzung wieder mehr Bedeutung zukommt.

Auch die Straffung der Studiengänge durch Bachelor- und Masterabschlüsse fördert das Leistungsklima einer

Gesellschaft und zieht die Entwicklung immer neuer, vermeintlich präziserer Methoden zur Leistungserfassung nach sich. Deren Kriterien sind zwar nicht willkürlich gewählt, denn sie reflektieren den jeweils geltenden Erwartungshorizont der Gesellschaft beziehungsweise eines Unternehmens. Dieser kann jedoch schon morgen wieder ganz anders aussehen.

Ein immer bedeutsamer werdendes Kriterium, das in jede Beurteilung der individuellen Leistungsfähigkeit direkt oder indirekt mit eingeht, besteht darin, wie gut oder schlecht sich eine Person an äußere zeitliche Vorgaben anpassen kann. Diese Art der „Prüfung" begegnet uns viel häufiger und in subtilerer Form, als man zunächst vermuten würde – so etwa in der Anzahl und Qualität, in der jemand bestimmte Aufgaben in einer vorgegebenen Zeit bewältigen kann.

Die Arbeiterbewegung hat von Beginn an für ein gerechtes Verhältnis von Lohn und Leistung gekämpft (→Einkommen). Ein objektives, gewissermaßen natürliches Bemessungskriterium für einen (leistungs-) gerechten Lohn wurde bis heute jedoch nicht gefunden. Folglich wird das Verhältnis von Lohn und Leistung letztlich durch das jeweilige Kräfteverhältnis zwischen Kapital und Arbeit bestimmt.

Eine wichtige Voraussetzung, um Leistungsgerechtigkeit herzustellen, sind →Arbeitszeiten. Dabei nimmt man die Dauer des Aufenthaltes einer Person am Arbeitsplatz zum Maßstab und geht davon aus, dass, je länger sich diese dort aufhält, sie dementsprechend auch mehr an Leistung erbringt. Der Ursprung dieser Bemessungsgrundlage geht bis auf das „Tagwerk" zurück, von dem schon im Neuen Testament die Rede ist. Als eine andere gerechte Entgeltform gilt der Stücklohn, bei dem, wie der Begriff sagt, nicht nach Zeitaufwand, sondern nach der Anzahl der (ab-)gelieferten Werkstücke abgerechnet wird, wobei die Herstellungsdauer sekundär ist. In neueren Arbeitszeitmodellen hat dieses Kriterium der tatsächlich erbrachten Arbeitsleistung gegenüber der Anwesenheitszeit wieder an Bedeutung gewonnen, so etwa in Gestalt von präzisen Zielvereinbarungen über zu erbringende Arbeitsergebnisse zwischen der/dem Beschäftigten und der Betriebsleitung (→Zeitsouveränität).

Dass heute, ob auf Zeitlohn- oder Stücklohnbasis, überhaupt elaborierte und rechtlich fixierte Systeme der Leistungsbemessung verfügbar sind, die eine geregelte Streitkultur um Lohn und Leistung ermöglichen, ist ein nicht zu unterschätzender zivilisatorischer Erfolg moderner, sozialstaatlich verfasster Gesellschaften, wie ein Blick zurück in die Geschichte zeigt.

Allgemein gilt heute die Auffassung, dass Leistung und Erfolg in einem engen Verhältnis zueinander stehen, ja eigentlich identisch sind. Hier muss man jedoch genauer unterscheiden. Denn während fast alle Hochkulturen der Menschheitsgeschichte den Ehrgeiz kannten, nach Erfolg zu streben und der Beste zu sein – im Kampf, in der Wirtschaft, in der Literatur oder auch in der Liebe –, gehört die Kategorie Leistung einer ganz bestimmten historischen Epoche an: In der Antike und im Mittelalter fragte niemand danach, auf welche Weise jemand zu seinem Reichtum gekommen war. Erst seit es die moderne Industriegesellschaft gibt, gilt nur noch das als Erfolg, was durch eigene Anstrengung ins Werk gesetzt wurde, nicht aber etwa auf Standesprivilegien beruht oder allein durch günstige Umstände zustande gekommen ist. Nicht zufällig also hat das Leistungsprinzip, das sich seit dem 18. Jahrhundert zu einer Leitidee entwickelte, seine historischen Wurzeln im Kampf des aufstrebenden Bürgertums gegen die erblichen Vorrechte des Adels und gegen die Macht der Kirchen. Deren Beiträge zum Wohlergehen der Gesellschaft wurden mit einmal grundsätzlich in Frage gestellt und mit einem neuen Gesellschaftsmodell verbunden, das sich – in seiner idealisierten Form – etwa in den Grundsätzen der Französischen Revolution artikulierte. Die vorherrschende ökonomische Theorie jener Epoche argumentierte in die gleiche Richtung: Der Arbeitswertlehre zufolge beruht die Wertschöpfung und der gesellschaftliche Reichtum im Wesentlichen auf der Arbeit und dem Fleiß der Bevölkerung eines Landes. Die neu entstehende bürgerliche Klasse bezog ihren Anspruch auf die politische Vorherrschaft gegenüber dem Adel aus ihrem allerorts sichtbaren produktiven Beitrag zum wirtschaftlichen, kulturellen und geistigen Fortschritt der Gesellschaft. Im Zuge dieser Entwicklung verdrängte zum Beispiel auch der Doktortitel, den es bereits seit dem Spätmittelalter gibt, allmählich den erblichen Adelstitel in seiner gesellschaftlichen Bedeutung.

Der heute übliche Weg, um in die höheren Klassen und Schichten der Gesellschaft vorzudringen, führt in der Regel über →Bildung und/oder wirtschaftlichen Erfolg. Um diesen – wie mancher weiß oft recht mühsamen Weg – zu gehen, benötigt man zuallererst ein ausgeprägtes Leistungsbewusstsein, das einem zumeist vom Elternhaus mitgegeben wird – oder aber nicht. Zu Recht wird die Ungleichheit der Chancen in Deutschland beklagt. Man hat festgestellt, dass so genannte bildungsferne Schichten unter anderem dadurch gekennzeichnet sind, dass deren Mitglieder häufig nicht die nötige Frustrationstoleranz aufweisen, um einen jahrelangen Spannungsbogen durchzuhalten, der viele Formen vorübergehenden Verzichts bedeutet. Man spricht auch vom *deferred gratification pattern*, also einem Verhaltensmuster aufgeschobener Befriedigung. Das meint die Fähigkeit von Personen und Bevölkerungsgruppen, auf kurzfristige Vorteile und Bedürfnisbefriedigungen zugunsten späterer Belohnungen, Vorteile und Befriedigungen zu verzichten. Es beinhaltet eine starke Zukunftsorientierung und individuelle Disziplin und ist eine wesentliche Voraussetzung, um Bildungs-und Aufstiegschancen wahrnehmen zu können (→Einkommen →Konsum). Das entscheidende Kennzeichen der modernen Leistungsgesellschaft ist also, dass sie vor die Aussicht auf den sozialen Aufstieg und ein gutes Leben die Investition setzt, zunächst vor allem in die eigene Person.

Die Ansichten darüber, was Erfolg ist, sowie die Formen in denen er sich zeigt, haben sich also im Laufe der Jahrhunderte stark verändert. Während in der Nachkriegszeit Geld und Güter – Haus, Auto, Kleidung, Lebensstil – die dominierenden Statussymbole waren, die von beruflichem und privatem Aufstieg zeugten, leiteten die Studentenunruhen der 1960er Jahre einen

Wertewandel ein (Dietz u. a. 2013), der die Erfolgskriterien der traditionellen Leistungsgesellschaft hinterfragte. Immaterielle Werte und Lebensziele wurden allmählich wichtiger als materielle, wodurch sich neue, alternative Maßstäbe für Erfolg herausbildeten, die zugleich stärker ich-bezogen waren (→Ich). Und so muss man heute als jemand, der als erfolgreicher Mensch gelten will, mehr als früher über aktuelle Themen aus Kunst und Kultur, →Essen und Trinken oder Sport auf dem Laufenden sein, man muss seinen Nachwuchs kindgerecht erziehen und sich von antiquierten Geschlechterrollen losgesagt haben. In dieser Verlagerung vom „Haben" zum „Sein" (Erich Fromm 2005) offenbarte sich der Wunsch nach tiefgreifenden Veränderungen des Verständnisses vom guten Leben (→Sinn). Schon lange sind →Familie, Freundschaft, eine gute Gemeinschaft, Gesundheit und ganz allgemein Lebensgenuss für die Mehrheit der Menschen wichtiger geworden als große Besitztümer und eine Arbeit, die nur zum Geldverdienen da ist. „Besser leben statt mehr haben" sei daher die neue Leitlinie des Lebens, hat der Zukunftsforscher Horst Opaschowski auf der Basis empirischer Daten ermittelt (2014, S. 184 ff.; →Zeitsouveränität).

Zum guten Leben zählt auch die Erwartung, seine Arbeitszeiten den jeweiligen persönlichen Bedürfnissen anpassen zu können (→Zeitsouveränität). Aus dieser Warte geraten dann aber auch die Kosten von Leistungen und Erfolgen in den Blick, darunter die gesundheitlichen und sozialen Folgen: Wie viel Zeit meines Lebens habe ich für Arbeit aufgewandt um möglichst erfolgreich zu sein – und wäre zum Beispiel die Beziehung zu meinen Kindern oder mein Gesundheitszustand heute besser, wenn ich die Prioritäten anders gesetzt hätte (→Zweierbeziehung →Kinderzeiten →Einkommen →Konsum →Stress)?

So haben Wertewandel und politische Kritik das Leistungsprinzip zwar in Frage gestellt und ihm das Bedürfnisprinzip entgegengesetzt, doch brach die Leistungsgesellschaft daran nicht zusammen. Im Gegenteil ist sie – unter neuen Vorzeichen – nach einer kurzen Phase der Verunsicherung voll zurückgekehrt (→Bildung). So sind heute hohe Leistungsansprüche auf der einen Seite und Freiheit, Vielfalt und Genussfähigkeit auf der anderen – bis hin zum Genusszwang (→Konsum) – durchaus keine Widersprüche mehr. Der Erfolgsmensch ist modern, hedonistisch veranlagt, nutzt seine Zeit für die Firma, aber auch für schöne private Erlebnisse, verdient gut, optimiert sich an Geist und Körper (Spreen 2015) und ist immer bemüht, Zeitverschwendung zu vermeiden. Er will, auf einen Nenner gebracht, möglichst alles in bester Qualität. Dabei wird es nun selbst zu einer Leistung, die verschiedenen Ansprüche in eine gute Balance zu bringen, um damit das eigene Wohlbefinden wie auch den eigenen gesellschaftlichen Status zu optimieren. Die Anzahl und Vielgestaltigkeit der Ansprüche stürzt ihn und seine Familie nicht selten in permanente Zeitkonflikte – die er selbstredend aber perfekt zu managen versteht.

Während in der Erwerbsarbeit – in abhängiger Beschäftigung ebenso wie bei Selbstständigkeit – die Kriterien für eine gute Leistung überwiegend nicht autonom gesetzt werden können, steht es dem Individuum im Privatbereich innerhalb gewisser Grenzen frei, eigene Erfolgsmaßstäbe zu setzen. Ob sich ein erfolgreiches Leben eher in der Anhäufung von Konsumgütern und gesellschaftlichen Schlüsselpositionen erfüllt oder wie in Heinrich Bölls „Ansichten eines Clowns" vor allem im Sammeln schöner Augenblicke, das liegt heute, in unserer postmodernen Epoche, immer öfter bei den Menschen selbst (→Konsum →Zweierbeziehung →Rhythmus). Indem die Zeit gerade nicht ständig in einen funktionellen Zusammenhang mit künftig zu erreichenden Zielen gestellt, nicht ständig verzweckt wird, ist die Art, wie wir sie verbringen, als solches ein Stück gelebten Wohlstands (→Sinn). Wir erfahren diese Teile unseres Lebens dann als die Fülle, als „Wohlbefinden in der Zeit", wie Gerhard Scherhorn (2002) Zeitwohlstand definiert, und nicht als unversehens verlorene Lebenszeit.

Möglicherweise bedeutet der Versuch, seine Zeit nach eigenen Lebenszielen und Erfolgskriterien zu gestalten, sich materiell einschränken zu müssen (→Konsum). In Anlehnung an die Ökologiedebatte könnte man im Zusammenhang mit dem Thema Zeit vielleicht von der Notwendigkeit einer individuellen „Genügsamkeitsrevolution" sprechen (→Umwelt). Ganz im Gegensatz dazu bestärken Dutzende von Ratgebern Manager, Mütter oder neue Männer noch immer darin, zu glauben, dass der neue Erfolgsmensch fast alle zeitlichen Widersprüche lösen könne, wenn er nur über die richtige Methode und die nötige zeitliche Disziplin verfügt. Wer's nicht schafft, ist selbst schuld: Misserfolge werden allein dem Individuum aufgebürdet und der Leistungs- und Erfolgsdruck damit auf einer höheren Stufe noch vergrößert (→Stress). Gute Leistung zu bringen oder Erfolg zu haben, macht dann jedoch weder Spaß, noch erfüllt es uns mit irgendeiner Form von Lebenssinn. Who is the winner?

Mobilität

Der schnellste Weg ist nicht immer der beste

Eine gute Verkehrsinfrastruktur in den Städten und auf dem Lande in Verbindung mit einem nie gekannten Ausmaß der Automobilisierung – für drei Viertel der Bundesbürger steht immer ein Auto zur Verfügung – ermöglicht es vielen, sich über große Entfernungen schnell, relativ billig und bequem fortzubewegen. Das betrifft gleichermaßen den Weg zur Arbeit am Morgen wie ins Kino am Abend. So verbringt der durchschnittliche Deutsche ganze zwei Jahre seines Lebens im Auto, davon sechs Monate im Stau (Focus 35/2012). Und da die Geschwindigkeiten höher und der Komfort größer geworden sind, bewegen sich die Menschen heute im Durchschnitt über sehr viel weitere Distanzen als früher. Postkutschen um 1700 kamen auf eine Durchschnittsgeschwindigkeit von zwei km/h und legten am Tag 20 bis 30 Kilometer zurück. Dagegen sind heute bei einem Tempo von 120 km/h auf deutschen Autobahnen bis zu 1000 Kilometer möglich und mit einem Flugzeug bis zu 10000. Doch anders als man vermuten könnte, beanspruchen wir unser Zeitbudget durch unsere Mobilität insgesamt nicht weniger, sondern mehr als unsere Vorfahren. Was wir an Zeit sparen, fahren wir weiter. So haben sich allein zwischen 1992 und 2002 die Wegezeiten in Deutschland je nach Anlass für den Weg um bis zu neun Prozent erhöht (Kramer 2004). In Berlin beispielsweise verbringen die Menschen durchschnittlich 70 Minuten im Verkehr und erledigen dabei pro Tag drei Wege, bei denen sie jeweils sieben Kilometer zurücklegen (Stadtentwicklung Berlin.de).

Das hohe Mobilitätsniveau moderner Gesellschaften (Castells 2001) lässt die Frage aufkommen, ob der Mensch einen natürlichen Drang hat, sich ständig fortzubewegen, oder eher ein sesshaftes Wesen ist. Tatsächlich scheint Sesshaftigkeit nach allem, was man weiß, nicht unbedingt die ursprüngliche Lebensform der Menschen gewesen zu sein; eher zogen sie ihren Nahrungsquellen hinterher. Erst Ackerbau und Viehzucht machten die Menschen von den Zufälligkeiten einer Jäger- und Sammlergesellschaft unabhängig, freilich auf Kosten anderer Abhängigkeiten, wie etwa von den Wetterbedingungen. Immer wieder gab es aber auch für sesshafte Völker Epochen außergewöhnlicher Ereignisse, die sie aufbrechen ließen, wie beispielsweise zur Zeit der europäischen Völkerwanderung. Das Ausmaß der Mobilität einer Lebensweise prägt außer dem Alltag auch Kultur und Religion eines Volkes. Das betrifft unter anderem die Bindung an die heimatliche Erde als unverzichtbares Element der Identifikation, wie man an Totenkulten und Begräbniszeremonien sehen kann. Im Islam wie auch im Judentum gilt die Erde des eigenen Stammesgebietes oder Landes als heilig, ebenso in der Tradition der Indianerstämme. Der Ort, an dem das Volk oder die Großfamilie sesshaft geworden ist, bildet gleichsam den archimedischen Punkt, von dem aus sich die Welt erschließt.

Doch war auch in früheren Jahrhunderten ein gewisser Teil der Mitglieder von an sich sesshaften Gesellschaften in irgendeiner Form in Bewegung – sei es, um Arbeit zu suchen, Handel zu treiben, Krieg oder Kreuzzüge zu führen oder um monatelang zu einer Kultstätte zu pilgern. Auch war die geltende Erbfolge häufig dafür verantwortlich, dass sich die nicht erbberechtigten männlichen Geschwister gezwungen sahen, ihr Glück anderswo zu suchen. Weder Sesshaftigkeit noch Mobilität sind also dem Menschen angeborene Triebe. Das eine Mal musste man das Verharren auf der Scholle begründen, das andere Mal den Aufbruch ins Unbekannte. Der Philosoph Blumenberg (1997) beschreibt eindrucksvoll die Ungeheuerlichkeit, die es einst in der Antike bedeutete, sich auf einem Schiff den Unbilden des Meeres anzuvertrauen, um zu neuen Horizonten aufzubrechen. Im Verlauf der Menschheitsgeschichte scheinen sich alle Völker und Kulturen – je nach Erfordernis – an die Voraussetzungen ihrer Umwelt angepasst und entsprechende Lebensformen angeeignet zu haben.

Als einen solchen Anpassungsprozess kann man auch verstehen, dass in modernen Gesellschaften der Bewegungsradius für den überwiegenden Teil der Bevölkerung erheblich erweitert wurde. Das Besondere scheint heute die allgemeine Verfügbarkeit von Mobilität für Jedermann zu sein. Sie hat verschiedenartige Ursachen und Wirkungen. Ganz grob kann man zwei Formen von Mobilität unterscheiden: erzwungene und freiwillige. Erstere resultiert aus Strukturveränderungen oder gar epochalen Umbrüchen der Gesellschaft. So war etwa die Industrialisierung von einer beispiellosen Bewegung begleitet, die die Menschen regelrecht vom

Land in die Städte trieb – ein Phänomen, das noch heute in den Entwicklungs- und Schwellenländern zu beobachten ist. Auf der anderen Seite besaßen Städte von jeher einen besonderen Reiz und lockten die Menschen gemäß der Parole „Stadtluft macht frei" mit dem Versprechen von Freiheit und Wohlstand in ihre Mauern. Die Mobilität der modernen Migrationsbewegungen aus Afrika und Asien nach Westeuropa beruht auf der Vertreibung aus den angestammten Gebieten durch die Vernichtung ihrer Existenzgrundlagen infolge politischer und militärischer Konflikte, oder durch die Zerstörung landwirtschaftlicher Anbauflächen infolge des Klimawandels (→Umwelt). Doch auch in Deutschland verlassen Menschen ihre Heimat, weil es dort an Erwerbsmöglichkeiten fehlt. Aus demselben Grund leben viele Arbeitnehmerinnen und Arbeitnehmer unter der Woche getrennt von ihren Familien, um dann am →Wochenende heimzufahren.

Ein anderer Auslöser für räumliche Mobilität sind die sich rasch verändernden Sozialstrukturen. Hohe Scheidungsraten – nicht selten die Folge beruflicher Mobilitätsanforderungen – sowie hohe Raten neuer Paarbildung (→Zweierbeziehung →Familie) lassen Patchworkfamilien entstehen, deren Mitglieder zum Teil weit über verschiedene Bundesländer verstreut leben. Man spricht auch von multizentrischen Familienstrukturen. Das macht es oft schwierig, sowohl aus räumlichen wie aber auch aus zeitlichen Gründen, seine Lieben etwa zu Festtagen in voller Zahl um sich versammelt zu sehen. Auch Kinder, die mal bei dem einen, mal beim anderen Elternteil wohnen, müssen oft überdurchschnittlich viele und lange Fahrten akzeptieren (→Kinderzeiten). Mobilität zieht in all diesen Fällen einen zusätzlichen Zeitaufwand nach sich, nicht nur für die Bewegung von Ort zu Ort, sondern auch für die organisatorischen Vorleistungen, um solche familiären und andere Arrangements erst möglich zu machen. Durch dauerhaft erzwungene Mobilität verliert ein Mensch einen Teil der Kontrolle über seine eigene Zeit, was oft zu besonderen physischen und psycho-sozialen Belastungen führt (BiB 2012; →Stress).

Auffällig ist auch die Zunahme der berufsbedingten Mobilität. Erwerbstätige nehmen für den Weg zur Arbeit immer längere Anfahrtzeiten in Kauf, wie das Bundesinstitut für Bevölkerungsforschung auf Basis der Daten des Statistischen Bundesamtes berechnet hat (Mikrozensus). 1991 brauchten 20,4 Prozent der Erwerbstätigen in Deutschland 30 Minuten oder länger für eine einfache Wegstrecke zur Arbeit, mittlerweile sind es schon fast 26 Prozent. Ein Fünftel der Erwerbstätigen pendelt sogar eine Stunde oder länger pro Weg. Die Ursachen hierfür sind vielfältig. Zum einen sind die Strecken länger geworden, zum Beispiel weil sich viele Paare mit Erwerbstätigkeit beider Partner gegen einen Umzug entscheiden und stattdessen lieber längeres Pendeln in Kauf nehmen. Zum anderen dürfte besonders in den Ballungsräumen eine Verdichtung des Verkehrsaufkommens zu längeren Fahrzeiten geführt haben. Für Frauen bedeutet dies besonders häufig Zeitkonflikte in Bezug auf die Vereinbarkeit von Familie und Beruf (BiB 2016).

Die freiwillige Mobilität dagegen hat völlig andere

Ursachen. Zum einen resultiert sie aus den unterschied-lichsten Verlockungen für Ortsveränderungen. Die Möglichkeit, zu relativ niedrigen Preisen verhältnismä-ßig bequem über weite Distanzen reisen zu können, ist wegen der höheren Durchschnittsgeschwindigkeiten und/oder des gestiegenen Komforts der Verkehrsmittel manchmal schon Anlass genug für einen Kurzurlaub – selbst wenn am Ende ein Stau auf der Autobahn die effektive Reisezeit wider Erwarten doch erheblich ver-längern sollte. Die Vielfalt der Mobilitätsangebote prägt heute den Lebensstil und nicht selten einen Teil der Identität der Menschen (→Konsum): Mobil zu sein und immer neue Ziele anzusteuern wird für manche regel-recht zu einem Persönlichkeitsmerkmal, das dazu dient, sich demonstrativ gegen andere Gruppen und Einzel-personen abzugrenzen (→Ich →Leistung und Erfolg).

Fragt man genauer nach den Motiven für Mobilität, kommt man zu folgendem Ergebnis: An erster Stelle steht das Bedürfnis, dem Alltag zu entfliehen („Wunsch nach Tapetenwechsel", 40 Prozent) und das „Abwechs-lungsbedürfnis" (39 Prozent). Die „Angst, dass die Decke auf den Kopf fällt" (32 Prozent) ist demnach ein ähnlich starker Anreiz wie „Erlebnisdrang" und „Unter-nehmungslust" (jeweils 40 Prozent) sowie „Neugier" (30 Prozent; Stiftung für Zukunftsfragen 2005). Und so hat nicht zufällig die Zahl der Kurzurlaube in den letz-ten Jahrzehnten stark zugenommen, ebenso die Zahl der Dauercampingplätze in der näheren Umgebung von Ballungsräumen sowie die der eigenen Ferienwoh-nungen in attraktiven Städten wie in Berlin oder auf den beliebten Nordseeinseln. Städtetouren und Reisen zu

Theateraufführungen, Musicals, Messen, Festivals oder Sportveranstaltungen werden gern übers →Wochenende oder an freien Tagen gebucht, auch nach Istanbul oder New York. Mehrere Kurzreisen im Jahr ersetzen für viele Menschen zunehmend die langen Urlaube (→Konsum). Ein enger Zusammenhang besteht dabei aus naheliegenden Gründen auch zwischen der Höhe der →Einkommen und dem Grad der Mobilität.

Ob ein Ortswechsel freiwillig oder erzwungen ist, entscheidet auch darüber, ob man die daran gebundene Zeit als sinnvolle Zeitverwendung oder als Zeitverschwendung wahrnimmt; dabei sind die Grenzen natürlich fließend (→Zeitdiebe). Ein Schema, das private Wege generell als freiwillig und berufliche Fahrten als unfreiwillig einstuft, wäre sicherlich zu einfach. Ebenso sind die Grenzen zwischen notwendigen und selbst inszenierten Bewegungen im Raum nur schwer zu ziehen. Eltern, die ihre Kinder regelmäßig mit dem Wagen von einer Veranstaltung zur anderen bringen, leisten eine notwendige, gleichwohl nicht erzwungene Form der Familien- und Hausarbeit. Würde man sie einschränken, würden allerdings die Kontakte eingeschränkt und damit die soziale Inklusion der Kinder erschwert (→Kinderzeiten →Stress). Nicht selten sind hohe Mobilitätsanforderungen aber auch eine Folge vorangegangener Grundentscheidungen, wie zum Beispiel der, aufs Land zu ziehen, um dem Getriebe der Stadt zu entkommen.

Erzwungen oder freiwillig – immer kommt es neben dem Anlass und der individuellen Einstellung zu einer räumlichen Bewegung auch darauf an, auf welche mehr oder weniger angenehme wie auch umweltfreundliche Art man sich fortbewegt. Klassischerweise stehen sich hier das Auto auf der einen Seite und der öffentliche Nahverkehr und das Fahrrad auf der anderen gegenüber. Letztere sehen sich verbreitet noch immer einem Rechtfertigungsdruck gegenüber, sowohl wegen des (oft nur vermeintlich) sehr eingeschränkten Komforts als auch wegen der zusätzlichen Zeitkosten, die man gegenüber einer Autofahrt in Kauf nehmen müsse (→Umwelt). Insbesondere viele Berufspendler die das Rad nutzen, können diese Einwände nicht nachvollziehen und sehen darin ein Fortbewegungsmittel, das ihnen – trotz mancher Unbilden im harten Radleralltag – schlicht Vergnügen bereitet, selbst wenn sie damit nicht immer schneller sind. So besitzen in Berlin inzwischen doppelt so viele Einwohner ein Fahrrad wie ein Auto (http://www.stadtentwicklung.berlin.de/verkehr/politik_planung/zahlen_fakten/download/Mobilitaet_dt_Kap-1-2.pdf).

Tatsächlich offenbart die landläufige Auffassung, der zufolge man möglichst effizient – und das bedeutet: in möglichst kurzer Zeit – von A nach B gelangen muss, ein sehr instrumentelles Verhältnis zur Fortbewegung. In diesem Fall werden die Wege, die man mit dem Auto oder der Straßenbahn zurücklegt, in der Regel als unerwünschte und daher möglichst zu minimierende Zeitbindung im persönlichen Zeitbudget verbucht. Dauert eine Fahrt dann länger als unbedingt nötig, etwa im Vergleich zum Auto, empfindet man die Zeitdifferenz folgerichtig als Zeitverschwendung. Es kommt aber auch auf die Einstellung an: So gewinnt man eine andere

Perspektive, wenn man die Bewegung und die Art der Fortbewegung für sich als eine Tätigkeit ansieht, die ihren →Sinn – auch – in sich selbst trägt (→Spiel(en) →Rhythmus). Der Fortbewegung kommt dann jenseits des Ergebnisnutzens – von A nach B zu gelangen – ein eigener Erlebnisnutzen zu, während man darüber hinaus noch einen Beitrag für eine bessere →Umwelt leistet. Die zusätzlich aufgewendete Zeit für eine umweltfreundliche Bewegungsform wäre dann auf alle Fälle eine gute Zeit-Investition (Rinderspacher 1996, →Umwelt).

In Zukunft dürfte die digitale Revolution, hier in Verbindung mit einer neuen Philosophie vom Autofahren, die Dinge einmal mehr tief greifend verändern: Die Automobilindustrie rechnet damit, dass mit der steigenden Anzahl der Autos auf unseren Straßen auch die Staus weiter zunehmen werden; und so denken die Entwickler darüber nach, die Autofahrt, wenn man sie schon nicht verkürzen kann, so doch erlebnisreicher zu machen. Schon heute verbringt jeder deutsche Arbeitnehmer rund anderthalb Stunden täglich hinter dem Lenkrad – das sind pro Jahr fast 14 Tage. Das Konzept des „In-car-Living" beinhaltet, mittels einer luxuriösen Ausstattung diese Zeit von einer verlorenen zu einer gewonnenen zu machen. Von der hochkarätigen Musikanlage über die Anpassung der Innenbeleuchtung an den individuellen Biorhythmus des Fahrers (→Rhythmus) bis hin zur Duftanimation ist daher alles an Bord der künftigen Luxusliner – natürlich auch Videoplayer und Internet-Anschluss. Spätestens wenn das selbstfahrende Auto Teil unserer Verkehrsinfrastruktur sein wird, wird der alte Personenkraftwagen zu einem Kokon mutiert sein, der in Bezug auf seine Funktionalität tendenziell mehr der eigenen Wohnung ähnelt als einem Fahrzeug klassischen Zuschnitts. Eltern wird freuen, dass nun auch die leidigen Bring- und Abholdienste, sei es zum Musikunterricht oder des Nachts von der Disco von einem komfortablen Fahrroboter (fast) komplett erledigt werden können. Dass durch das selbstfahrende Auto entgegen jeder ökologischen Vernunft die Neigung zur Nutzung des Autos wieder zunehmen könnte (→Umwelt), steht auf einem anderen Blatt, denn durch die vielfachen Nutzungsmöglichkeiten dürften Fahrzeiten zumindest nicht mehr so wie heute notwendig als verlorene Zeiten angesehen werden, die man möglichst zu reduzieren sucht.

Positiv dagegen ist, wenn die Deutsche Bahn, statt die ressourcenfressende ICE-Hochgeschwindigkeitsidee bis an die Grenzen des technisch Machbaren zu treiben, für den Erlebnischarakter von Zugfahrten wirbt und ihren Kunden auf Werbeplakaten vorführt, was man in dieser Zeit alles anstellen könnte, zu dem man im harten Alltag leider meistens nicht kommt. Zugleich werden die möglichen Höchstgeschwindigkeiten der ICE's – wenn auch nicht ohne ökonomische Hintergedanken – bei Tempo 250 gedrosselt. Fehlt nur noch, dass der entsprechende Komfort in den Waggons und nicht zuletzt die Pünktlichkeit der Zugverbindungen nachgereicht werden.

Nach wie vor besteht aus ökologischen Gründen ein dringendes Gebot, wie auch immer beschaffene und unnötige Bewegungen im Raum so weit wie möglich zu vermeiden. Nachdem vor mehr als einem Jahrhundert das Telefon erstmals die Möglichkeit eröffnete, miteinander zu kommunizieren, ohne dass die Partner ihren jeweiligen Ort verlassen mussten, wartet heute die digitale Kommunikation mit einem unvergleichlich größeren Angebot auf (→Internet). Internetforen oder Videokonferenzen bieten virtuelle Räume, in denen sich einzelne Menschen oder Gruppen zu den unterschiedlichsten Anlässen treffen können, und auch Prüfungen von Fernuniversitäten werden schon längst in Videokonferenzen absolviert. Dadurch können viele Face-to-Face-Kontakte nicht nur umweltfreundlich, sondern auch kostengünstig substituiert werden. Selbstverständlich soll der mediale Kontakt die körperliche Anwesenheit nicht dort ersetzen, wo es um mehr als reinen Informationsaustausch geht.

Aber auch diese Art, Zeit- und Umweltkosten zu sparen, ist in ihrer Wirkung ambivalent. Denn da man immer leichter und schneller kommunizieren kann, nimmt man mehr und häufiger Kontakte auf, die nicht selten vom Skypen in persönliche Treffen übergehen, sei es bei der Vermittlung von Partnerkontakten oder dem Aufbau von Geschäftsbeziehungen. Zugleich reduziert der relativ geringe zeitliche und finanzielle Aufwand für Mobilität, etwa durch verbilligte Hochgeschwindigkeitszüge oder Niedrigstpreise im Flugverkehr, den so genannten Raumwiderstand und erleichtert es den Menschen dadurch, die Anzahl der leibhaftigen Kontakte zu erhöhen. Das ist zwar irgendwie ein kommunikativer Fortschritt, erhöht aber in einer Art Rebound-Effekt (→Umwelt) unter dem Strich wieder die Zahl der Bewegungen im Raum. Außerdem können die vielen neuen Möglichkeiten, sich zu bewegen – körperlich oder elektronisch, real oder virtuell (→Internet) – eine Quelle permanenter Unruhe sein und damit jede Menge zeitlichen →Stress hervorrufen: Irgendwie ist man immer auf dem Sprung zum nächsten, längst mal wieder fälligen Treffen. Ständig beschleicht einen das Gefühl, des Guten zu wenig getan zu haben. Die Kunst, sich zur eigenen Zufriedenheit zwischen den realen und virtuellen Räumen hin- und her zu bewegen, will wohl erst noch gelernt sein.

Muße

Kann man Nichts tun und dabei Zeit gewinnen?

Es ist schon bezeichnend, dass „Muße" (lat. otium) ursprünglich einmal das Freisein von Staatsgeschäften und ökonomischen Tätigkeiten meinte, die im verneinenden Wortsinne „Nicht-Muße" (lat. negotium) hießen. Der gebildete Mensch der Antike glaubte, Glück allein in der Muße zu finden und gerade nicht in zweckorientierten Aktionen. Für den Menschen des 21. Jahrhunderts stellt sich daher die Frage: Was hat man damals eigentlich unter der „Kunst der Muße" verstanden? Erste Ansatzpunkte zu einer inhaltlichen Definition liefert ein philosophisches Wörterbuch: „In der Muße haben wir die Zeit, und in diesem Haben sind wir bei uns selbst und der Welt im Modus der Geborgenheit, Entspanntheit und Gelöstheit."

Ein Blick in die Geschichte zeigt, dass Muße in der Antike das Privileg einer bestimmten gesellschaftlichen Klasse war (Timm 1968; Veblen 1997). Für die sozialen Muße-Klassen war eine untätige Lebensweise geradezu Standespflicht – was jedoch oft zu purer Langeweile geführt hat. Während des Mittelalters erwarben sich auch Bauern und Handwerker in beschränktem Maße ein Recht auf Muße. Mit den endlos vielen kirchlichen Feiertagen jener Epoche verfügten sie über kollektive Zeiträume, in denen es jedermann gestattet war, der Muße zu frönen (→Wochenende). Mit dem Beginn der Neuzeit und dem aufkommenden Protestantismus aber – und erst recht mit der Industrialisierung – drängte die Frage der nützlichen Verwendung von Zeit in den Vordergrund: Zeit hatte plötzlich immer mehr mit Geld zu tun, und nur das von Erfolg gekrönte rastlose Schaffen versprach dem calvinistischen Protestanten die Gewissheit, von Gott angenommen zu sein (→Sinn). Muße als eine Form des Genießens, nicht nur als Unterbrechung der Arbeit zur körperlichen und seelischen Erholung, wurde zur nutzlosen Zeitverschwendung erklärt. Für den *Homo faber*, den tätigen Menschen, bedeutet Muße eine Form der Trägheit.

Doch auch in der bürgerlichen Gesellschaft entstanden soziale Gruppen, die ein von der Gesellschaft anerkanntes Leben in Muße führen und sich dem Nichtstun hingeben durften, wie zum Beispiel in Oscar Wildes „Das Bildnis des Dorian Gray" beschrieben. Gleichwohl blieb der „Bohemien", ob arm oder reich, ein Paradiesvogel in der sich allmählich herausbildenden Leistungsgesellschaft (→Leistung und Erfolg) – hier nur toleriert, vielleicht sogar heimlich beneidet. Auch nichterwerbstätigen Frauen aus gutbürgerlichem oder adligem Hause erkannte man im 19. Jahrhundert ein Leben in Muße zu; häusliche Handarbeit wurde als Muße-Betätigung angesehen. Ob die Frauen deshalb glücklich waren sei dahingestellt, wie etwa im Roman Madame Bovary von Gustave Flaubert nachzulesen. Muße bezeichnet somit in gewissem Sinne einen Lebensstil, der sich durch Ruhe, Ausgeglichenheit und das Zeithaben auszeichnet – für die schöngeistigen Dinge, aber auch für bloßes Amüsement (→Feste und Feiern).

Damit hebt sich Muße zwar in jedem Fall vom Reich der Notwendigkeit ab. Jedoch ist Muße nicht ohne weiteres mit Freizeit gleichzusetzen, die sich als Zeitinstitution erstmals im 19. Jahrhundert entwickeln konnte (Prahl 2015). Die moderne freie Zeit hat ihre kulturhistorischen Wurzeln in der Feierzeit (Nahrstedt 1971; →Feste und Feiern). Während die Zeiten für die meist religiös konnotierten →Feste und Feiern früher durch klare Sinnbezüge und Vorschriften gekennzeichnet waren, entstand mit der modernen „Freizeit" ein quasi sinnfreier Zeitraum, über den die Menschen nach ihren persönlichen Wünschen verfügen können. Denn Freizeit ist zunächst einmal nichts weiter als das Gegenstück zur industriellen →Arbeitszeit. Ihr Hauptmerkmal besteht darin, keine (Erwerbs-)Arbeitszeit zu sein und dem arbeitenden Menschen komplementär zu den Belastungen seines Arbeitstages körperliche und seelische Entspannung zu ermöglichen, die in erster Linie der Erholung von der Arbeit dient.

Seit Ende der 1950er Jahre – lange zuvor aber auch schon von den Theoretikern der Arbeiterbewegung – wurde die Freizeit in den kapitalistischen Gesellschaften als stark abhängig von und in Bezug auf die Bedingungen in der Arbeit gesehen. Außerdem wurde kritisiert, dass die freie Zeit längst nicht so frei sei, wie sie bei unkritischer Betrachtung zunächst erscheint. Die skeptische Hauptthese lautet, dass sich der moderne Berufsmensch zu keiner Zeit wirklich von den dominanten Erfahrungen der täglichen Erwerbsarbeit freimachen könne. Freizeit wird also zu einer Art „Zweitberufszeit" – sei es, dass man nicht zur Ruhe findet und weitermacht wie im Job, sei es, dass man ein kompensatorisches Freizeitverhalten an den Tag legt, das unter Leistungs- und Erfolgszwang steht und lediglich ein Spiegelbild der Arbeitswelt darstellt. Der bekannte Sozialphilosoph Jürgen Habermas formulierte das 1958 so: „Wir konsumieren, wie wir produzieren – Amüsierbetrieb und Reiseroute werden oft genug erledigt wie eine Arbeitsanweisung, souverän und rationell" (Habermas 1958). Mit Muße im oben beschriebenen Sinne hat das jedenfalls wenig gemein.

In dieser Abhängigkeit von der Arbeit kann Muße erst in zweiter Linie Selbstzweck sein, das heißt Lebenszeit, die einfach nur den schönen Dingen und dem guten Leben gewidmet ist. Dies stellt aber – wie oben dargelegt – die Verhältnisse der Antike gründlich auf den Kopf. Während das, was die Römer früher unter „Arbeit" verstanden, noch vom Begriff der Muße abgeleitet wurde, ist es im Industriezeitalter genau umgekehrt: Unser Verständnis von Freizeit wird von der Kategorie Arbeit abgeleitet. Hannah Arendt hat diese Problematik der Bedingungen der Möglichkeit einer nicht ständig an Zwecke gebundenen Lebenspraxis unter kapitalistischen Bedingungen in dem Begriffspaar von „vita activa" und „vita contemplativa" zu fassen versucht (2002).

Das weist unter anderem darauf hin, dass Muße ein Ideal oder, wenn man so will, eine immerwährende Zeitutopie ist – jedenfalls für die Mehrzahl der Bevölkerung. Und tatsächlich scheint es schwer, Muße im praktischen Alltag umzusetzen. Selbst der gewaltige Zuwachs an erwerbsarbeitsfreier Zeit in der Bundesrepublik Deutschland während der 1960er bis 1980er Jahre (→Arbeitszeit →Zeitsouveränität →Wochenende →Feierabend) hat nicht dazu geführt, ihr auf breiter Front zum Durchbruch zu verhelfen. Im Gegenteil: Zwar gewann die Freizeit in diesen Jahren so sehr an Bedeutung, dass sie zu einem bestimmenden Faktor für Lebensgefühl, Lebensstil und Prestigedenken jener Epoche wurde (Schulze 1992). Von der Spaßgesellschaft war die Rede, nicht jedoch von der Mußegesellschaft. In dieser Epoche des Wertewandels wurde aber immerhin die Erwerbsarbeit stärker als zuvor einer eher genuss- und erlebnisorientierten Haltung untergeordnet. In der Konsequenz waren seit den 1980er Jahren viele, häufig jüngere Menschen bereit, weniger zu arbeiten, um mehr Freizeit zu haben, auch wenn dadurch ihr →Einkommen sank. Dazu nutzten sie die neuen Angebote an flexiblen Arbeitszeiten (→Zeitsouveränität). Heute sagt man eine ähnliche Einstellung vor allem der Generation der nach 1980 Geborenen der *Generation Y* nach (Hurrelmann/Albrecht 2014).

Obwohl die →Arbeitszeiten für die Mehrzahl der Menschen heute, trotz mancher gegenläufiger Entwicklungen im vergangenen Jahrzehnt, einen historischen Tiefstand erreicht haben, bricht die landauf, landab zu vernehmende Klage, keine Muße mehr zu finden, nicht ab. Davon zeugt schon allein die weiter expandierende Zeit-Ratgeberliteratur. Zum einen hängt dies damit zusammen, dass in der Realität die Praxis der freien Zeit keineswegs so rosig aussieht, wie gern behauptet wird. Überstunden sowie Wochenend- und Nachtarbeit haben weiter zugenommen und die Entgrenzung der

→Arbeitszeit nimmt, unterstützt vom Smartphone und der allgemeinen Digitalisierung unserer Lebenswelt (→Internet), immer größere Ausmaße an, mit negativen Folgen für die Qualität der Freizeit und für die sozialen Beziehungen (→Feierabend →Wochenende →Familie →Zweierbeziehung →Kinderzeiten). Zum anderen erhöht sich mit der steigenden Erwartung, dass in der Freizeit der eigentliche Sinn des Lebens zu finden sei, der Leistungs- und Erfolgsdruck (→Leistung und Erfolg): Freizeitstress ist kaum schöner als Berufsstress, und das Gefühl, in der Freizeit versagt zu haben, unterscheidet sich nur graduell von dem Gefühl, am Arbeitsplatz nicht gut zu performen (→Stress →Rente). Muße aber meint etwas anderes. Im Grundgesetz ist im Zusammenhang mit dem Sinn des Sonntags die Rede von einem „Tag der seelischen Erhebung" – eine freilich etwas altertümliche Formulierung für den Anspruch, zu sich zu kommen, Zeit zu haben und, wie im Eingangszitat „in diesem Haben [...] bei uns selbst und der Welt (zu sein), im Modus der Geborgenheit, Entspanntheit und Gelöstheit." Solches scheint vor allem dort gedeihen zu können, wo sie den Unbilden des Alltags – den äußeren Angriffen ebenso wie den inneren – nicht schutzlos ausgeliefert ist.

Bildlich gesprochen benötigt sie ein zeitliches Biotop, das die Muße vor Ansprüchen durch andere Menschen und andere Sachzwänge schützt, am besten die Beweislast umkehrt, wenn jemand sie subtil oder offen infrage stellt. Unter anderem bietet das freie →Wochenende hierfür eine Chance. Als moderne Zeitinstitution vereint es zwei Elemente, die dazu beitragen: Während der

Sonntag als christlicher Feiertag ein ganz spezifisches Profil hat und bis in die heutige Zeit durch ein eher traditionelles Reglement geprägt ist, ist der – historisch gesehen – sehr viel jüngere freie Samstag frei von religiösen Sinngebungen und festen Verhaltensnormen. Über beiden aber steht die aus der christlichen Tradition kommende Einsicht, dass ein gelingendes Leben mehr als ununterbrochene Arbeit sein muss. Damit kommen Tradition und Moderne zusammen und erlauben – nicht zuletzt auch durch den Umfang des freien Wochenendes, das bekanntlich mindestens zwei von sieben Wochentagen umfasst – Zeiten und Elemente der Muße regelmäßig einzuplanen, aber auch spontan zu erleben.

Muße – oder ein Leben, in dem Muße immer mal ihren Platz hat – beschränkt sich aber keineswegs auf den Horizont der Woche und auch nicht auf den des Jahres. Vielmehr lässt sich ein ganzes Leben im Horizont eines ausgeglichenen Verhältnisses von Arbeit und Leben konzipieren, das Phasen der Muße eine Chance gibt (→Zeitsouveränität →Einkommen). Nicht zuletzt bietet der so genannte Lebensabend, sofern finanziell einigermaßen abgesichert und bei guter Gesundheit erlebt, bekanntlich einen Ort, wo Muße gelebt werden kann. Wenngleich es sicher kein guter Rat ist, wie vorangegangene Generationen dies gern taten, zu viele Hoffnungen auf die „Zeit danach", das heißt nach der Mühsal des Arbeitslebens, zu werfen (→Rente).

Geht man davon aus, dass Muße ein wesentlicher Aspekt der Lebensqualität vorangegangener Gesellschaften war, den wir im Zuge der dramatischen Beschleunigung unseres Alltags allzu lange aus den Augen verloren hatten, dann müssen Muße und die Fähigkeit, zu sich selbst zu finden, heute erst wieder gelernt werden. Der Umgang mit der Zeit wird zu einer Art Lebenskunst (Klein 2010). Elmar Hatzelmann und Martin Held (2010) sprechen in diesem Zusammenhang von „Zeitkompetenz" als die Fähigkeit, die eigene zeitliche Situation kritisch zu reflektieren, um daraus Ziele und Instrumente für einen besseren Umgang mit der Zeit für sich ableiten zu können. Die so gewonnen Einsichten zu verwirklichen setzt allerdings voraus, dass Muße nicht nur individuell, sondern auch gesellschaftlich wieder aufgewertet wird. Dort, wo die Angst vor dem „Nichtstun" umgeht, wo das Nichtstun mit Faulheit oder Langeweile assoziiert und Muße in die Nähe der Zeitverschwendung gerückt wird (→Zeitdiebe), die sich eigentlich nur Arbeitslose oder Alte leisten können, hat Muße zuallererst ein Imageproblem: Wer der Muße pflegt, ist entweder sehr reich oder „raus". Dem lässt sich die weise Einsicht Friedrich Nietzsches entgegenhalten, dass es eine „Faulheit der Aktiven" gibt oder dass, wie einer der Urväter der Soziologie sagte, reine Geschäftigkeit auch Leerlauf bedeuten kann.

Inmitten atemloser Daueraktivität die Gefahr des Leerlaufens, den „rasenden Stillstand" (Virilio 1992) zu erkennen, ist eine Warnung, die sich in vielen gesellschaftskritischen Analysen findet. Nicht die Langeweile ist demnach das Problem, sondern unsere Ungeduld, ihr zu entkommen. Nicht der Stillstand der Zeit ist von übel, sondern unsere Unfähigkeit, stillzustehen und ihr standzuhalten (Ehn/Löfgren 2012). Schon im

Kindesalter wird verlernt, Langeweile zu tolerieren, was wichtig wäre, um aus frustrierender Langeweile eine lange Weile werden zu lassen, die Ruhe zulässt und vielleicht sogar den Kopf für kreative Ideen freimacht (→Kinderzeiten →Spiel(en) →Internet). Ratgebertitel wie „Management by Muße – Tätiges Nichtstun als Führungsaufgabe?" scheinen zwar darauf hinzudeuten, dass Muße in unserer Gesellschaft rehabilitiert werden könnte. Doch ist Skepsis geboten, denn nicht selten verbergen sich hinter solchen Schlagzeilen neue ausgeklügelte Effizienzkonzepte, die dem Grundgedanken der Muße als Selbstzweck gerade zuwiderlaufen.

Weniger trügerisch ist da schon, wie der griechische Philosoph Aristoteles über Muße schrieb. In seiner „Nikomachischen Ethik" (2001) findet sich eine wunderschöne Schilderung, die Leben, Arbeit und Muße in einen natürlichen Zusammenhang bringt: Am Ende der Erntezeit sitzen die Menschen nach getaner Arbeit beieinander. Sie ehren die Götter mit einer Feier und danken ihnen für die Früchte des Bodens. Sie pflegen Geselligkeit und Freundschaft und vergessen nicht, sich Freude und Erholung zu gönnen.

Rente

In Ruhe älter werden

Unter Rente – genauer: Altersrente – versteht man eine Form der finanziellen Absicherung nach der Erwerbstätigkeit. Sie soll dem altersbedingt leistungsgeminderten Menschen einen Lebensabend ohne Erwerbszwang ermöglichen. Die Höhe der Rente hängt von der durchschnittlichen Höhe des Einkommens ab, welches ein Mensch im Laufe seines Erwerbslebens erzielt hat. Man spricht hier vom Äquivalenzprinzip. In diesem System der erwerbsbezogenen Rente ist für die finanzielle und soziale Lage im Alter also entscheidend, wie und in welchem Umfang man seine Lebenszeit bis zum Renteneintritt für den Erwerb von →Einkommen genutzt hat.

Dieses staatliche Rentenmodell ist in Deutschland vorherrschend, doch sind viele weitere denkbar und in anderen Ländern auch üblich. So etwa eine rein kapitalgedeckte Rente, die auf privatem Ansparen einer Altersvorsorge auf Kapitalbasis beruht, oder eine staatliche Grundsicherung für jede Bürgerin und jeden Bürger, unabhängig davon, ob und wie lange sie/er zuvor im Erwerbsleben gestanden hat. Zwischen den beiden Extremen eines ganz und gar privaten und eines rein staatlich getragenen Einkommens im Alter sind alle erdenklichen Mischformen möglich, zum Beispiel eine staatliche Grundrente plus Eigenvorsorge, die den Anschluss an den zuvor gewohnten Lebensstandard sichern hilft.

Die Rente als das Anrecht auf einen Lebensabend, dessen finanzielle Grundlage von einer Solidargemeinschaft mitgetragen wird, ist eine der großen zivilisatorischen Errungenschaften moderner Gesellschaften. Sie gehört neben dem →Feierabend, dem freien →Wochenende und dem Urlaub zu den wichtigen (Frei-)Zeitinstitutionen, die die Industriegesellschaft hervorgebracht hat. Vor der Einführung öffentlicher Sozialkassen für die Vorsorge im Alter war jeder Mensch letztlich auf sich gestellt beziehungsweise basierte die Alterssicherung im Wesentlichen auf dem Zusammenhalt der Großfamilie (→Familie). In den meisten Ländern der Erde ist dies aufgrund fehlender Sozialversicherungssysteme noch heute der Fall. Daher waren die Menschen traditionell darauf angewiesen, möglichst viele Nachkommen zu zeugen, um dann, wenn die eigenen Kräfte schwinden, von der Arbeit und den Zuwendungen der Kinder leben zu können.

Die Einführung eines Systems der Altersrente in Deutschland – im letzten Drittel des 19. Jahrhunderts durch Reichskanzler Otto von Bismarck – war Bestandteil eines völlig neuen, umfänglichen Systems der staatlich sozialen Sicherung, zu dem auch eine gesetzliche Kranken- und Unfallversicherung gehörte. Danach leitet sich aus den eingezahlten Beiträgen ein Anspruch des Sozialversicherungspflichtigen nach dem Versicherungsprinzip ab. So entstehen aus den Beitragszahlungen zur Rentenversicherung nach dem deutschen Recht so genannte eigentumsrechtliche Ansprüche, das heißt die eingezahlten Beiträge müssen wie das Eigentum des Arbeitnehmers behandelt werden und sind für Dritte, vor allem den Staat, grundsätzlich nicht frei verfügbar. Anders als das Rentensystem speisen sich die Pensionen von Beamten unmittelbar aus staatlichen Mitteln. Sie werden aus den laufenden öffentlichen Haushalten gedeckt.

Was die Berechtigung zum Bezug einer Altersrente betrifft, gilt in Deutschland eine für alle Beschäftigten gleiche Altersgrenze, seit 1992 gleich auch für Männer und Frauen. Sie betrug ursprünglich 65 Jahre und wird derzeit entsprechend dem Geburtsjahr schrittweise auf 67 Jahre angehoben. Wie hoch das offizielle Renteneintrittsalter gesetzt ist, hängt sowohl von der durchschnittlichen Lebenserwartung einer Gesellschaft ab als auch von der finanziellen Leistungsfähigkeit ihrer Sozialversicherungssysteme. Letztere sind wieder eng gekoppelt an die Wirtschaftskraft, genauer gesagt: an den Stand der Arbeits- und Kapitalproduktivität sowie das langfristige quantitative Wachstum der Wirtschaft eines Landes.

Aus gutem Grund besteht in Deutschland und vielen anderen Ländern eine Versicherungspflicht für abhängig Beschäftigte. Dazu haben die Erfahrungen der frühen Industrialisierung und der Massenverelendung im 19. Jahrhundert geführt. Zwar wurde damit ein Stück formeller Freiheit aufgegeben, dafür aber soziale Sicherheit eingetauscht. Das begründet sich unter anderem aus der Einsicht, dass die Menschen dazu neigen, die Bedürfnisse der Gegenwart höher zu bewerten als die der Zukunft und sich deshalb häufig schwer tun, regelmäßig einen größeren Geldbetrag für ihr Alter zurückzulegen. Eine Zwangsmitgliedschaft ist aber auch erforderlich, um eine möglichst breite Basis von Einzahlern mit unterschiedlicher Leistungsfähigkeit und unterschiedlichem Sterberisiko zu haben. Aus diesem Grund sind etwa in der Schweiz auch Selbstständige versicherungspflichtig. In den USA dagegen wurde durch Präsident Obama der Versuch von Sozialreformen gegen das Recht auf freie Entscheidung für die Mitgliedschaft in einer Sozialkasse gestellt – doch trotz weit verbreiteter Altersarmut scharf kritisiert.

Der tragende konzeptionelle Pfeiler der Altersrente in Deutschland ist der sogenannte Generationenvertrag. Er sieht vor, dass die jeweils jüngeren Generationen den Menschen, die aus Altersgründen nicht mehr erwerbstätig sein können, garantieren, für ihren Lebensunterhalt in angemessener Höhe aufzukommen. In die Praxis umgesetzt wird der Generationenvertrag mit Hilfe des sogenannten Umlageverfahrens: Hierbei werden die eingezahlten Rentenbeiträge nicht etwa angespart, sondern die Bezüge der jeweiligen Rentnergeneration aus den laufenden Einkommen der gegenwärtig erwerbstätigen Sozialversicherten finanziert, das heißt aus deren Sozialabgaben. Die öffentlichen Rentenkassen erhalten staatliche Zuschüsse unter anderem dafür, dass sie bestimmte Monate und Jahre, in denen jemand nicht erwerbstätig war, als Versicherungszeiten in der Rentenberechnung anerkennen können: so beispielsweise Ansprüche, die aus Erziehungszeiten und so genannten Ausfallzeiten für ein Studium oder die Übernahme einer Pflegeverantwortung resultieren (→Sorgen und Pflegen →Ehrenamt).

Da der Generationenvertrag aus den laufenden Erwerbseinkommen von Millionen von Einzahlern gedeckt wird, kann dieses System nur funktionieren, wenn genügend Aktive Monat für Monat in die Rentenkasse einzahlen. Weil aber der Anteil älterer Menschen an der Gesamtbevölkerung ständig wächst und der der Jungen schrumpft, müssen rechnerisch von einem Arbeitnehmer zunehmend mehr Ruheständler unterstützt werden. Hinzu kommt, dass, da wir alle älter werden, die Anzahl der Jahre zunimmt, in denen eine Rente bezogen wird (Rentenbezugsdauer). Das führt dazu, dass künftige Generationen fortlaufend erhebliche Abstriche von der Rentenhöhe gegenüber dem bisherigen Niveau zu erwarten haben, wenn die gegenwärtige negative Bevölkerungspyramide sich nicht wieder umkehrt. Es lässt sich absehen, dass die Jungen von heute prozentual sehr viel mehr von ihrem laufenden Gehalt an die Rentenkassen überweisen müssen – und dennoch beim Eintritt in die Rente nicht mehr den Lebensstandard ihrer Mütter und Väter erreichen werden.

Daran ändert auch das dritte, private Standbein der Altersvorsorge, etwa die sogenannte Riester-Rente, nur bedingt etwas. Sie muss während der aktiven Phase – wenn auch steuerlich begünstigt – zusätzlich aus dem laufenden Einkommen finanziert werden, was vielen Beschäftigten mit niedrigen Einkommen nur schwer oder gar nicht möglich ist beziehungsweise übermäßig starke Einschnitte in anderen Lebensbereichen bedeutet (→Bildung →Konsum). Die Arbeitgeber müssen sich, anders als an der staatlichen Rentenversicherung, an der privaten Vorsorge nicht beteiligen. Das alles wirft die Frage auf, wie hoch die verfügbaren Erwerbseinkommen (→Einkommen) heute und in Zukunft sein müssen, um den Lebensstandard der →Familie in der Gegenwart, darunter auch die Kindererziehung, zu finanzieren und zugleich die eigene Zukunft im Alter zu sichern.

Frauen sind in diesem System, das ursprünglich auf den vollerwerbstätigen Mann ausgerichtet war, der seine Familie ernährt und die Erziehung der Kinder seiner bestenfalls teilzeitbeschäftigten Ehefrau überlässt, nach wie vor benachteiligt, wenn sie zeitweise „nur" Hausfrauen sind und weniger als Vollzeit arbeiten. So bestehen unvermindert erhebliche Unterschiede in den geschlechtsbezogenen durchschnittlichen Alterseinkommen („Gender Pension Gap"), teilweise in Höhe von über 50 Prozent (Frommert /Strauß 2012). Inzwischen findet man allerdings zahlreiche Arbeitszeitmodelle, die solche finanziellen wie auch andere Nachteile ausgleichen wollen und dabei auf eine faire Teilung der Familienarbeit zwischen den Partnern abzielen (→Zeitsouveränität →Arbeitszeit →Familie →Sorgen und Pflegen).

Für Viele ist der gesicherte Ruhestand ohne Arbeit und bei möglichst guter Gesundheit die kleine Utopie am Ende eines langen (Erwerbs-)Lebens. Das wirft die Frage auf, ab wann sich ein älterer Mensch nicht nur nach Recht und Gesetz zur Ruhe setzen darf, sondern wann ihm die äußeren Umstände dies auch tatsächlich erlauben. Denn dieses hängt vor allem von der Höhe des zu erwartenden Renteneinkommens und der Arbeitsfähigkeit der betreffenden Person ab. So mancher entschließt sich, sofern der Gesundheitszustand es erlaubt, länger zu arbeiten. Dabei sollte doch eigentlich vieles von dem, was man vorher nicht geschafft hatte – nicht zuletzt auch, für alles genügend Zeit zu haben – im Ruhestand nachgeholt werden.

Der Gesundheitszustand älterer Erwerbstätiger stellt sich sehr unterschiedlich dar und hängt auch von den beruflichen Belastungen ab, denen jemand im Verlauf seines Erwerbslebens ausgesetzt war (→Stress). Bestimmte Wirtschaftszweige weisen dabei besondere Risiken auf. In etlichen Berufen wie etwa dem des Dachdeckers oder des Piloten steigt zudem das Risiko, sich und andere Menschen zu gefährden, so stark an, dass ein vorzeitiger Ruhestand üblich ist. Nicht selten sehen sich ältere Arbeitnehmer auch durch Anforderungen zeitlicher Art überfordert, beispielsweise im Zuge der Digitalisierung von Produktions- und Verwaltungsprozessen. Ungeachtet dessen muss man – auch bei einem gesundheitlich bedingten vorgezogenen Eintritt in den Ruhestand – spürbare finanzielle Einbußen hinnehmen. Dennoch wählen Millionen von Arbeitnehmerinnen und Arbeitnehmern diesen Weg, größtenteils weil ihre Leistungsfähigkeit nach einem langen und mit hohen gesundheitlichen Belastungen verbundenen Arbeitsleben stark eingeschränkt ist (→Leistung und Erfolg). Etliche setzen sich aber auch vorzeitig zur Ruhe, um in der letzten Phase ihres Lebens Zeitwohlstand bei möglichst guter Gesundheit genießen zu können.

Unabhängig vom Beweggrund bestand hierfür über mehrere Jahrzehnte die Möglichkeit einer so genannten Altersteilzeit. So konnte man mit Erreichen eines bestimmten Alters (zum Beispiel 59 Jahre) seine Arbeitszeit bis zum Renteneintritt (mit 65 Jahren) auf die Hälfte des gewohnten Umfangs reduzieren und dafür, inklusive staatlicher Zuschüsse und steuerlicher Vorteile, rund drei Viertel des vorherigen Nettoeinkommens beziehen. Oder man konnte zum Beispiel die ersten drei Jahre nach dem Beginn eines sechsjährigen Altersteilzeitvertrages Vollzeit arbeiten, um dann die folgenden drei Jahre vor dem 65. Lebensjahr ganz aus dem Erwerbsleben auszuscheiden (Blockmodell).

Diese Regelung, die 1996 eingeführt wurde, kann allerdings nur dann funktionieren, wenn die damit verbundenen Einkommensverluste teilweise ausgeglichen werden, vor allem durch Zuschüsse der Arbeitgeber und der öffentlichen Hand. Ein gesetzlicher Rahmen hierzu besteht zwar nach wie vor, die öffentliche finanzielle Förderung wurde jedoch 2010 eingestellt und dadurch die Altersteilzeit in der Praxis erheblich erschwert. Die Beschäftigten sind nun mehr als zuvor auf das Wohlwollen ihres Arbeitgebers angewiesen. In etwas anderer Gestalt, vor allem als tarifvertragliche Vereinbarungen, wird das Altersteilzeitmodell derzeit wiederbelebt. Zudem ist es auch möglich, sich im Rahmen von Zeitkontenmodellen beispielsweise im Verlauf eines Jahrzehnts durch Überstunden an Samstagen ein so großes Zeitguthaben zu erarbeiten, dass es für einen vorgezogenen Ausstieg hinreicht.

Inzwischen wird darüber diskutiert, auf jedwedes gesetzlich geregeltes Renteneintrittsalter zu verzichten und es jedem selbst zu überlassen, wann er das Erwerbsleben beenden will. Immerhin wäre auch dies eine Form von →Zeitsouveränität und entspräche dem allgemeinen Trend zur Individualisierung (→Ich →Familie). Doch die Kehrseite könnte eine weitere Entsolidarisierung der Arbeitnehmerschaft sein, da dann Vergleichsmaßstäbe verloren gingen und diejenigen, die gesundheitsbedingt früher aus dem Erwerbsleben ausscheiden müssten, wahrscheinlich nicht mehr wie bisher Anspruch auf einen sozialstaatlichen Ausgleich für individuelle Benachteiligungen hätten.

Die Sicherung eines hinreichenden →Einkommens auch im Alter erhält in Zukunft wieder größeres Gewicht, unter anderem weil durch die allgemein höhere Lebenserwartung für jeden mit einer gewissen Wahrscheinlichkeit auch höhere Kosten für Gesundheit und Pflege ins Haus stehen. Die öffentliche Pflegeversicherung hinkt den an sie gestellten Ansprüchen schon jetzt ständig hinterher (→Sorgen und Pflegen). Diese und andere Einsichten erschweren eine Lebensplanung, die darauf abzielt, in der aktiven Phase die Dauer der täglichen Erwerbsarbeit wie auch die Lebensarbeitszeit möglichst niedrig zu halten. Jedenfalls sofern diese Arbeitszeitreduktionen individuell, etwa im Rahmen von Wahlarbeitszeiten vereinbart werden und nicht Ergebnis tarifvertraglicher Arbeitszeitverkürzungen mit einem Lohnausgleich sind (→Arbeitszeit). Auf jeden Fall sind eine möglichst hohe Qualifikation und damit verbunden ein hohes Einkommen die besten Voraussetzungen dafür, sich seine Erwerbsbiografie nach den eigenen zeitlichen Wünschen (möglichst) frei auch bis ins höhere Alter selbst gestalten zu können (→Bildung).

Welches Rentensystem in Zukunft tragfähig ist, bleibt

abzuwarten. Auf alle Fälle hat sich herausgestellt, dass, anders als von interessierter Seite eine Zeit lang behauptet wurde, auch die private Altersvorsorge mit erheblichen Risiken behaftet und der staatlichen keineswegs grundsätzlich überlegen ist. Angesichts der dramatischen Überbevölkerung der Welt, wie auch im Hinblick auf die kopfstehenden Alterspyramiden in den hoch entwickelten Ländern, drängt sich jedoch die Frage auf, wie ein Rentensystem aussehen müsste, das nicht mehr wie bisher auf einen Bevölkerungszuwachs angewiesen ist und auch nicht die ideale Alterspyramide mit einer großen Überzahl an jungen Menschen benötigt. Ein Ansatz dazu könnte die Überlegung sein, dass die Summe der Einzahlungen in die Rentenkassen ja nicht nur von möglichst vielen Köpfen einzahlender aktiver Arbeitnehmer abhängt, sondern ebenso auch von der Wirtschaftsleistung, die sie erbringen: Die Produktivität der Arbeitnehmer in einer Volkswirtschaft findet in mehr oder weniger hohen →Einkommen ihren Niederschlag, die ja wiederum die Höhe der Einzahlungen in die Rentenkassen bestimmen. Das würde bedeuten, dass, allein schon wenn die Löhne und Gehälter stets der ständig steigenden Arbeitsproduktivität folgen würden, bereits ein Beitrag geleistet wäre, um die Rentenkassen ausreichend zu finanzieren. Ergänzend könnte man sich eine Art Maschinensteuer vorstellen, die nicht die Arbeit beziehungsweise Arbeitsleitung der Arbeitnehmer belastet, sondern die Leistung der Maschinen (→Leistung und Erfolg) – auch wenn nicht verhehlt werden soll, dass diese Idee in der Vergangenheit durchaus heftig umstritten war.

So oder ganz anders: Es sollte vor dem Hintergrund einer explodierenden Weltbevölkerung nicht jedes Land für sich noch weitere Anreize zum Bevölkerungswachstum setzen, zumindest nicht um das eigene System der Alterssicherung zu stabilisieren. Die hoch entwickelten Länder hätten hier eine Vorbildfunktion: Sie dürfen nicht nur darum konkurrieren, wer die besten Autos baut oder wie man am besten auf eine umweltfreundliche Energieerzeugung umrüstet, sondern sollten mit ebensolcher Kreativität an der Entwicklung eines wirklich nachhaltigen Systems der Alterssicherung arbeiten, damit sich möglichst viele Menschen auf ein würdiges und gerechtes Leben im Alter freuen können.

Rhythmus

Die Basis des Lebens

Der Fortschrittsglaube vieler Generationen war von der Idee getragen, sich aus der Abhängigkeit natürlicher Rhythmen zu befreien. Ungezählte technische und soziale Erfindungen haben bewirkt, dass moderne Gesellschaften heute tatsächlich stark entrhythmisiert sind. Zwei Folgen sind die beschleunigte Rund-um-die-Uhr-Gesellschaft und eine hohe Stressanfälligkeit der Menschen.

Deshalb klingt, wenn wir heute über Rhythmus sprechen, nicht selten eine Sehnsucht mit, die Suche nach etwas, das über die Beschleunigung unserer Gesellschaft verloren gegangen zu sein scheint. Rhythmische Bewegungen erscheinen uns als solche, die automatisch ein richtiges und adäquates Maß haben, die nicht zu schnell, nicht zu langsam und auch nicht in widernatürliche, exakt gleiche Zeiteinheiten gepresst sind, die gleichwohl aber auf und ab pulsieren. Buchtitel der jüngsten Zeit beflügeln die Sehnsucht nach einem anderen Lebensrhythmus: „Was der Seele gut tut – den Rhythmus des Lebens spüren". Kinder haben oft ein wesentlich ausgeprägteres Gefühl für spezifische Eigenzeiten und die besondere Rhythmik von Abläufen (→Kinderzeiten →Spiel(en)).

Georg Simmel, einer der Urväter der deutschen Soziologie, hat bereits um 1900 die Funktionen des Rhythmus prägnant und ohne Pathos beschrieben: „Der

181

Rhythmus genügt gleichzeitig den Grundbedürfnissen nach Mannigfaltigkeit und nach Gleichmäßigkeit, nach Abwechslung und nach Stabilität: Indem jede Periode für sich aus differenten Elementen, Hebung und Senkung [...] besteht, die regelmäßige Wiederholung ihrer aber Beruhigung, Uniformität, Einheitlichkeit im Charakter der Reihe bewirkt." (Simmel 1989, S. 677). Rhythmus ist also ein wesentliches Merkmal des Lebens. Biologische Vorgänge (Toepfer 2015) sind davon ebenso geprägt wie das soziale Leben einer Gesellschaft (→Wochenende).

Ursprünglich spielten rhythmische Elemente auch bei vielen Arbeitsvorgängen eine wichtige Rolle, etwa bei der Ernte, der Jagd, beim Fischfang oder beim Bewegen schwerer Lasten. Entsprechend diente das Singen von Arbeitsliedern von jeher dazu, einen gemeinsamen Arbeitsrhythmus zu erzeugen, wie er etwa beim Rudern einer Galeere benötigt wird. Solche Arbeiten wurden, wo es möglich war, in der Gruppe verrichtet und oft von rhythmischen Ritualen begleitet, zum Beispiel durch Trommeln, wie schon Karl Bücher, einer der ersten Rhythmusforscher, beschreibt (1909). Vor Einführung der Mechanisierung erforderte allein der niedrige Entwicklungsstand technischer Hilfsmittel die gleichzeitige Anstrengung vieler Menschen.

Bekanntlich bedient sich auch das Militärwesen gleichförmiger Bewegungen, um Geschlossenheit und Disziplin herzustellen, wie beim Marschieren. In einfachen Gesellschaften tanzen sich die Krieger vor dem Kampf rhythmisch in Trancezustände, um die Angriffslust zu steigern und die Angst zu überwinden; vergleichbare

Rituale sind auch in modernen Armeen gebräuchlich. Bei sehr anstrengender Arbeit soll(t)en Lieder und gleiche Bewegungen und das hierdurch entstehende Gemeinschaftsgefühl helfen, Schmerzen oder Langeweile zu unterdrücken und mit dem Wohlbefinden der Menschen ihre Arbeitsbereitschaft zu steigern. Gesänge, Musik und Tanz, die ursprünglich in fast allen Alltagssituationen der Menschen präsent waren, sind aus der modernen Arbeitswelt allerdings verbannt worden (→Spiel(en)) und bleiben heute sogar in der Freizeit auf wenige Gelegenheiten beschränkt (→Kinderzeiten).

Dem natürlichen Rhythmus wird häufig der künstliche Takt (ein willkürlich gesetztes Zeitmaß) gegenübergestellt, der natürliche Zeitmaße gewissermaßen zerstückelt. Das Marschieren einer Armee ist ein Grenzfall. Ludwig Klages verwendete vor fast hundert Jahren als Beispiel für rhythmische Bewegungen das Kommen und Gehen der Wellen, das er mit dem „taktenden Gang der Pendeluhr" kontrastierte (Klages 1923). Damit wollte er die unterschiedliche Qualität von Rhythmus und Takt verdeutlichen. Während die rhythmische Wellenbewegung nämlich letztlich neue Wellen hervorbringt – in der Wiederholung also auch die Erneuerung begründet ist –, wiederholt der Takt nur exakt Immergleiches.

Im Laufe der Industrialisierung wird der künstliche Takt zum beherrschenden Mittel, um Zeit zu strukturieren. Seit Frederic Winslow Taylor, der schon zur Zeit des ersten Weltkrieges die „wissenschaftliche Betriebsführung" entwickelt hatte (Taylor 1919), galt es über Jahrzehnte hinweg als Fortschritt schlechthin, den industriellen Produktionsprozess von den biologischen und sozialen Rhythmen der Menschen abzukoppeln, um ihn in Einzelabschnitte zu unterteilen und gleichzeitig die dadurch entstehenden Arbeitstakte immer weiter zu beschleunigen. Technisch ist das machbar und effizient, nicht nur am Fließband, was die industrielle Produktion über mehr als hundert Jahre bewiesen hat. Dadurch wird jedoch die Eigenzeit von (Arbeits-) Abläufen und der Menschen, die sie ausführen, kategorisch missachtet (→Stress; Nowotny 1993). Und eben weil bei einer Arbeit im Takt der Maschine die Zeitstruktur des Produktionsprozesses von außen vorgegeben wird und dessen Zustandekommen für den einzelnen Beschäftigten undurchsichtig bleibt, ist nicht selten ermüdende Monotonie die Folge. Längst hat man die Schädlichkeit dieser Methode für die physische und psychische Gesundheit erkannt. Doch obwohl die Arbeitswissenschaften seit Jahrzehnten Arbeitsformen entwickelt haben, die den Menschen mehr Raum für ihren individuellen Arbeitsrhythmus lassen, etwa durch Gruppenarbeit, sind viele Arbeitsprozesse nach wie vor in Form immer gleicher Abläufe organisiert, die ein rhythmisches Arbeiten verhindern.

Nicht nur in der Arbeit, sondern auch in Bezug auf das Verhältnis von Arbeit und Freizeit verlangen die Unternehmen heute von ihren Beschäftigten, ihren Lebensrhythmus darauf einzustellen, indem sie möglichst flexibel sind. Das erwarteten sie allerdings auch schon in der Industriegesellschaft vergangener Tage, nur mit dem Unterschied, dass das Arbeitszeitregime seinerzeit noch statt Flexibilität einen Gleichschritt vorgab, mit einheitlichen Arbeits- und Ruhephasen für alle (→Feierabend →Wochenende). Heute wird vor allem erwartet, dass sich die Beschäftigten mit ihren Zeitinteressen weithin nach dem Arbeitsanfall im Betrieb richten. Dieser kann sehr unterschiedlich sein, sodass im Extremfall überhaupt kein regelmäßiger Lebensrhythmus mehr zustande kommt. Zwar bieten zahlreiche neuere Arbeitszeitmodelle, wie etwa das der Vertrauensarbeitszeit, die Chance, die Arbeitszeiten selbst zu wählen und damit mehr nach eigenen Rhythmen zu arbeiten und zu leben; in der Praxis allerdings hat sich gezeigt, dass die damit verbundenen Möglichkeiten, seine Eigenzeiten tatsächlich zur Geltung zu bringen, doch eher begrenzt sind (→Zeitsouveränität).

Was das soziale Leben der Menschen angeht, ist dessen Rhythmisierung als eine große Kulturleistung zu verstehen. Denn auch wenn die menschliche Existenz scheinbar ganz selbstverständlich naturgegebenen äußeren Rhythmen unterworfen ist (Tag und Nacht; Mondphasen; Jahreszeiten), werden diese erst durch eine besondere Sinngebung, nämlich durch Verhaltensnormen und feste zeitliche Institutionen, für das soziale Leben relevant. Dessen Rhythmisierung entsteht also vorrangig aus der bewussten Übernahme natürlicher Rhythmen in die Kultur einer Gesellschaft, vor allem vermittelt über Kalender (Hameter/Niederkorn-Bruck 2005). Sie greifen in der Regel natürliche rhythmische Phänomene auf, die sie dann (oftmals religiös) interpretieren, etwa den Sonnenstand, die Mondumlaufphasen oder die Jahreszeiten. Der das

Alltagsleben der Menschen besonders prägende Wochenrhythmus beruht allerdings nicht auf einer Naturerscheinung: Selbst wenn er in der heute weltweit vorherrschenden Sieben-Tage-Version letztlich auf kosmische Gegebenheiten zurückgeführt werden könnte (ein Viertel einer Mondphase), ist er doch im Kern ein soziokulturell fundierter Rhythmus (Zerubavel 1981). Dafür spricht, dass es im Verlauf der Menschheitsgeschichte und in verschiedenen Kulturen ganz unterschiedliche wochenähnliche Rhythmen mit fünf, acht oder auch zehn Tagen gegeben hat, die zum Teil noch heute existieren (Rinderspacher u. a. 1994).

In diesem Zusammenhang hat der französische Soziologe Émile Durkheim eine wichtige These formuliert: Er vermutet, dass Gesellschaften in regelmäßig wiederkehrenden Abständen kollektive Zeiträume brauchen, die gerade nicht der Arbeit gewidmet, sondern →Festen und Feiern, also herausgehobenen Gemeinschaftserlebnissen vorbehalten sind. Das Wissen um die rhythmische Wiederkehr des Gemeinschaftserlebnisses schaffe Sicherheit und Entlastung und trage auf diese Weise zur Stabilität der Gesellschaft bei (Durkheim 1981). Von besonderer Prägekraft für eine Gesellschaft sind jene Rhythmen, mit denen Arbeit und Ruhe sowie gesellschaftliche Aktivität und Pausen gestaltet werden. Bis heute hat der auf dem Sieben-Tage-Intervall von Arbeit und Ruhe aufbauende Wochenrhythmus (→Wochenende) – weil er gesellschaftlich institutionalisiert, formal mehr oder minder abgesichert und vor allem gelebte Praxis der Menschen ist – seine Prägekraft bewahrt.

Andererseits galt es seit der Industrialisierung als entscheidender Fortschritt, die Abhängigkeit des Menschen von den natürlichen Rhythmen zu überwinden. Durch die Gasbeleuchtung und später das elektrische Licht konnte beispielsweise die Nacht verhältnismäßig einfach zum Tag gemacht werden – wobei bereits lange zuvor unter bestimmten Extrembedingungen, etwa in Bergwerken, Arbeit bei künstlichem Licht verbreitet war. Schließlich wurde es möglich, die Betriebszeiten vielerorts rund um die Uhr auszudehnen und immer mehr Menschen auch nachts arbeiten zu lassen (Melbin 1987; →Arbeitszeit). Ein weiteres Beispiel für den Versuch, sich von natürlichen Rhythmen zu emanzipieren, sind Treibhäuser, die die landwirtschaftliche Produktion vom Jahresrhythmus unabhängig machen. Tomaten und frische Erdbeeren zu jeder Jahreszeit sind mittlerweile so selbstverständlich, dass so mancher die natürliche Erntezeit der jeweiligen Früchte gar nicht mehr kennt. Die strukturierende Wirkung, die der Jahreszyklus einst für unsere Alltagserfahrung hatte – Erdbeeren im Frühjahr, Äpfel im Herbst oder gar wie bei unseren Großeltern Einlagerung von Kartoffeln für den Winter – ist damit weithin verloren gegangen (→Essen und Trinken). Immerhin bieten Temperaturunterschiede, Feuchtigkeit, Windstärke und die im Bewusstsein hiermit verknüpften Jahreszeiten ebenso wie die im Kalender notierten Feiertage und Feste noch genügend Anknüpfungspunkte, um den zyklischen Jahresverlauf nicht zu vergessen (→Feste und Feiern), wobei infolge des Klimawandels auch diese ehemaligen Gewissheiten in Fluss geraten sind (→Umwelt).

Eingriffe in den Biorhythmus des Menschen stellen einen anderen Versuch dar, einen natürlichen Rhythmus zu überformen. „Wir haben Rhythmus im Blut", schreibt Anthony Aveni (1991), und trotz aller Industrialisierung ist unsere Welt noch vielerorts davon geprägt (Fauteck/Kusztrich 2006). Besonders prägend für jeden Menschen ist der ungefähr 24-stündige Circadianrhythmus, unsere innere Uhr. Sie ist Bestandteil unserer biologischen Grundausstattung und läuft eigentlich autonom, wird aber vom Wechsel zwischen Hell und Dunkel sowie durch soziale Faktoren (ist mein soziales Umfeld gerade aktiv oder passiv?) modifiziert, das heißt mit unserem normalen Tagesablauf synchronisiert. Andere Rhythmen von Lebewesen, darunter auch die des Menschen, beziehen sich auf das Jahr, bei Tieren zum Beispiel auf die Brunftzeit, den Vogelzug oder den Winterschlaf, dem (unter anderem) veränderte Stoffwechselaktivitäten zugrunde liegen.

Sogar eine siebentägige Rhythmik scheint wie eine biologische Zeitstruktur in den Lebensprozessen mancher Organismen, so auch im Menschen, verankert; Unfallhäufigkeit, Infarkthäufigkeit, Selbstmordrate und Sterbefälle sind montags am höchsten, freitags und sonntags am niedrigsten (Hildebrandt/Pöllmann 1989). Ob die von Medizinern festgestellten, wochenrhythmischen Schwankungen allerdings auf eine im Wesentlichen natürliche Circaseptan-Periodik zurückzuführen sind oder doch eher soziokulturelle Ursachen haben, ist noch nicht endgültig geklärt.

Was die Arbeitswelt betrifft, so belegen Studien zur Nacht- und Schichtarbeit, dass solche Arbeitszeitformen eine erhöhte organische, aber auch psychische und soziale Belastung für die Betroffenen darstellen: Nachtarbeit widerspricht ganz offensichtlich dem biologischen, auf den hellen Tag ausgerichteten Rhythmus des Menschen (Nachreiner 2012). Der Abfall der Leistungsfähigkeit während der Nacht ist selbst nach langen Gewöhnungsphasen nicht zu vermeiden (→Stress). Seit, um geschlechtliche Diskriminierungen am Arbeitsplatz zu vermeiden, das gesetzliche Nachtarbeitsverbot für Frauen in Deutschland 1992 aufgehoben wurde, gibt es immer mehr Hinweise darauf, dass Frauen, die nachts erwerbstätig sind, ein erhöhtes Risiko haben, an Brustkrebs zu erkranken. Als möglicher Grund wird die verminderte Produktion eines bestimmten Hormons angegeben, das der weibliche Körper zumeist bei Dunkelheit produziert. Aber auch künstliche Hormongaben, wie die Pille zur Schwangerschaftsverhütung oder Milderung der Wechseljahre, wirken entrhythmisierend.

Einiges spricht dafür, dass wir uns schon seit längerer Zeit auf dem Weg in eine Rund-um-die-Uhr-Gesellschaft befinden, die 24 x 7 Stunden aktiv ist (Melbin 1987; Rinderspacher 1987). Dazu trägt die Ausdehnung der Betriebszeiten der Fabriken, Büros und Verkaufsstätten auf das Wochenende und die Nacht erheblich bei (→Arbeitszeit), auch wenn, wie Studien ergeben haben, die Zeit zwischen ein und vier Uhr morgens noch länger eine kollektive Rest-Ruhezeit bleiben dürfte, weil die Menschen, wahrscheinlich aufgrund ihrer biologischen Grundausstattung, nach wie vor in tiefer Nacht ein hohes Schlafbedürfnis haben werden (Eberling/Henckel 2002; Posch u. a. 2014).

Für die Ausweitung der Aktivitätsareale auf den Abend und die Nacht ist aber nicht nur die zunehmende Erwerbstätigkeit in diesem Zeitraum verantwortlich, sondern auch private Dinge, die sich mehr und mehr in den Abend und die erste Nachthälfte hinein erstrecken. Nicht zuletzt das →Internet unterstützt diese Tendenz, und zwar sowohl durch die Nutzergewohnheiten als auch durch seine gesamte Konstruktionslogik. Denn diese ist völlig arhythmisch angelegt und kennt für sich keine Unterbrechungen, ein Auf und Ab ist technisch nicht vorgesehen. Lediglich die Frequentierung durch die Nutzer ist Schwankungen unterworfen, die zum Teil rhythmische Züge tragen, etwa im Tages- oder Wochenverlauf.

Das Leben in einer Gesellschaft, die kein gemeinsames Auf und Ab von Aktivität und Ruhe mehr kennt und kontinuierlich auf hohem Level aktiv bleibt, ist für den Einzelnen extrem anstrengend (→Stress) und zudem mit der Gefahr gesellschaftlicher Desintegration verbunden (→Wochenende). Für unser zeitliches Wohlbefinden ist also mit entscheidend, inwieweit wir als Individuum (noch) eingebettet sind in die Rhythmen von Natur und Gesellschaft – und unseren eigenen. Manchmal genügt ja, um sich dies wieder bewusster zu machen, schon ein langer Spaziergang.

Sinn

Wofür die Zeit gut sein kann

„Sinnvolle Zeitverwendung" – so oder ähnlich ließe sich der Kern der Beschäftigung mit dem Zeitthema umreißen, vom Ratgeber aus der Bahnhofsbuchhandlung bis hin zu wissenschaftlichen Untersuchungen. Damit ist zugleich die Frage nach dem Sinn unseres Handelns und dem Sinn des (eigenen) Lebens angesprochen. Der effiziente Umgang mit der Zeit, gesellschaftlich und individuell, scheint in der modernen Lebenswelt eine Voraussetzung dafür zu sein, Ziele verwirklichen zu können, die in irgendeiner Form als sinnvoll gelten dürfen. Alltagssprachlich steht dafür ganz allgemein eine Ziel-Mittel-Relation: Wenn es keinen Sinn macht, etwas zu tun oder zu lassen, soll damit gesagt sein, dass die Mühe und der (Zeit-)Aufwand in Bezug auf das Ergebnis nicht lohne. Doch auch das Ergebnis selbst kann in Frage stehen. Wozu tue ich das? Und was bringt es sowohl mir als auch anderen? Dann hat Sinn die Bedeutung von Zielbestimmung. Der Sinn unseres Handelns kann aber auch in sich selbst liegen. Jenseits seiner alltäglichen Verwendung ist der Sinnbegriff in der Philosophie, in den Sozialwissenschaften und in der Religion von zentraler Bedeutung. Der Sinn der Dinge kann vom Menschen entweder passiv erkannt oder aber selbst gesetzt werden. Im ersten Fall handelt es sich um ein metaphysisches Verständnis von Sinn, den ein höheres Wesen setzt und verkörpert. Typischerweise stiften Religionen, die sich auf eine schriftliche oder sonstige Offenbarung des göttlichen Willens berufen, genau diese Art von Sinn. Der Sinn des Lebens und die moralischen Standards einer Religion sind dann aus dieser Offenbarung abgeleitet und fließen in ein für alle Gläubigen verbindliches Sittengesetz ein.

In der christlichen Überlieferung besteht der Sinn des Lebens stark vereinfacht gesagt darin, Gott zu ehren und an ihn zu glauben, Nächstenliebe zu üben, Zeugnis abzulegen, seine Gebote zu befolgen und seine Schöpfung zu heiligen. In der Philosophie des 19. und 20. Jahrhunderts und erst recht in den Sozialwissenschaften wird diese metaphysische Sichtweise im Allgemeinen zugunsten anderer, innerweltlicher Sinnkonstruktionen in Frage gestellt, wenngleich immer wieder Anleihen an die Vorstellung eines höheren Wesens oder einer Vorsehung außermenschlicher Natur gemacht werden – so zum Beispiel in der klassischen Geschichtsphilosophie, die eine von einer höheren Instanz beschlossene und geführte Entwicklung der Menschheit hin zum Höheren postuliert (Rohbeck 2004). Im Fortschrittsdenken der Aufklärung dominierte die sinnstiftende Idee der zivilisatorischen Höherentwicklung der Menschheit als ganzes und die jedes einzelnen Menschen (Salvadori 2006).

Sinn liegt in diesen Theorien im Menschen beziehungsweise in seiner Existenz und seinen Handlungen selbst. Die Vernunft, der Markt und das mit beiden verknüpfte Postulat der Freiheit wie auch die Radikalisierung der Idee eines gelingenden Lebens als Selbstzweck, dürfen als Grundbausteine moderner Sinnkonstruktion gelten. Allerdings fehlt darin, anders als in der Religion, zumeist eine Aussage darüber, welchen Sinn das menschliche Leben als solches hat beziehungsweise ob es neben dem Selbstbezug noch andere, höhere, metaphysische Sinnbezüge gibt.

Bis weit ins 20. Jahrhundert hinein werden die Menschen im Wesentlichen von Sinngeboten geleitet, etwa religiösen Vorschriften oder politischen Doktrinen. Mit der Durchsetzung moderner demokratischer Systeme und im Zuge von Modernisierungs- und Individualisierungsprozessen der Gesellschaft (Junge 2002) hat sich insbesondere in den letzten Jahrzehnten jedoch ein Strukturwandel der Sinnstiftung vollzogen, den man verkürzt als Entwicklung vom Gebot beziehungsweise Verbot hin zum Angebot bezeichnen könnte: Die Menschen werden im Allgemeinen nicht mehr zur Annahme einer bestimmten Weltsicht gezwungen, vielmehr können sie sich auf einem weltlichen und religiösen Markt der Sinnangebote bedienen und dasjenige Deutungsmuster wählen, dessen Sinn sie am Besten verstehen und bejahen können.

Neben den großen philosophisch-theologischen Problemen – wohin der Gang der Welt führt und welchen Sinn er macht – stand natürlich immer die Frage, welchen Sinn das Leben für den Einzelnen hat, und darin auch, wie das mit einer möglichst sinnvollen Verwendung seiner knappen Lebenszeit zusammenhängt. Bereits der römische Dichterphilosoph Seneca hat sich hierzu ungefähr zur Zeit Christi Geburt in seinem Werk „Über die Kürze des Lebens" geäußert. In unserer Epoche rückte dieser Zusammenhang mit dem

Wertewandel der 1970er Jahre wieder ins öffentliche Bewusstsein. Der Wertewandel ging einher mit der Zunahme eines starken, gelegentlich auch übersteigerten Ich-Bewusstseins breiter Schichten (→Ich). Angesichts der neuen Vielfalt von Meinungen, Lebenszielen und Lebensstilen wurde es für Parteien, Gewerkschaften, Kirchen und Verbände zunehmend schwieriger, ihre Tätigkeit auf ein gemeinsames Wertefundament ihrer Mitglieder zu gründen. Von neuer Unübersichtlichkeit oder gar von Unregierbarkeit war die Rede.

Wenn man nach einem guten Leben und der Verbesserung der eigenen Chancen fragt, gewinnt der gute Umgang mit der Zeit, wenn auch nicht als unmittelbar sinnstiftende Instanz, deutlich an Bedeutung: So predigte die viel zitierte protestantische (Arbeits-)Ethik schon im 16. Jahrhundert eine „methodische Lebensführung" (Becker 2015). Kurz gesagt meinte diese: Wer es durch fleißige Arbeit zu Wohlstand gebracht und gottgefällig gelebt hat, gehört höchstwahrscheinlich zu der begrenzten Zahl der Erwählten für das Reich Gottes und hat damit also gute Aussichten, das ewige Leben zu erlangen. Demgegenüber besitzt die Frage, welche Rolle der gute Umgang mit der Zeit in unserem Leben spielt, heute in der Regel den Charakter eines innerweltlichen Programms. Ziel ist ein gelingendes Leben, das, zu Recht oder zu Unrecht, häufig mit Glück identifiziert wird: Wer von sich sagen kann, er sei glücklich gewesen, scheint seine Zeit sinnvoll verbracht zu haben.

Dabei heißt sinnvoller Umgang mit der Zeit aber nicht unbedingt, wo immer es geht Zeit zu sparen. Ein prominentes literarisches Beispiel für eine Kritik am Un-Sinn des Zeitgewinnens und Zeitsparens als Lebenshaltung ist Michael Endes Buch „Momo". Für die berühmten „grauen Herren" der Zeitsparkasse liegt der Sinn des Zeitsparens in sich selbst und nicht darin, Zeit für schöne Dinge zu gewinnen. Gegen diese Verkümmerung der menschlichen Existenz im Hamsterrad der endlosen Zeitersparnis kämpfen Momo und ihre Freunde einen keineswegs aussichtslosen Kampf. Die Zeit als Bezugsrahmen für Sinnstrukturen zwingt uns zur Bilanzierung: Was habe ich aus der mir (von Gott?) gegebenen Lebenszeit gemacht? Dabei hat die Zeit oft die Funktion einer Währung, mit der fast alle Ziele und Probleme des Lebens bei Bedarf auf einen gemeinsamen Nenner gebracht werden können. Zum Beispiel: Habe ich nicht zu viel Zeit meines Lebens für inhaltsleere Arbeit oder für Computerspiele ausgegeben und zu wenig für die Beschäftigung mit den eigenen Kindern und/ oder für die Partnerschaft? (→Spiel(en) →Zweierbeziehung →Internet →Kinderzeiten)

Kann der einzelne Mensch aus sich heraus überhaupt solche Kriterien und Maßstäbe sinnvoller Zeitverwendung gewinnen und, falls ja, woran kann er sie überprüfen? Wenn die Menschen der Gegenwartsgesellschaft immer mehr Zeit betont als ihre eigene empfinden (→Ich →Zeitsouveränität), so lässt sich dies als eine permanente Anfrage an den Sinn der Verwendung ihrer einmaligen und begrenzten Lebenszeit deuten: Sie sind „Auf der Suche nach der verlorenen Zeit", wie Marcel Proust seinen berühmten, 1913 erschienen Roman nannte.

Wir sind aber auch auf der Suche nach der gewonnenen Zeit. Denn eigentlich müssten wir durch die massiven Verkürzungen der →Arbeitszeiten in den vergangenen hundert Jahren, durch ein freies →Wochenende, einen gesetzlichen Urlaub und ein geregeltes Altersruhegeld (→Rente) im Zeitwohlstand leben und so viel Zeit wie nie zuvor haben (→Zeitdiebe). Die guten Ideen in den vielen Ratgebern zum besseren Umgang mit der Zeit zielen allesamt darauf, diese und andere zeitliche Chancen für uns in unserem Alltag nutzbar zu machen (Geißler 2012). Dagegen sollen die Inhalte der Zeitverwendung jeder Person selbst überlassen bleiben. Denn für die Gewinnung von Zeit können zwar objektivierbare Instrumente empfohlen werden (Klein 2010), etwa die bessere Unterscheidung zwischen wichtigen und unwichtigen Aufgaben, doch über die Nutzung, das heißt was am Ende wirklich wichtig sein soll und was nicht, muss in einer freien Gesellschaft jedes Individuum selbst entscheiden können. Allerdings liegt die Kehrseite der großen Freiheiten in der Multioptionsgesellschaft darin, dass man ihre zeitlichen Chancen, ähnlich wie einen unüberlegt ausgegebenen Geld-Betrag, auch verspielen kann (→Einkommen →Konsum →Zeitsouveränität). Oft kann man darüber erst in der Rückschau urteilen: Silvester oder Mußestunden im Urlaub sind oft die Zeiten, an denen man sich darüber Rechenschaft ablegt. Und nicht selten entsteht hier der gute Vorsatz, es künftig besser zu machen.

Bestimmte Arten erzwungener Zeitverwendung sind im kollektiven Bewusstsein negativ verankert und als →Zeitdiebe oder Zeitfresser verschrien. Dazu gehören beispielsweise fast alle Wartezeiten, Verkehrsstaus, aber auch überlange Arbeitswege (→Mobilität) und jede Art von Umwegen, die als Un-Wege gelten. Doch was als verschwendete Zeit erachtet wird, verändert sich mit dem Wandel der Gesellschaft. Während noch vor dem Wertewandel die Zeit als ein Ding betrachtet wurde, mit dem man auf keinen Fall verschwenderisch umgehen durfte – etwa indem man sie nicht zum Geldverdienen nutzt, sondern „müßig geht" –, so dürfen inzwischen auch solche Verhaltensweisen und Zeitverwendungen, die kein exaktes Ziel verfolgen, in einem neuen Verständnis durchaus als sinnerfüllt gelten (→Spiel(en)).

Die moderne Gesellschaft hat sich geschützte Zeiträume – Freizeitinstitutionen – geschaffen, wie den Urlaub oder das freie →Wochenende, in denen die Sinnfrage anders gestellt und anders beantwortet werden darf. So gilt langes Ausschlafen hier – aber nur hier – nicht als Zeitverschwendung. Man spricht inzwischen auch von zeitlichen Biotopen, in denen es erlaubt ist, mit der Zeit ganz anders umzugehen als im normalen Alltag, wo man also Zeit auch ruhig einmal „verschwenden" darf. Dort entstehen zudem viele andere, eher zufällige Zeiträume, die in diesem Sinne ganz individuell umgedeutet werden dürfen (→Rhythmus). Auch einfach in den Tag hinein zu leben, kann einen Sinn, nämlich in sich selbst, haben. So entstehen und vergehen ja auch immer wieder zumeist jugendliche Subkulturen, deren Ziel es ist, aus den Zwängen der Leistungsgesellschaft auszusteigen, zumindest phasenweise (→Leistung und Erfolg →Zeitsouveränität).

Trotz dieser gewandelten Einstellung vieler Menschen zum Umgang mit ihrer Zeit – zumindest in der Theorie – bleibt für die überwiegende Mehrheit die Arbeit als sinngebende Instanz nach wie vor zentral –, zumindest in der Lebensmitte (DIE ZEIT 2016b). Daher ist die Frage nach dem Lebenssinn zum einen eng verbunden mit der nach einem ausgewogenen Verhältnis von Erwerbsarbeit, Eigenarbeit, Freizeit, Muße, Familie, Kindern, Zweierbeziehung, Freundschaften und vielem anderen mehr. Der Sinn des Lebens wird vor allem darin gesehen, das Leben zu genießen – in und mit der Arbeit und durch die Arbeit wie aber auch außerhalb (ebd.) Die Fähigkeit, sich über seine verschiedenen Lebensinteressen klar zu werden und in verschiedenen Lebenslagen die jeweils richtige Balance zwischen dem Reich der Notwendigkeit einerseits und dem Reich der Freiheit, sprich: dem Lebensgenuss andererseits zu finden, bezeichnet man auch als Work-Life-Balance (u. a. Hochschild 2002). Diese muss allerdings immer öfter als Zauberformel dafür herhalten, zeitliche Überlastungen und andere Defizite in der Arbeitswelt zu kompensieren (→Stress →Ich →Leistung und Erfolg). Nicht selten findet man, dass sich insbesondere Männer in ihrer Freizeit lieber am Arbeitsplatz aufhalten als zu Hause. (ebd.)

Dabei darf das Streben nach „Wohlbefinden in der Zeit", wie Gerhard Scherhorn Zeitwohlstand definiert (2000), tatsächlich keineswegs auf den Lebensbereich der Freizeit beschränkt bleiben. Im Gegenteil, denn Beschleunigung und zeitliche Überlastung ist erst einmal ein Problem der Arbeitswelt (→Arbeit →Rhythmus). Damit ist zum anderen die Frage nach dem Sinn unserer Zeitverwendung auch die nach dem Sinn der in der Arbeitswelt gelebten Zeit: Arbeitsprozesse müssen dann so beschaffen sein, dass die darin verbrachte Zeit nicht als verlorene Lebenszeit abgeschrieben werden muss. Es wird eine gewaltige Aufgabe sein, solche Kriterien künftig auch bei der Gestaltung der Arbeitsplätze in der revolutionierten digitalisierten Arbeitswelt – man spricht auch von der „Industrie 4.0". (Hirsch-Kreinsen u. a. 2015) – zu verwirklichen.

Als autonome Subjekte der Postmoderne werden wir allenthalben aufgefordert, unseren Lebenssinn selbst zu entwerfen. Dahinter verbirgt sich auch die Suche nach dem (mehr oder weniger großen) Glück. Der Philosoph Wilhelm Schmid propagiert in diesem Zusammenhang die „Philosophie der Lebenskunst"; sie versteht sich als Versuch, nicht inhaltlich festzulegen, was das gute Leben sein könnte, wie in der philosophischen Tradition häufig geschehen, sondern erst einmal nur ihre Grundbestandteile zu thematisieren und zu zeigen, was im jeweiligen historischen und kulturellen Kontext an glücklichem Leben überhaupt möglich ist. Die konkrete Ausgestaltung dessen, was Lebenskunst jeweils heißt, soll dann dem Individuum überlassen bleiben (1998, S. 11). Das lässt sich auch sehr gut auf den Umgang mit der Zeit beziehen (Klein 2010). Dabei besteht jedoch die Gefahr der Überforderung des Individuums: Die einen suchen einen geschlossenen „Wertehimmel", der bei den anderen, die sich lieber bruchstückhaft und cafeteria-artig, ihren Lebenssinn aus verschiedenen Sinnangeboten selbst zusammenbauen möchten, auf Ablehnung stößt. Zwischen diesen Extremen auszuwählen ist nicht immer einfach. Zu allem Überfluss sind wir Zeugen des Wiederauflebens religiöser und politischer Fundamentalismen, die auf eine komplexere und innerlich zunehmend gespaltene Welt mit bewusst einfachen Antworten auf die Frage nach dem Lebenssinn zu überzeugen suchen.

Die Bewertung, ob ich meine Zeit sinnvoll verbracht habe oder nicht, beinhaltet selbst ein Zeitproblem. Denn mit dem Zeitpunkt, von dem aus ich die Beurteilung vornehme, verändert sich im Laufe der Jahre auch mein Standpunkt auf der Zeitachse: Lebensziele, die einmal wichtig waren, erscheinen später oft unbedeutend, und umgekehrt haben ganz zufällige Ereignisse dem Leben erst einen Sinn gegeben. Aus gutem Grund billigt die Gesellschaft ihren jungen Mitgliedern einen mehr oder weniger großen zeitlichen Freiraum zu, in dem sie suchen und sich versuchen dürfen, unabhängig vom Ausgang dieser Bemühungen (→Bildung →Spiel(en)). Wie auch immer: Wer ein Menschenbild pflegt, das sowohl das Gelingen als auch das Scheitern für wichtige Bestandteile der menschlichen Existenz hält, wird verstrichene Zeit selten als verloren oder „sinnlos" verbuchen. Am Ende sind sehr unterschiedliche Schlussfolgerungen erlaubt.

Sorgen und Pflegen

Sich kümmern zur rechten Zeit

Wir alle verdanken unsere Existenz Menschen, die sich, als wir noch klein und schwach waren, um uns gekümmert haben. „Fürsorge" (Sorge tragen für) ist ein Begriff, der eine Grunddimension menschlichen Verhaltens zu erfassen sucht. Der Mensch als soziales Wesen ist zum einen darauf angewiesen, in bestimmten Phasen des Lebens ver- und umsorgt zu werden. Zum anderen gibt es Lebensabschnitte, in denen er für andere zu sorgen hat. Zum Menschen gehört beides, und erst die frühkindliche Erfahrung, selbst umsorgt worden zu sein, befähigt einen, sich um andere zu kümmern.

Die feministische Sozialwissenschaft hat in diesem Zusammenhang nach einem neuen theoretischen Ansatz gesucht, der „das Individuum wieder mit einem Körper versieht" und darauf zielt „das männliche Modell eines körperlosen, bindungslosen, autonomen Individuums zu verabschieden, das nach rationaler Abwägung seiner Interessen handelt und sich im Übrigen versorgen lässt." (Eckart 2000, S. 20) Damit wird indirekt auch die herrschende Zeitorganisation der Gesellschaft kritisch ins Visier genommen und auf alternative, menschenwürdigere Zeitmuster verwiesen. Solchen Zeitmustern, die jenseits rationaler Zeitbestimmung angesiedelt sind, wurde bisher allerdings nur eine geringe Bedeutung zuerkannt. Doch wenn man

Fürsorge als eine Grunderfahrung menschlichen Lebens betrachtet, kann die Frage der hierbei verausgabten Lebenszeit nicht unberücksichtigt bleiben. Für einen Menschen zu sorgen heißt, sich Zeit zu nehmen und Zeit zu schenken. Folglich verbindet sich mit dem Thema Sorge ein eigener Zeitmodus, ein adäquates Zeitmaß, das zugleich ein menschliches Korrektiv zu den Strukturen und Prinzipien der Gesellschaft im Allgemeinen darstellt, wie der Dominanz der Erwerbsarbeit oder einem ausgeprägten Kosten-Nutzen-Kalkül, das alle Lebensbereiche erfasst hat.

Sorgetätigkeiten machen einen großen Teil gesellschaftlich notwendiger Arbeiten aus. Viele Menschen sind auf Zuwendung, Hilfe, Pflege und Betreuung angewiesen. Dazu gehören Kinder, Kranke, Behinderte, sozial Benachteiligte und vor allem zunehmend auch ältere Menschen. Doch auch der pflegliche Umgang mit sich selbst kann als Form der Sorge verstanden werden (Selbst-Sorge) und nicht weniger der mit einer Partnerschaft oder Freundschaft (→Zweierbeziehung). So gilt: Obwohl Sorge sehr häufig in Arbeit mündet, muss sie nicht notwendigerweise eine Arbeitstätigkeit im engeren Sinne sein. Die Grenzen sind fließend. Es macht jedoch Sinn, dass der überwiegende Teil der Sorgetätigkeiten heute als Arbeit gilt und nicht nur wie in früheren Zeiten als von Frauen geleistete Tätigkeit aus Liebe, die als selbstverständlich gilt, solange alles reibungslos funktioniert. Auch, dass diese Arbeit verdient ökonomisch aufgewertet zu werden, ist weithin unstrittig. Aus einigen staatlichen Unterstützungsprogrammen zur Verbesserung der materiellen

Situation derjenigen Personen, die einen Angehörigen zu Hause pflegen, können daher inzwischen zu Recht auch Rentenansprüche abgeleitet werden.

Helfen, Pflegen und Sorgen sind Bestandteile der Arbeit, die seit jeher ganz überwiegend von Frauen geleistet worden ist. Während bereits in der Antike das Feld der medizinischen Diagnostik und Therapiekonzepte eine männliche Domäne war, sind es Frauen aus der Familie und Nachbarschaft gewesen, die mit der praktischen Umsetzung und Pflege betraut waren. Im christlichen Kontext wurde und wird bis heute der selbstlose Dienst am hilfebedürftigen Nächsten (*Caritas* = Dienen) als eine Form des Gottesdienstes verstanden. So waren es seit dem ausgehenden Mittelalter zunächst Diakonissen und Ordensschwestern, die in stationären Einrichtungen Kranke und Bedürftige betreuten (Metzger/Zielke-Nadkarni 1998). Auf diese Weise wurde die Krankenpflege auch außerhalb der eigenen Familie immer mehr zu einer weiblich konnotierten Tätigkeit. Bis ins 19. Jahrhundert war dazu keine Ausbildung vorgeschrieben (Kumbruck 2009). Die anschließend allmählich stattfindende Professionalisierung des gesamten Fürsorgewesens blieb in gleicher Weise eine Frauendomäne – mit fatalen Auswirkungen auf die gesellschaftliche Anerkennung und damit auch auf die Entlohnung.

Pflege umfasst nicht nur körperliche Hilfeleistungen, sondern auch sämtliche sozialen, hauswirtschaftlichen, organisatorischen und administrativen Tätigkeiten zur Unterstützung einer hilfebedürftigen Person. Dazu gehören beispielsweise auch das Übernehmen von

Besorgungen, Hilfestellungen im Haushalt, seelischer Beistand, Begleitung zu Terminen inklusive Fahrdiensten sowie die emotionale und mitmenschliche Betreuung der Pflegebedürftigen. Das sind alles Tätigkeiten, die nötig sind, um den gewohnten Alltag von bedürftigen Menschen aufrecht zu erhalten und merkliche Einbußen an Lebensqualität zu vermeiden. Dazu wurden bestimmte Qualitätsstandards entwickelt, die man in der „Charta der Rechte hilfe- und pflegbedürftiger Personen" (BMFSFJ/BMG 2010) nachlesen kann.

Die Auseinandersetzung mit dem Thema Altern und Pflege wird in Zukunft noch weit mehr als bisher in den Blickpunkt des öffentlichen Interesses rücken. Schon jetzt ist in Deutschland nahezu jede vierte Person älter als 60 Jahre; im Jahre 2025 wird es fast jede dritte Person sein (→Rente). Die Zahl der Leistungsempfänger aus der Pflegeversicherung wird auf gut vier Millionen Menschen im Jahre 2050 steigen und sich damit gegenüber heute ungefähr verdoppelt haben.

Die allermeisten Pflegebedürftigen möchten zu Hause versorgt werden und in ihrer vertrauten Umgebung bleiben. Die Pflegeversicherung fördert dieses Konzept, indem sie den Pflegebedürftigen die Wahl lässt, in welcher Form sie die finanzielle Unterstützung in Anspruch nehmen wollen. Dazu passt, dass die Bereitschaft von Angehörigen, Freunden und Nachbarn, Pflegeaufgaben zu Hause zu übernehmen beziehungsweise sich daran zu beteiligen, in Deutschland (noch immer) vergleichsweise stark ausgeprägt ist. Von den derzeit circa 2,6 Millionen Menschen mit einer Pflegestufe nach dem SGB XI werden gut zwei Drittel in häuslicher Pflege versorgt. 1,25 Millionen dieser 1,86 Millionen Pflegebedürftigen werden ausschließlich durch ihre Angehörigen gepflegt. Mehr als 600.000 Pflegebedürftige leben ebenfalls in Privathaushalten, bei ihnen erfolgt die Pflege mit Unterstützung ambulanter Pflegedienste. Zusätzlich zu den 2,6 Millionen Pflegebedürftigen gibt es in Deutschland noch circa drei Millionen sogenannte hauswirtschaftlich Hilfsbedürftige.

Im Durchschnitt umfassen die Unterstützungs- und Betreuungsleistungen rund 37 Stunden pro Woche, entsprechen also etwa einer Vollzeitstelle. Zudem ist die Übernahme von privater Pflege keine kurzfristige Angelegenheit von wenigen Wochen oder Monaten – eine Pflegesituation erstreckt sich im Durchschnitt über einen Zeitraum von 8,2 Jahren (Reuyß u. a. 2012, S. 15-20.). Die Pflegesituation umfasst nicht nur die pflegebedürftige Person selbst, sondern auch die Koordinierung eines weitreichenden Netzwerks von helfenden Personen, wie professionellen Pflegediensten, anderen Familienmitgliedern, Nachbarn und Freunden. Ein solches Pflegenetzwerk stellt zwar eine unabdingbare Unterstützungsstruktur dar, benötigt als solches aber auch zusätzliche Organisationszeiten (Rinderspacher u. a. 2009).

Besonders unter Zeitdruck stehen dabei diejenigen pflegenden Angehörigen, die zusätzlich noch erwerbstätig sind. Etwas wie ein →Feierabend, ein freies →Wochenende oder →Urlaub finden nicht oder nur noch in sehr begrenztem Ausmaß statt. Negative Auswirkungen auf die Partnerschaft und das übrige Familien- und Sozialleben ergeben sich fast zwangsläufig (ebd.). Beschäftigte mit Pflegeverpflichtungen leiden nach eigenen Angaben zu 44 Prozent in hohem oder sehr hohem Maße zugleich unter Arbeitshetze und →Stress (DGB-Index Gute Arbeit 2012). Daher wundert es nicht, dass die Zahl der schwerwiegenden und chronischen Erkrankungen bei Pflegenden weit über dem Durchschnitt aller Versicherten liegt. Ob Roboter und andere technische Hilfsmittel in Zukunft Abhilfe schaffen können, ist umstritten, vor allem weil die Gefahr besteht, dass sie die mit jeder praktischen Arbeit immer auch verbundene, sehr wichtige menschliche Zuwendung reduzieren könnten (Hielscher u. a. 2015).

Um nicht abzuebben, darf die Pflegebereitschaft der Menschen aber auch nicht überstrapaziert werden. Zur Verbesserung der zeitlichen Vereinbarkeit von Erwerbsarbeit und privater Sorgearbeit haben Stefan Reuyß und andere (2012) ein Konzept der „pflegesensiblen Arbeitszeiten" entwickelt. Dazu gehört unter anderem, den Einfluss der Beschäftigten auf ihre persönlichen Arbeitszeitwünsche zu stärken (→Zeitsouveränität), andererseits aber auch die →Arbeitszeiten verlässlicher zu gestalten, auch um zusammen mit allen Beteiligten – Pflegediensten, Verwandten oder Nachbarn und nicht zuletzt der pflegebedürftigen Person – leichter einen gemeinsamen Pflegerhythmus finden und durchhalten zu können. Dagegen ist ein völliger Ausstieg aus dem Beruf für die Dauer einer Pflegeaufgabe nur in sehr schwierigen Fällen anzuraten, nicht nur weil ein Einbruch der beruflichen Chancen und spürbare finanzielle Einbußen drohen, aber auch weil eine Berufstätigkeit vor überbordenden Ansprüchen seitens der Pflegebedürftigen schützt.

Die Pflege zu Hause hat unter anderem den Vorteil, dass, auch wenn sich damit die Belastungen für die Pflegenden vergrößern können, doch wesentlich besser auf die persönlichen Rhythmen und Bedürfnisse der pflegebedürftigen Person eingegangen werden kann. Für einen Menschen zu sorgen, das heißt ihm mit Achtsamkeit zu begegnen und ihn ernst zu nehmen, erfordert einen Umgang mit Zeit, der es verbietet, ständig auf die Uhr zu schauen: Pflege braucht nicht nur viel Zeit, sondern auch gute Zeit (Rinderspacher u. a. 2009). Genügend Zeit ist jedoch weder in quantitativer noch in qualitativer Hinsicht auch allzu oft nicht vorhanden, wenn professionelle Dienste die Arbeit übernehmen. Da den Pflegekassen die notwendigen finanziellen Mittel fehlen, wird mit viel zu wenig Pflegepersonal gearbeitet, das gezwungen ist, über einen ganzen Arbeitstag von einer Person zur nächsten zu hetzen. Dahinter verbirgt sich freilich das Problem, dass die Kosten eines öffentlichen, sozialstaatlich organisierten Pflegesektors niedrig gehalten werden sollen, um die Beiträge zur Pflege- oder Krankenversicherung in Grenzen zu halten. Die Folge ist ein seit Jahren andauernder Rationalisierungs- beziehungsweise Ökonomisierungsprozess des Pflegesektors. Dabei wird wie gesagt wesentlich auch an der Zeitschraube gedreht. Hierfür hat sich inzwischen der Begriff „Minutenpflege" eingebürgert, und diese hat im Wortsinn Methode: Die professionelle Pflege ist analog zu den Abläufen in Industriebetrieben so organisiert, dass für jeden Patienten ein minutiös vorgegebener

Zeitrahmen für die Erledigung so genannter Verrichtungen vorgesehen ist (etwa beim Waschen oder beim Toilettengang). Auch wenn ein gewisser Teil der Pflegetätigkeit nach zeitlichen Rahmenvorgaben ausgeführt werden kann, ohne die Würde der Patienten zu verletzen, so ist dies für andere Tätigkeiten definitiv nicht der Fall. Die Folgen sind zum Teil untragbare Zustände in Alten- und Pflegeheimen; so werden aus Zeitmangel des Personals Pflegebedürftige mit Medikamenten ruhig gestellt, was nicht selten zu einer Reihe unerwünschter Nebenfolgen führt. Das Dilemma, schnell fertig werden und zugleich für jeden Pflegebedürftigen genügend Zeit haben zu müssen, führt verbreitet nicht nur zu einer teilweise katastrophal schlechten Pflegequalität, sondern auch zu einer dramatisch hohen Arbeitsbelastung in den Pflegeberufen. Die Zahl der Pflegekräfte, die ihren Beruf nach einigen Jahren deswegen wieder aufgeben, ist daher im Vergleich mit anderen Berufsgruppen enorm hoch. Auch dies ist ein Grund für den immer wieder beklagten Personalmangel dort. Die Beschäftigten in der Pflege erfahren, dass ihre Arbeit weder für sie selbst noch für ihre Patienten befriedigend ist und empfinden ihre Arbeit als Fließbandarbeit; eine Mehrheit des Pflegepersonals lehnt es deshalb kategorisch ab, selbst einmal in ein Altenheim zu ziehen (Rinderspacher u. a. 2009).

Weil trotz aller Rationalisierungsmaßnahmen die Pflegeaufgaben und damit die Kosten zu stark anwachsen, um sie komplett durch professionelle Pflegearbeit zu bewältigen, geht ein aktueller Trend dahin, besonders zeitintensive Pflegetätigkeiten, die nicht unbedingt eine Berufsausbildung voraussetzen, verstärkt ehrenamtlich zu organisieren (→Ehrenamt). Hierzu könnten nach den Vorstellungen der Gutachterkommission des Achten Familienberichts der Bundesregierung verstärkt „junge Alte" eingesetzt werden, also solche, die bei guter Gesundheit und ausgestattet mit viel disponibler Zeit den ersten Teil ihrer Altersruhephase verbringen (→Rente; BMFSFJ 2012). Allerdings gibt es gute Gründe für die Vermutung, dass die Hoffnungen, die sich auf diese Zielgruppe richten, weit überzogen sind – zum Beispiel weil man sich in dieser Phase seine Zeit nicht an eine dauerhafte Verpflichtung binden möchte, um noch viel und spontan mit dem Partner verreisen zu können (→Ehrenamt →Rente).

Das rechte Zeitmaß für Sorge und Pflege zu finden, bedeutet, sich einerseits so viel Zeit für den sorgebedürftigen Menschen zu nehmen, wie nötig ist. Andererseits dürfen dabei aber die eigenen Bedürfnisse nicht völlig verschwinden. In der Praxis heißt das unter anderem zu lernen, auch fremde – professionelle und private – Hilfe in Anspruch zu nehmen, denn Sorgen ist zuallererst einmal Gemeinschaftsarbeit. Darum darf man getrost die wertvolle Lebenszeit von anderen Menschen beanspruchen – die ja selbst nur da sind, weil sie dereinst, in ihrer Kindheit, Fürsorge erfahren haben – ganz ohne Gegenleistung.

Spiel(en)

Wo die Zeit wieder geblieben ist

Wenn ein kleines Kind zum ersten Mal in seinem Leben eine Schule betritt, spricht man davon, dass nun der Ernst des Lebens beginne. Tatsächlich markiert die Einschulung zuallererst den Eintritt in einen Lebensabschnitt, der den allmählichen Abschied vom Spielen bedeutet. Mehr und mehr Tagesabschnitte werden mit Pflichten besetzt, die die Zeit zum Spielen reduzieren. Spätestens im Beruf hat sich das Verhältnis von Spiel und Pflicht endgültig umgekehrt: Aus dem spielenden ist ein überwiegend mit Arbeit beschäftigtes Wesen geworden, und der *homo ludens*, der spielende Mensch, kommt bestenfalls noch in der Freizeit vor (Hengst/ Zeiher 2000).

In jeder Gesellschaft wird gespielt, oft und gern auch in unserer Arbeitsgesellschaft. Erstes Indiz dafür ist der ausführliche Sportteil der Zeitung und die entsprechende Berichterstattung in Rundfunk und Fernsehen, in der ohne Ende von guten und schlechten Spielen und Spielern die Rede ist. Dabei ist die Grenze zum Sport nicht zufällig fließend. Die modernen Gesellschaften haben tatsächlich eine gewaltige Spielkultur mit denkbar unterschiedlichsten Betätigungsformen hervorgebracht, die großenteils an die Spiele alter Hochkulturen anknüpfen. Die Palette reicht von Spielen für eine Person allein bis hin zu medial vermittelten Quiz-Spielen. Ein wesentlicher Bestandteil der traditionellen Spielkultur ist das klassische Gesellschafts(brett)spiel, das schon aus dem alten China und dem Ägypten der Pharaonen bekannt ist. Es hat auch in Deutschland eine bis in die Römerzeit zurückreichende Tradition.

Seit den 1950er Jahren breitete sich in den deutschen Mittelstandsfamilien eine häusliche Spielkultur mit Mühle, Mensch ärgere Dich nicht, Monopoly oder Schach aus, die damals einen erheblichen Teil der freien Zeit am →Feierabend, am →Wochenende wie auch im Urlaub absorbierte. Hinzu kam das Spielzeug: Von der elektrischen Eisenbahn, die Söhnen und Vätern gleichermaßen Vergnügen bereitete, bis hin zur Puppenstube, für die mütterlicherseits das eine oder andere Häkelzeug beigesteuert wurde. Dieser Typus einer Spielkultur ist großenteils von andersartigem Spielzeug und veränderten Spielgewohnheiten verdrängt worden, nicht zuletzt auch durch die Digitalisierung unseres Alltags (→Internet). Dennoch sind die Verkaufszahlen der klassischen Brettspiele und vieler neuer Gesellschaftsspiele nicht zurückgegangen – möglicherweise hat man sie gern im Haus, ohne sie allzu oft zu nutzen.

Das Spielen als solches erfreut sich hingegen eher steigender Beliebtheit und der Zeitverbrauch der Menschen hierfür scheint noch zu wachsen, vor allem für Computerspiele. 93 Prozent der Befragten im Alter von 14 bis 15 Jahren gaben an, manchmal oder häufig in ihrer Freizeit Computer- oder Videospiele – egal ob offline oder im Internet – zu spielen (statista Studie/419791). Die vorwiegend jugendlichen Nutzer konsumieren zwar auch Lern- und Kreativspiele mit inzwischen oft hoher ästhetischer Qualität und anspruchsvollen Spielzielen, allzu gern nutzen sie aber auch pure Reaktionsspiele, nicht selten mit gewalttätigem Inhalt. Als kritikwürdig könnte man außerdem die teilweise sehr ausgedehnte tägliche Nutzungsdauer solcher Spiele ansehen. Am Wochenende lag die der männlichen Spieler 2015 bei durchschnittlich 167 Minuten (statista studie/29441). Wie dies zu bewerten ist und wo die Grenze zur Sucht liegt, ist in der Fachwelt umstritten (Frölich/Lehmkuhl 2012). Schließlich wäre zu fragen, inwieweit Computerspiele der Vereinzelung der Menschen Vorschub leisten oder ob sie im Gegenteil kontaktfördernde Elemente enthalten. So werden durch die so genannte Emulierung, dem elektronischen Nachbau traditioneller Gesellschaftsspiele auf dem PC, einerseits Mitspieler (vermeintlich) überflüssig und auf der anderen Seite erlaubt dieselbe Digitaltechnologie ganz neue, verbindende Interaktionsformen, bis hin zum gleichzeitigen Musizieren mehrerer Partner über Ländergrenzen oder gar Erdteile hinweg. Das Spielen als Tätigkeitsform an sich ist also nicht auf einen bestimmten Gegenstand beschränkt; so kann etwa der Poker um das Schnäppchen bei E-Bay von den Akteuren durchaus als Wettspiel verstanden werden, bei dem es vor allem darauf ankommt, mitgezockt zu haben (→Konsum →Internet).

Was als Spiel gilt und was als Ernst, was Spaß und was kein Spiel (mehr) ist, hängt auch von der sozialen Schicht ab, der die Spieler zuzuordnen sind. Vor allem Angehörige der privilegierten Klassen waren in vergangenen Jahrhunderten mit ganz unterschiedlichen Spielen sogar als Hauptsinn ihres Lebens beschäftigt: mit Musik und Kunst, mit Glücksspielen, Liebesspielen, Machtspielen oder gar mit blutigen Kriegsspielen. Das Schachspiel simuliert, wie man weiß, den Krieg mit spielerischen Mitteln. Auch schon die frühen Kulturen waren nicht ausschließlich mit überlebensnotwendigen Verrichtungen beschäftigt, sondern auch mit vielen zweckfreien Tätigkeiten. Dabei sind die Übergänge von Spiel zu Religion und Kult und von zielgerichtet zu zweckfrei fließend: was uns in alten Kulturen oft als spielerisches Ritual erscheint, hatte mitunter den handfesten Sinn, die Götter zu besänftigen oder um Regen zu bitten. Aber auch der Übergang von Spiel zu Gespräch, zu Tratsch, zu →Essen und Trinken und nicht zuletzt zur Arbeit waren in den vorindustriellen Kulturen immer fließend. So waren Arbeitstätigkeiten mit Dingen durchsetzt, die wir heute als spielerische Elemente bezeichnen würden, etwa mit Arbeitsgesängen, oder sie wurden zum Leidwesen der frühen Fabrikherren gern von Karten- und Würfelspielen unterbrochen (→Arbeitszeit).

Nicht zuletzt werden im Spiel auch sexuelle Triebe und Impulse sublimiert oder in vielfältiger Form in einer erotischen Spielkultur ausgelebt (→Zweierbeziehung). Das reicht von subtilen Partnerspielen, die in zahlreichen Zeichnungen und literarischen Zeugnissen überliefert sind, über die hohe Kunst und Kultur, die man auch als eine besonders anspruchsvolle Form des Spielens lesen kann, bis hin zu institutionalisierten Orgien mit festgelegten Spielregeln, nicht selten in Verbindung mit religiösen Kulten. Im Mittelalter kontrastierten die eher grobschlächtigen Spiele der unteren Schichten zumindest oberflächlich mit den filigranen Sitten bei Hofe. Vom Minnesang bis zur höfischen Intrige reichte damals das Spiel um Liebe, Zuwendung, Macht, Herrschaft und Besitz. Das aufkommende Bürgertum im 18. Jahrhundert dagegen strebte nach einer eigenständigen, zweckgerichteten Lebensform und der Selbstkontrolle über die menschlichen Affekte. Es rationalisierte das Alltagsleben und versuchte, alle Formen vermeintlich sinnloser Zeitverwendung zu unterbinden, Gefühlsregungen unter Kontrolle zu halten beziehungsweise ihnen jeweilige Zeiten und Orte zuzuschreiben (→Leistung und Erfolg). Spiele hatten in diesem Kontext immer auch die Aufgabe, Emotionen, Triebe und Ängste in geordnete, kultivierte Bahnen zu lenken.

Das Kartenspiel, das Kriegsspiel der Offiziere, das Fußballspiel der Bundesliga oder das Sprachspiel der Philosophen – allen ist gemeinsam, dass sie auf der Basis von Regeln oder zumindest bestimmten, vorab vereinbarten Konventionen ablaufen. Die Übertretung der Regeln durch Schummeln (auch bei dem Kartenspiel „Schummellieschen", wo Schummeln Teil der Regeln ist), arglistige Täuschung oder gar körperliche Gewalt kann harte Sanktionen sogar außerhalb des fiktiven Rahmens eines Spiels, im wahren Leben, nach sich ziehen: Spielschulden, so der Ehrenkodex, sind unbedingt zu begleichen – selbst wenn Duelle heute nicht mehr gebräuchlich sind.

Kinder dagegen setzen, anders als Erwachsene, Regeln oft erst im Verlauf ihres Spiels fest und kreieren dann

gern immer neue Varianten, deren Geltung sie – spielerisch – jeweils neu aushandeln. Das Setzen von Regeln
(„Du wärst jetzt mal…"; „Du darfst aber nicht…"; „Du
gibst mir…") ist in diesen Zusammenhängen für sich
bereits ein Spiel, unter Umständen sogar dessen wichtigster Gehalt. Ein anderer Zweck im Kinderspiel –
außer dem, zu spielen – ist subjektiv nicht beabsichtigt,
jedoch werden dabei unausgesprochen Rangpositionen
unter den Spielern mitverhandelt, indem man sich Rollen zuweist oder sie möglichst anstrebt – am begehrtes-
ten ist bekanntlich die Sieger-Rolle. Demnach sind
auch Kinderspiele keineswegs immer so unbeschwert
und zweckfrei, wie sie auf den ersten Blick daherkom-
men. Ebenso können in der Erwachsenenwelt ganz
normale Alltagssituationen von erfolgssüchtigen Menschen hinterrücks in einen Wettbewerb verwandelt
werden – sei es beim Kochen, Musizieren, Schwimmen,
Diskutieren oder beim Sex (→Leistung und Erfolg
→Zweierbeziehung).

Das völlig zweckfreie Spiel kann man daher bestenfalls
bei Kleinkindern in reiner Form beobachten. Das Spiel
in diesem Alter ist so gesehen die Urform eines rein auf
sich selbst bezogenen, innengeleiteten Handlungstyps,
ja die Urform zeitlosen Tuns schlechthin: Das spielende
Wesen achtet nicht nur nicht auf äußere Zeitgeber, sondern nicht einmal auf seine eigene Zeit (→Kinderzei-
ten). Nur ein (stiller) äußerer Beobachter könnte dem
Tun des Kindes fremde zeitliche Maßstäbe antragen.
Für das spielende Wesen ist diese Bezugsgröße jedoch
gänzlich uninteressant, denn nur seine Bedürfnisse
bestimmen im Idealfall, wie lange es welche Dinge tut,

nicht umgekehrt. Die zeitliche Ausdehnung des Spiels folgt hier dem vom Kind selbst erzeugten Spannungs-bogen von Spaß und aufkommender Unlust.

Spiele sind fast immer zyklisch angelegt, wenn man darunter versteht, dass in das Spielen stets die Möglich-keit der Wiederholung, das heißt ein neues Spiel, ein-geschlossen ist. Somit trägt jedes Spiel von seiner Struk-tur her zugleich sein Ende in sich und ist doch potenziell eine Tätigkeit *ad infinitum* (→Rhythmus). Nur der Umfang an Lebenszeit, den eine Person gene-rell mit spielerischen Aktivitäten verbringen kann oder möchte, birgt eine zeitliche Beschränkung. Zugleich mit dieser Zyklizität nimmt jedes Spiel seinen ganz eigenen, sich nie exakt wiederholenden, linearen Ver-lauf und ist unter diesem Gesichtspunkt einmalig. Das Neue und die Wiederholung in einem Vorgang, sind Offenheit und Sicherheit zugleich in einem festen Reg-lement: In dieser Verknüpfung simuliert das Spiel das wahre Leben und bleibt doch Spiel.

In modernen Spielen ist – etwa im Gegensatz zu alten Brettspielen – (einer) der Gegenspieler die Zeit selbst. Das heißt je mehr die abstrakte Zeit in die Spiele Ein-zug hält, desto mehr geht die oben beschriebene Selbst-bezüglichkeit verloren. Die Zeit kommt zum Beispiel als ein Limit daher, das zum Reglement gehört, mehr oder weniger häufig auftaucht und mitunter der ent-scheidende Impulsgeber wird. Bei dem einen Spieletyp wirkt die Zeit sich als Begrenzung der Spieldauer aus. Bei anderen Spieltypen ist die Reaktionsfähigkeit der Spieler der entscheidende Erfolgsmaßstab, oder derje-nige gewinnt, der als erster ankommt. Die Anlage

solcher Spiele ähnelt mehr oder weniger den Erfolgskriterien der modernen Erwerbsarbeit, zum Beispiel
auch, wenn es darin um möglichst große Flexibilität
geht (→Leistung und Erfolg).

Wann und wo darf man spielen? Zu den ambivalenten
Errungenschaften des modernen Lebens gehört erstens
die starke Eingrenzung des Spiels auf zugelassene Spiel-
zeiten. Die hierfür vorgesehenen Areale sind im
Wesentlichen bestimmt durch den Arbeits- und Lebensrhythmus der Gesellschaft (→Arbeitszeit). So ist die
moderne Lebenswelt bekanntlich geprägt durch ein
rigides Muster von Zeiten, in denen nicht-zielgerich-
tete Tätigkeiten wie Spielen oder Träumen erlaubt
beziehungsweise verboten sind. Schon der Schulalltag
weist mit seinem Pausenregime den Kindern hierfür
genaue zeitliche Areale zu – was diese jedoch nicht
unbedingt an kreativen Spielideen unter der Schulbank
hindert. Man erkennt hier wieder die Leistungsgesellschaft als heimliche Lehrmeister in den Erziehungsein-
richtungen (→Bildung). Dabei wird im Schulalltag nur
tagtäglich nachvollzogen, was auf der Schwelle von der
Agrar- zur Industriegesellschaft ganzen Populationen
erst mühsam eingebläut werden musste: nämlich dass
das Leben kein Spiel ist. So wissen wir, wie schon
erwähnt, von ungezählten Aufrufen und Betriebsord-
nungen der damaligen Unternehmer, „Kartenspielen
und faules Gerede während der Arbeit zu unterlassen“.
Die gesamte Industrialisierung lässt sich somit auch als
gigantischer Umerziehungsprozess der Volksmassen
deuten, dessen Ziel es war, den Menschen den Hang
zum unzeitgemäßen Spielen auszutreiben.

Zweitens wird das Spielen räumlich eingegrenzt: In den Städten werden Kinder an dafür vorgesehene Plätze (Spielplätze, Spielstraßen, Schulhöfe, Gärten) verwiesen und dabei nicht selten buchstäblich eingezäunt (→Kinderzeiten →Mobilität). Wenn die Kinder älter sind, werden sie mehrmals wöchentlich von ihren Eltern statt zu den Spielplätzen zu den für spielerisches Tun vorgesehenen Sportplätzen und anderen spezialisierten Locations chauffiert, darunter zum Klavierspielen. Drittens sind es soziale Barrieren, die das Spielen begrenzen: Erwachsene würden sich lächerlich machen, wenn sie vor ihrer Haustür Seilspringen würden, dazu sind Fitnessstudio und Sporthalle vorgesehen. Dagegen gilt es als normal, wenn Väter sich beim Spiel mit der Carrera-Rennbahn nicht weniger engagieren als die Beschenkten selbst oder wenn sie auf Inlinern riskant über Fahrradwege huschen. Eine vierte Barriere betrifft die organisatorische (Un-)Möglichkeit, mit denjenigen Personen zusammenzutreffen, mit denen man gerne spielen möchte. Sich mit deren Zeitplan abzustimmen, wird unter den Vorzeichen wachsender Flexibilität von Arbeits- und Lebenszeit, von der ja alle betroffen sind, mehr und mehr zu einer zeitraubenden Organisationsleistung (→Wochenende). Dagegen werden räumliche Barrieren durch die Digitalisierung unseres Alltagslebens in mancher Hinsicht wieder aufgehoben, wenn auch unter Verlust der Face-to-Face-Kontakte (→Internet).

Mit eben dieser Digitalisierung sind auch Möglichkeiten entstanden, spielerische Elemente, wenngleich heimlich, (wieder) in die Erwerbsarbeit hineinzutragen. Dem Spielen oder Surfen auf dem Bildschirm am Arbeitsplatz versuchen die Firmen allerdings mit Hilfe ausgeklügelter elektronischer Verriegelungen beizukommen. Aber es ist doch irgendwie erfreulich, dass es auch in mehr als 200 Jahren, in denen die Bevölkerung auf die rein funktionellen Standards der Industriegesellschaft zugerichtet wurde, auch hier nicht gelungen ist, den allgegenwärtigen Spieltrieb der Menschen völlig in den Privatbereich zu verdrängen (→Stress).

Mehr noch: Schon längst hat sich herumgesprochen, dass das Spielerische in fast allen erdenklichen Formen die wirtschaftlichen und kreativen Potenziale eines Unternehmens ebenso wie einer Gesellschaft als ganzer nicht bremst, sondern im Gegenteil erst wirklich zur Geltung bringt. Denn spielerisches Denken generiert neue Ideen und generell mehr Offenheit für neue Pfade in die Zukunft (→Bildung). Es ist die Evolution selbst, die gewissermaßen ganz spielerisch und zufällig eine unendliche Vielfalt von Arten und Varianten hervorbringt. Spielerisch erzeugte Vielfalt und Komplexität gehören mit anderen Worten zu den Grundprinzipien der natürlichen Ordnung und sind schon allein deshalb als Quelle des Fortschritts unverzichtbar.

Doch muss das Spielerische nicht erst im Hinblick auf seine Nützlichkeit gerechtfertigt werden. Es steht für sich selbst. Und da das Spielerische eben keinen Zweck verfolgt, kann es immer auf die Gegenwart bezogen sein, zeitnah und nichts als dem jeweiligen Spielvorgang selbst verhaftet. Vielleicht liegt darin die Chance, in einer völlig auf Funktionalität getrimmten Gesellschaft hin und wieder doch einmal ganz bei sich zu sein.

Stress

Was noch erledigt werden müsste...

Zu den zahlreichen Negativ-Phänomenen der (post-) modernen Gesellschaft gehört der viel beklagte Stress. Einen erheblichen Anteil daran hat bekanntlich die zeitliche Organisation unserer Lebenswelt. Es sind sowohl gesellschaftliche Strukturen als auch der persönliche Umgang der Menschen mit ihrer Zeit, die ein Grundgefühl des dauernden Gehetztseins erzeugen. So hatten im Jahr 2013 immerhin 23 Millionen Menschen ab 14 Jahren in Deutschland das Gefühl, „in einer gehetzten Zeit zu leben". Dafür, dass dies viel mit unserem Umgang mit der Zeit zu tun hat, spricht unter anderem eine Studie des Sozialpsychologen Wiseman aus Großbritannien, der die Gehgeschwindigkeiten der Menschen in 32 Großstädten rund um den Globus erforscht und festgestellt hat, dass diese sich in den vergangenen zwei Jahrzehnten im Durchschnitt um zehn, in Singapur sogar um 30 Prozent erhöht haben. Zu den zehn schnellsten Städten weltweit gehören – daran gemessen – unter anderem Berlin und Wien (DIE WELT 2007). Allerdings müssen höhere Geschwindigkeiten für sich allein noch nicht mehr Stress bedeuten – es kommt auch darauf an, wie wir damit umgehen (Rinderspacher 2015).

Der Begriff Stress, den man mit „Druck/Kraft" übersetzen kann, entstammt ursprünglich der Geologie und bezeichnet dort einen einseitigen Druck in der Erdkruste. Später wurde er auch in der Werkstoffkunde für den Zustand eines Materials verwendet, das unter Zug oder Druck steht. Was man heute umgangssprachlich unter Stress versteht, ist im Grunde nichts anderes, nämlich der Anpassungsdruck, dem jedes Lebewesen durch seine Umwelt ausgesetzt ist (Kury 2012). Eine Stressreaktion ist daher eine dem Menschen wie auch Tieren angeborene Fähigkeit, auf Veränderungen in der Umwelt durch Erhöhung der körperlich-mentalen Leistungsbereitschaft zu reagieren. Klassische Beispiele hierfür sind eine Bedrohungssituation durch ein anderes Lebewesen oder die Jagd eines Beutetieres, die zu einer blitzschnellen Aktivierung wichtiger körperlicher Funktionen durch die Ausschüttung von Adrenalin führen. Ist die Stresssituation beendet, tritt normalerweise eine Phase der Entspannung ein. In diesem Kontext ist Stress im Großen und Ganzen eine nützliche, lebensdienliche Erscheinung und der Gesundheit keineswegs abträglich.

In der modernen Lebenswelt hingegen wirken Stresssituationen aus mehreren Lebenszusammenhängen gleichzeitig auf das Individuum ein. Es entsteht nicht selten eine Dauerbelastung, die Tage, Wochen, Jahre oder das ganze Leben über anhalten kann, so als wäre das Individuum nicht nur vorübergehend, sondern unablässig einem Angreifer ausgesetzt. Hierdurch wirkt Stress negativ auf den Organismus und birgt hohe psychische und somatische Gesundheitsrisiken in sich. Die Auslöser einer Stressreaktion werden als Stressoren bezeichnet und lassen sich in objektive und subjektive unterteilen. Erstere sind etwa Schlafentzug, Verletzungen oder auch Durst. Zu den subjektiven Stressoren zählt man hingegen Ärger, Wut, Angst, Feindseligkeit oder die Auswirkungen übertriebenen Konkurrenzdenkens. Eine Stresssituation mit messbaren körperlichen Reaktionen entsteht jedoch nicht nur in Abwehrsituationen. Ähnliche Ergebnisse findet man bei den unterschiedlichsten Formen freudiger Erregung und harter, aber befriedigender Arbeit. Klassischerweise unterscheidet man daher je nach Anlass beziehungsweise Reaktion darauf zwischen „Eustress" und „Distress", das heißt zwischen einem konstruktiv und einem destruktiv wirkenden Erregungszustand. Mit anderen Worten: Belastungen können als unangenehm oder angenehm empfunden werden (Selye 1991).

Ausgangspunkt jeder Stressreaktion ist die Wahrnehmung. Ob wir eine Situation als gefährlich, irrelevant, schön, angenehm oder lustvoll empfinden und in welchem Ausmaß wir dies tun, ist durch die Situation selbst keineswegs vollständig festgelegt. Sie bedarf vielmehr der Interpretation durch das wahrnehmende Subjekt. Stress beruht also – zumindest beim Menschen – auf dem Zusammenspiel verschiedener Faktoren und beschränkt sich nicht auf ein einfaches Reiz-Reaktions-Schema. So interpretiert der Mensch ein aktuelles Ereignis im Allgemeinen vor dem Hintergrund lebenslanger Erfahrungen und, anders als das Tier, im Kontext eines komplexen, ihm überwiegend gar nicht bewussten Werte- und Normensystems, das er verinnerlicht hat. Hierdurch verschwinden stressauslösende Faktoren – anders als in der Natur – nicht vollständig, wenn die akute Gefahrensituation vorüber ist, sondern sind mitunter als wiederkehrende Möglichkeit oder etwa als die Erfahrung, in einer bestimmten Situation versagt zu haben, in Gedanken weiter präsent. Sie können dann jederzeit wieder aktualisiert werden.

Die Stressoren in unserem Alltag entstehen großenteils als Begleiterscheinungen einer überwiegend artifiziellen, das heißt einer vom Menschen hergestellten und unterhaltenen Lebenswelt. So ist es in der heutigen Welt unmöglich, das eigene Verhalten nicht nach der Uhrzeit auszurichten. Die Uhr und das, was die Menschen mit ihr verbinden, symbolisiert die zentralen, täglich wiederkehrenden Anforderungen der Gesellschaft an jeden einzelnen Menschen. Wer es nicht geschafft hat, sich im Netz der Zeit einzurichten, das heißt äußere Anforderungen mit seinen eigenen →Rhythmen und den sozialen Anforderungen, die an ihn herangetragen werden, in Einklang zu bringen, erlebt die Uhr als permanenten Widersacher. Stresswirksam sind selbstredend dabei nicht die Zeiger und nicht die Zeitmaschine selbst, sondern deren Interpretation durch das Individuum und sein soziales Umfeld, das heißt die tatsächlichen oder vermeintlichen Erwartungen der anderen Menschen (→Leistung und Erfolg). Erst die Interpretation der Uhr also macht Zeit und Zeiger für den modernen Menschen zu dem, was für den steinzeitlichen Jäger die leibhaftige Erscheinung eines Mammuts gewesen sein mag – mit dem Unterschied, dass ein solcher Stressor in der Steinzeit nach einiger Zeit erlegt war, den Jäger erlegt hatte oder einfach das Weite suchte.

Vor allem die ständige Anforderung an das moderne Individuum, Leistung zu erbringen, ist ein fundamentaler Stressor, denn davon hängen bekanntlich sein Wohlstand und seine soziale Stellung ab. Dazu gehört nicht zuletzt die Selbstoptimierung, auch die der eigenen Körperlichkeit in Bezug auf Fitness und Aussehen (Posch 2009). Daraus resultieren im Alltag viele praktische Organisationsaufgaben, insbesondere in →Familien, die häufig als sehr stressig empfunden werden (→Kinderzeiten). Für mehr als die Hälfte der Deutschen ist Stress Alltag: 57 Prozent sagen von sich, sie seien häufig oder manchmal im Stress, und für jeden Fünften ist Stress fast ein Dauerzustand. Dagegen stehen 13 Prozent nie unter Strom. Mehr Frauen (63 Prozent) als Männer (52 Prozent) fühlen sich gestresst, und für knapp ein Viertel der Frauen ist Stress ein Dauerzustand. In der Stress-Studie der Technikerkrankenkasse stimmen fast alle jungen Befragten (93 Prozent) zwischen 18 und 25 der Aussage zu, der Stress habe sich für sie in den vergangenen Jahren vervielfacht (TK 2013). Fragt man nur den erwerbstätigen Teil der Bevölkerung, ist der Zeitdruck noch größer: 42 Prozent beklagen in einer Studie der Bertelsmann-Stiftung, dass ihr Arbeitsumfeld durch steigende Leistungsziele geprägt werde und dass sie keinen Einfluss auf die Arbeitsmenge hätten. Jeder Dritte weiß nicht mehr, wie er den (zu hohen) Ansprüchen gerecht werden soll. Dazu passt, dass – ebenfalls nach einem Ergebnis der Bertelsmann-Stiftung – bei fast jedem zweiten Frührentner psychische Ursachen für die Frühverrentung vorliegen (Spiegel Online 2015).

Diesen Ergebnissen entsprechen auch Untersuchungen, die über die Arbeitsbedingungen in Betrieben vor

Ort gemacht wurden (Handrich u. a. 2016; →Rhythmus). In den modernen Produktionsstätten und Büros ist eine arhythmische, von vielen Unterbrechungen und Sprüngen gekennzeichnete Arbeitsweise verbreitet, die zu der früher häufig beklagten Monotonie als Stressfaktor in den Fabriken und Büros noch hinzugekommen ist (Heiden/Jürgens 2013). Andere Formen arbeitsbedingten Stresses entstehen aus sozialschädlichen →Arbeitszeiten wie Nachtarbeit und Schichtarbeit. Sie gelten deshalb als belastend, weil sie die Arbeitnehmer sowohl vom sozialen Rhythmus der Gesellschaft entkoppeln wie auch ihrem biologischen →Rhythmus zuwiderlaufen. Die dauerhafte Entkopplung vom natürlichen Auf und Ab menschlicher Aktivitätsbereitschaft ist nach dem Stand der Wissenschaft weder verantwortbar noch auf Dauer möglich (→Rhythmus), wie Versuche mit ausgeklügelten Beleuchtungsarrangements gezeigt haben, die den Tag-/Nacht-Rhythmus simulieren sollten. Arbeitsmediziner warnen unter anderem vor Krebserkrankungen. Außerdem hat die Entkopplung der Erwerbsarbeit von den Lebensrhythmen des sozialen Umfeldes schwerwiegende Folgen, so vor allem die soziale Isolation (→Wochenende →Feierabend). Stress kann außer durch Überbelastung aber auch durch Unterforderung entstehen, nämlich wenn Fähigkeiten und Qualifikationen, die die Beschäftigten in ihrem Selbstbild für wichtig halten, dauerhaft nicht abgerufen werden; in diesem Falle spricht man in Anlehnung an das Burnout-Syndrom von „Boreout".
Aber auch außerhalb der Arbeit wartet bekanntlich jede Menge zeitbedingter Stresssituationen. So erzeugt das

dramatisch erweiterte Spektrum an Möglichkeiten in der so genannten Erlebnisgesellschaft (Schulze 1992; →Ich) ständig Entscheidungskonflikte: Der beschränkten (Lebens-)Zeit des Individuums stehen heute, ganz anders als in vorangegangenen Gesellschaften, in der Regel viel mehr denkbare Aktivitäten gegenüber, als von ihm je realisiert werden könnten. So kann auch die Aufgabe, über die möglichst beste Verwendung der eigenen Zeit zu entscheiden, sich als Stressfaktor erweisen. Und nicht nur die Zeit, auch das Geld, soziales Kapital, soziale Netzwerke und anderes sind bekanntlich (fast) immer begrenzt.

Um die Ansprüche an eine nützliche und sinnvolle Zeitverwendung (→Sinn) einzulösen, mag es auf den ersten Blick nahe liegen, möglichst viele Optionen möglichst kurz und, wenn es geht, auch gleichzeitig („Zeitvertiefung") wahrzunehmen, um innerhalb der begrenzten Zeitspanne eines Tages, einer Woche oder eines Lebens möglichst viele gute Events sammeln zu können. Diese Art der Ökonomisierung unserer eigenen Lebenszeit – beim Denken, Laufen, Sprechen, Essen und sogar beim Genießen – findet in sich logisch keine Begrenzung. Der Begriff „Freizeitstress" ist somit nicht nur eine lustige Redensart, sondern hat seine Wurzeln tief in den Strukturen unserer hoch beschleunigten Gegenwartsgesellschaft (Rinderspacher 2015). Und je mehr sich ein Bewusstsein vom Wert und von der Einmaligkeit der (eigenen) Zeit durchsetzt, desto stärker spüren die Menschen den Konflikt, sich mit einer Option für die Sache A zugleich gegen eine Reihe anderer schöner oder wichtiger Dinge entschieden zu haben.

Gewaltigen Frust und damit psychischen Stress erzeugt auch die Erfahrung der Differenz zwischen Anspruch und Wirklichkeit der Zeitverwendung. Zeitfresser und unproduktive Zeitbarrieren hindern einen daran, seine Zeit effektiv zu nutzen (→Zeitdiebe); gute Planung wird manchmal durch unvorhergesehene Zwischenfälle zunichte gemacht, nicht nur wenn die Bahn wieder mal Verspätung hat. Ärger können auch lästige Zeit-Konkurrenten verursachen, die einem das Leben zusätzlich erschweren, etwa in einer Warteschlange. Dann ist es der unerwartete Kontrollverlust über die eigene Zeit, der den Stress macht.

Dabei kommt es sehr darauf an, wie stark man sich beeinträchtigt fühlt. Wer beispielsweise über die Fähigkeit verfügt, das Scheitern von kleinen oder großen Zeitplänen nicht immer nur sich selbst zuzuschreiben, dem machen äußere Zeitvor- und Zeitangaben weniger Angst und Sorge als jenen, die zu Recht oder zu Unrecht keinerlei Möglichkeiten sehen, sich auch mal mit äußeren Umständen zu entschuldigen. Die Psychologen sprechen bei solchen Bewältigungsmustern, nicht nur in Bezug auf zeitliche Belastungen, von einer Coping-Strategie. Das meint ein Verhaltensmuster, das es einem ermöglicht, mit Stresssituationen fertig zu werden, ohne dabei seelisch oder körperlich krank zu werden. Wer sich auf Grund seiner sozialen und/oder beruflichen Stellung für gelegentliche Übertretungen von zeitlichen Vorschriften oder die Nicht-Erfüllung von Zeit-Leistungsnormen nicht vor anderen rechtfertigen muss, ist dabei freilich besser dran (→Leistung und Erfolg).

Um sich vom alltäglichen Zeitstress und damit von ständigem zeitlichen Entscheidungsdruck zu entlasten, helfen oft Routinen, wie etwa beim morgendlichen Aufstehen. Andererseits wird im Alltag mehr und mehr Flexibilität von uns gefordert, die aber den sorgsam ausgeklügelten Routinen oft zuwiderläuft. Und nicht zuletzt haben wir auch selbst den Anspruch, flexibel zu sein, um jede sich bietende Gelegenheit sofort ergreifen zu können. Das kann allerdings rasch zu einer ins Krankhafte gesteigerten Jagd nach der (vermeintlichen) Chance werden, gewissermaßen zu einem Leben auf der ständigen zeitlichen Schnäppchenjagd (→Konsum). Auch einmal Gefahr zu laufen, Umwege zu gehen, Chancen verstreichen zu lassen und nicht alles bis ins Detail perfektionieren zu müssen: Dem entspräche eine Strategie der zeitlichen Genügsamkeit (→Umwelt →Sinn), die uns dem Zeitwohlstand ein Stück näher bringen könnte.

Ganz allgemein gilt auch das Maß der tatsächlichen oder gefühlten (Un-)Sicherheit als Stressfaktor, sowohl was die gegenwärtige Situation, vor allem aber was die Zukunft angeht. Eine unsichere Zukunftsperspektive ist ein Stressfaktor. Obgleich die Mehrzahl der Menschen in Deutschland relativ optimistisch ist, sowohl was die eigene als auch was die Zukunft der Gesellschaft als Ganzes angeht (Opaschowski 2014), sind im Zuge der zunehmenden sozialen Ungleichheit doch immer mehr Gruppen abgehängt und von sozialem Abstieg bedroht (→Rente →Einkommen). Auch der dramatische Vertrauensverlust in die politischen, wirtschaftlichen, publizistischen und religiösen Institutionen in den vergangenen Jahren, von der Katholischen Kirche bis zum ADAC, hat zur allgemeinen Verunsicherung der Menschen beigetragen. Die Umwälzung beziehungsweise Infragestellung gewohnter Zeitstrukturen, Zeitinstitutionen und Zeitmaße im Alltag der Menschen in der Hochgeschwindigkeitsgesellschaft hat daran ihren Anteil (Rinderspacher 2015). Hartmut Rosa spricht hier sehr schön bildlich von einem „Slippery Slope" Effekt: Wir stehen alle auf einer abschüssigen, schrägen Plattform, von der wir abzurutschen drohen, wenn wir den Veränderungen in der Gesellschaft, im Arbeitsleben ebenso wie in der →Familie, im →Internet oder im kulturellen Bereich (→Essen und Trinken →Bildung), nicht folgen wollen oder können (Rosa 2012, S. 400). Daher benötigen wir nicht nur Methoden, um uns selbst besser managen zu können, sondern mindestens in gleichem Ausmaß auch zeitpolitische Konzepte, um Zeitstrukturen zu schaffen beziehungsweise zu bewahren, die nachhaltige Lebens- und Arbeitsformen unterstützen (→Wochenende →Rhythmus →Kinderzeiten →Spiel(en) →Sorgen und Pflegen →Sinn).

Was das Individuum betrifft, so sagen uns die Experten, ist ein optimistischer Blick in die Zukunft, notfalls auch gegen die Realität, ein kaum zu überschätzender Baustein für die Widerstandsfähigkeit eines Menschen. „Resilienz" nennt man diese Fähigkeit, sich auch in schwierigen Situationen einen angemessenen Bezugsrahmen für die eignen Lebensziele schaffen und damit stressige Situationen ohne bleibende Schäden durchstehen zu können (Berndt 2015).

Dazu gehört unter anderem, über seine Arbeits- und Lebenssituation und daraus entstehende Konflikte mit anderen sprechen zu können. Hierzu ist kommunikative Kompetenz nötig – Ausdrucksfähigkeit, Durchsetzungsfähigkeit, Selbstbewusstsein und analytisches Denken. Und, was den Umgang mit der Zeit angeht, natürlich Zeitkompetenz (Hatzelmann/Held 2010). Dazu hilft sowohl in der Arbeit als auch in der →Familie die Pflege von Kommunikationsstrukturen und einer Lebenskultur, die es den Menschen erlaubt, ohne Gesichtsverlust von ihrer zeitlichen und sonstigen Überlastung zu sprechen. In der Sozialpsychologie gilt heute allgemein die Faustregel: Je mehr man die eigene Lebens- und Arbeitssituation kontrollieren, also über Ziele und Wege mitentscheiden kann, desto besser stehen die Chancen, selbst hohen Belastungen gewachsen zu sein. Aber Vorsicht, nicht alles lässt sich kontrollieren. Die Kunst besteht dann darin, zwischen den Dingen zu unterscheiden, die wir beeinflussen können und denen, die nicht in unserer Hand liegen.

Umwelt

Zeit gespart – Natur zerstört

Das Verhältnis des Menschen zu seiner natürlichen Umwelt und dem, was ihn umgibt, ist ambivalent. Auf der einen Seite wurde die Natur von alters her verehrt, die Welt als Mutter Erde behandelt, die Leben spendet und der Urquell aller Existenz ist. Auf der anderen Seite kann die Natur zerstörerisch und lebensbedrohlich sein, etwa in Gestalt von Erdbeben oder Krankheiten. In allen Gesellschaften vor der industriellen Moderne erfuhren die Menschen, dass sie mehr oder weniger völlig abhängig waren von ihrer natürlichen Umgebung. Aus dem Schöpfungsbericht des Alten Testaments stammt die bekannte Aufforderung, der Mensch solle sich die Erde untertan machen (1. Mose 1,28). Dies meint jedoch – zumindest nach heutiger Auslegung – nicht uneingeschränkte Herrschaft über die Welt oder hemmungslose Ausbeutung, sondern eher, sie wie ein guter Hausvater zu nutzen und zu erhalten.

Ein wesentliches Merkmal der Beziehung des Menschen zur Natur ist seine Abhängigkeit von ihren →Rhythmen. Entsprechend richtete sich der Arbeits- und Lebensrhythmus vorindustrieller Gesellschaften nach deren Vorgaben. Eine der Grundideen des Industrialisierungsprozesses war es dagegen, eine Gesellschaft zu schaffen, die von der Natur und ihren Launen möglichst unabhängig ist. Damit griff der Mensch immer öfter und immer tiefer in die Natur und darin auch in ihre zeitlichen Abläufe ein, um sie anschließend neu, nach seinem Bilde und zu seinem Nutzen zu formen – angefangen bei der Überwindung der Abhängigkeiten vom Tag-Nacht-Rhythmus und klimatischen Einflüssen über die Gestaltung von Landschaften bis hin zur Herstellung synthetischer Aromen und gentechnisch veränderter Lebensmittel. Zum Teil sind solche regulativen Eingriffe nur mit einem erheblichen Energieaufwand möglich, etwa wenn es darum geht, Prozesse zu beschleunigen oder zu verlangsamen, Stoffe zu erhitzen oder abzukühlen, aber auch den Tag-Nacht-Rhythmus durch künstliche Beleuchtung zu überwinden.

Zum Credo der Industriegesellschaft gehörte außer der Naturbeherrschung wesentlich auch der möglichst rationelle Umgang mit der Zeit, nicht nur bei der Herstellung von Gütern. Von Beginn der Industrialisierung an war recht klar, was als zeitlich effektiv und was als Zeitverschwendung zu gelten hatte: Nach allgemeiner Auffassung war schnell besser als langsam, früh besser als spät, kurz besser als lang. Entsprechend ging es darum, die Natur in diesem Sinne umzugestalten. Dazu passte die kapitalistische Marktlogik: Wer zuerst zur Stelle ist und mit dem geringsten zeitlichen Aufwand sein Ziel erreicht, hat bessere Chancen, seine Interessen, darunter seine Gewinninteressen, durchzusetzen als seine Konkurrenten (→Leistung und Erfolg →Bildung). Mit gewissen Einschränkungen gilt diese Regel allerdings auch im Tierreich.

Seit den 1970er Jahren gelangten die negativen Folgen dieser industriellen Strategie der Naturbeherrschung ins öffentliche Bewusstsein, vor allem durch die berühmte Studie des „Club of Rome" (Meadows u. a. 2015). Im Gefolge davon entwickelte sich in breiten Schichten der Bevölkerung allmählich ein Umweltbewusstsein – ein seinerzeit noch völlig neuer Begriff. Zwei Jahrzehnte später forderte die bei ihrem Erscheinen viel beachtete „Wuppertalstudie" (BUND/Misereor 1996) als umweltpolitische Generalstrategie eine tief greifende „Effizienzrevolution" verbunden mit einer „Suffizienzrevolution" und meinte damit: Der Umgang mit den Ressourcen der Erde müsse viel haushälterischer gestaltet werden – in der Industrieproduktion ebenso wie bei Dienstleistungs- und Verkehrsunternehmen und in anderen Wirtschaftszweigen. Parallel dazu wird ein Umdenken bei jedem Einzelnen gefordert: Entgegen dem Wunsch, sein Lebensniveau dadurch zu heben, dass man sich immer mehr Konsumgüter zulegt, sollten diese reduziert, umweltschonender hergestellt sowie länger genutzt werden. In jeder Hinsicht werden die Konsumenten aufgefordert, ihre materiellen Ansprüche im Rahmen einer neuen Genügsamkeit („Suffizienz"; →Konsum) stark einzuschränken. Das Konzept der Nachhaltigkeit steht für ein radikales Umdenken sowohl im Handeln des Individuums in seinen unterschiedlichen gesellschaftlichen Rollen als auch bei den Verantwortlichen in Politik und Wirtschaft (Lange 2008).

Eine ja nicht ganz neue These ist, dass die Menschen viele Dinge nur deshalb kaufen, weil sie mit ihrem Leben nicht zufrieden sind (→Konsum). Dabei zeigt sich bei genauerem Hinsehen sehr häufig, dass diese

Unzufriedenheit viel mit der Entfremdung in der Arbeit und hier wieder mit den zeitlichen Anforderungen zu tun hat, die dort an die Menschen gestellt werden. Wenn die Arbeit zu schnell, zu intensiv und zu inhaltsleer ist (→Stress →Rhythmus), haben die Menschen das Gefühl, ihre am Arbeitsplatz verbrachte Zeit sei verlorene Lebenszeit (→Sinn). Sie hoffen dann insgeheim, die entstandene Leere durch den Kauf von allen möglichen Konsumgütern kompensieren zu können.

Positiv gewendet könnte dies nun bedeuten, dass sich die Qualität der mit Arbeit verbrachten (Lebens-)Zeiteinheiten wieder verbessern würde, wenn man den Zeitdruck aus der Arbeit herausnehmen könnte und die Menschen ganz allgemein wieder mehr Zeit für die Dinge hätten, mit denen sie sich gerade beschäftigen (müssen). Und darüber vermittelt könnten dann auch die Konsumbedürfnisse abnehmen. Das aber wäre im Ergebnis genau das, was die oben angesprochene Suffizienzstrategie fordert: Den Verzicht auf immer mehr (umweltbelastende) Güter – der bei einer solchen Strategie unterstützt würde durch einen besseren Umgang mit der Zeit in der Arbeit: Mehr zeitliches „Wohlbefinden der Menschen in der Zeit" (Scherhorn 2002), durch den sich der Zeitwohlstand erhöht und zugleich die Umwelt entlastet wird. So wären zwei Fliegen mit einer Klappe geschlagen; dies konnte in ersten Studien sogar empirisch plausibel gemacht werden.

Was nun generell höhere Geschwindigkeiten angeht, so sind diese nicht schon unbedingt aus sich heraus problematisch. Sie werden es erst, wenn andere Teilsysteme der Gesellschaft negativ von ihnen beeinflusst werden, darunter auch das Teilsystem Umwelt. Aber auch andere Teilsysteme haben unter zu hohen Geschwindigkeiten zu leiden. Beispielsweise kann man fragen, wie viele Verkehrstote und -verletzte das Fehlen jeder grundsätzlichen Geschwindigkeitsbegrenzung auf deutschen Autobahnen kostet. Dann käme das Kriterium „Gefährdung der Gesundheit" als weitere Nebenfolge von Beschleunigung neben der Umweltbelastung hinzu. Doch damit ist noch nicht genug. So werden, um höhere Pkw-Geschwindigkeiten zu ermöglichen, Schnellwege und viele sonstige Infrastrukturen gebaut, die nicht selten zur Folge haben, dass andere Verkehrsteilnehmer oder gar Unbeteiligte in ihren Bewegungsmöglichkeiten stark beschnitten, mit anderen Worten in ihrer Freiheit nicht unerheblich beschränkt werden. Geschwindigkeitssteigerungen nach dem Motto „schneller, höher, weiter" sind also für einen Teil der Gesellschaft vorteilhaft, doch bedeuten sie für den Rest Einschränkungen der Lebensqualität, weil sich der Stärkere durchsetzt. Die ethische Rechtfertigung höherer Geschwindigkeiten muss sich darum an bestimmten Kriterien messen lassen: Erstens an den Auswirkungen auf die Umwelt, zweitens den Auswirkungen auf die körperliche, soziale und seelische Unversehrtheit der Menschen (Gesundheit) und drittens den Auswirkungen auf fundamentale Freiheitsrechte.

Wenn man Umwelt, Gesundheit und Freiheit mit dem Faktor Zeit grafisch in Beziehung setzt, erhält man ein Parallelogramm, ein sogenanntes „magisches Viereck". (Rinderspacher 2015; 2016) Magisch nennt sich dieses

Viereck in Anlehnung an Vorbilder aus den Wirtschaftswissenschaften. In unserem Modell verbessert wie dort nicht die Maximierung, also die rücksichtslose Steigerung eines Faktors allein, die Lebensqualität: Erst ein ausgeglichenes Verhältnis, das heißt eine Güterabwägung zwischen den dadurch entstehenden Verlusten an den Gütern Umwelt, Gesundheit und Freiheit auf der einen und dem Zeitgewinn auf der anderen Seite, würde hier als Wohlstandssteigerung gelten können. Diesem Ansatz zufolge würde man sagen, dass ein Wohlstandsoptimum für die Gesellschaft als Ganzes dann besteht, wenn folgende Grundregeln beachtet werden:

- möglichst wenig die natürliche Umwelt zu belasten,
- die Beeinträchtigungen der menschlichen Gesundheit möglichst gering zu halten,
- Freiheitsrechte möglichst nicht zu beschneiden
- und dabei dennoch möglichst wenig Zeit für eine Sache aufwenden zu müssen.

Der letzte Punkt bedeutet allerdings nicht, dass man nun immer und überall möglichst wenig Zeit aufwenden sollte – dies nur dort, wo es um rein funktionelle, zweckgerichtete Dinge geht und Zeitökonomie dabei einen Nutzen verspricht.

Es tun sich viele Felder auf, auf denen der Einzelne durch seinen Umgang mit der Zeit einiges für die Umwelt tun kann, etwa zur Vermeidung des CO_2-Ausstoßes: Die Umwelt wird bekanntlich umso mehr belastet, je häufiger man das Auto nutzt, je größer dabei die

Distanzen und je höher dabei die Geschwindigkeiten sind (→Mobilität). Auch bei größtem denkbarem Fortschritt wie etwa bei einem mit einer Brennstoffzelle betrieben Fahrzeug bleibt der grundlegende Zusammenhang von Zeitersparnis und höherer Umweltbelastung bestehen. Daher gilt „Vermeidung", in diesem Beispiel von Ortsveränderungen, zu Recht seit längerem als eine der besten Strategien für den Erhalt einer lebenswerten Umwelt (Müller/Hennicke 1994).

Gerade wenn es um das Vermeiden geht, kommt noch einmal der Umgang der Individuen mit ihrer Zeit ins Spiel. Wer beispielsweise regelmäßig morgens mit dem Fahrrad zur Arbeit fährt, will auf dieser Fahrt wohlbehalten und vor allem ohne allzu großen Zeitaufwand ans Ziel kommen; dieselbe Person radelt jedoch am Wochenende stundenlang rein zum Vergnügen durch die Landschaft, ohne genau auf die Uhr zu schauen, weil sie hier mit dem Radfahren ein anderes Ziel, nämlich Spaß zu haben, verfolgt. Versteht man also eine Handlung lediglich als Mittel zum Zweck, wird man die hierfür aufgewendete Zeit in den meisten Fällen als verlorene Zeit erleben und sie daher, wo das möglich ist, minimieren wollen. Anders ist es dagegen, wenn man den Nutzen in der Tätigkeit selbst sieht. Dann ist die aufgewandte Zeit nicht verloren, sondern sinn- und manchmal sogar genussvoll verbracht worden, eben als (gut) gelebte Lebenszeit (→Sinn →Spiel(en) →Muße). Sie will dann manchmal sogar ausgedehnt werden. Der Idealfall ist nun, dass man beides miteinander verbinden kann, also die Fahrt zur Arbeit nicht nur unter dem Gesichtspunkt ihres Zieles zu sehen („Ergebnisnutzen"), sondern unabhängig davon auch den Weg als solchen genießen kann („Erlebnisnutzen"). Dann entsteht eine Win-win-Situation dadurch, dass das, was gut für die Umwelt ist, gleichzeitig auch meinen Zeitwohlstand vergrößert – jedenfalls wenn man diesen wie vorher schon beschrieben hier wieder als „Wohlbefinden in der Zeit" versteht.

Eine solche Idealsituation, dass man beides miteinander verbinden kann, ist jedoch nicht immer gegeben. In diesem Zusammenhang ist das Konzept „Zeitinvestitionen für die Umwelt" entwickelt worden (Rinderspacher 1996): Es schlägt vor, dass die Menschen in Zukunft im Fall weiterer Arbeitszeitverkürzungen (→Arbeitszeit) diese nicht mehr nur für irgendwelche zusätzlichen Freizeitaktivitäten nutzen, sondern auch dazu, den täglichen Arbeitsweg statt mit dem Auto mit dem Rad oder öffentlichen Verkehrsmitteln zu überwinden, und zwar auch dann, wenn dies vergleichsweise unbequemer ist oder mehr Zeit beanspruchen sollte (→Mobilität). Aber nicht nur im Verkehrssektor lässt sich Wohlstand durch Vermeiden erzeugen. Denn auch wenn man, statt den stromfressenden Wäschetrockner und dessen zeitliche Vorteile zu nutzen (Beschleunigung, Kalkulierbarkeit, Unabhängigkeit), die Wäsche wieder zum Nulltarif auf die Leine hängt, handelt man in diesem Sinne.

Umweltpolitik darf sich aber nicht auf das Verhalten des Einzelnen beschränken. Es bleibt die Aufgabe der Entwicklungsabteilungen der Wirtschaft und der Forschungspolitiker, Produkte zu entwickeln, die die Umwelt schonen. Stellvertretend für solche Technolo-

gien kann eine auf den ersten Blick recht triviale Gerät-
schaft stehen, die schon lange auf dem Markt ist und die
man in Millionen Haushalten antrifft: der Schnellkochtopf. Er steht für eine Konstruktionslogik, in der
(höhere) Geschwindigkeit und niedriger Energiever-
brauch, ganz anders als etwa beim Auto, keinen Gegensatz bilden, sondern gleichzeitig optimiert werden können: Bei kürzerer Garzeit erfordert diese Technologie
keinen höheren Energieaufwand, sondern ist sogar
sparsamer als herkömmliche Methoden – und dies
zusätzlich bei höherer Qualität, da Vitamine hier mehr
als bei anderen Verfahren geschont werden.

Kritische Studien zu umweltfreundlichen Technolo-
gien werfen allerdings die Frage auf, welchen zusätzlichen Energieaufwand die Produktion solcher energie-
technisch hoch effizienten Gebrauchsgegenstände
selbst erfordert und welchen „ökologischen Rucksack"
man sich hierdurch auflädt. Diese Fragen können nur
im Einzelfall und nur empirisch beantwortet werden.
Ein anderer kritischer Einwand gegenüber den hohen
Erwartungen an Energiespartechniken richtet sich
gegen so genannte Rebound-Effekte, die man etwa an
der Energiesparlampe studieren kann: dass nämlich die
Nutzer mit der Begründung, diese sei ja umweltgerecht
und kostengünstig, nun wieder öfter das Licht brennen
lassen.

Da wir bekanntlich keine zweite, heile Welt mehr im
Kofferraum haben, geht es in Zukunft um die Frage,
wie wir mit den begrenzten Angeboten, die unsere Welt
an Ressourcen hat, so umgehen, dass auch künftige
Generationen und eine steigende Weltbevölkerung

noch genug davon vorfinden – nicht nur zum Überleben, sondern auch zu einem möglichst guten Leben. Hier stellt sich nicht zuletzt das Problem der gerechten Verteilung dieser knappen Ressourcen, dass also nicht die starken und reichen Länder den Löwenanteil für sich beanspruchen und damit den armen Ländern und nicht weniger den nachfolgenden Generationen die Lebensgrundlage entziehen. Lange Zeit konnte man die Hoffnung haben, dass mit einer Wirtschaft, die statt auf immer mehr materielles auf ein qualitatives Wachstum setzt, also ein Wachstum nicht stofflicher Güter, das Problem in den Griff zu bekommen sei; doch ist diesbezüglich Ernüchterung eingetreten.

Immer lauter wird die These, dass selbst ein immaterielles Wachstum eine Überbeanspruchung der Ressourcen der Erde nach sich ziehe und daher nur eine „Null-Wachstums-Gesellschaft" eine reelle Überlebenschance für die Menschheit biete (Paech 2012). Auf dem Weg hierhin ist unter anderem vorgeschlagen worden, die →Arbeitszeiten zu verkürzen, weil dann auch weniger Produkte hergestellt würden und dies wiederum bedeuten würde, dass die Umweltbelastungen geringer wären. So logisch diese Idee auf den ersten Blick daherkommt, so sehr sprechen aber ökonomische Grundeinsichten und anderes dagegen (Rinderspacher 2017). Vor allem können solche und andere Konzepte nicht funktionieren, solange sich nicht das Umweltbewusstsein der Menschen in den hoch entwickelten Ländern verändert hat (→Konsum →Sinn →Mobilität).

Ein weiter Weg und viel kreative Anstrengung stehen noch bevor, um eine ins maßlose getriebene Anwendung des Prinzips der Ökonomie der Zeit, die die Welt spätestens seit der Industrialisierung in Griff hat und eine der wesentlich Ursachen für die Zerstörung ihrer natürlichen Grundlagen ist, in möglichst vielen Lebensbereichen in ihre Schranken zu weisen.

Wochenende

„Schönes Wochenende" oder „Wochen ohne Ende"?

Die Woche mit fünf Arbeitstagen und zwei freien Tagen bestimmt seit rund fünf Jahrzehnten den Lebensrhythmus der Menschen. Obwohl der Samstag offiziell weitgehend den Status eines Werktages hat, bildet er doch zusammen mit dem Sonntag eine herausgehobene Zeit, in der die Menschen andere Dinge tun und sich anders verhalten können als zwischen Montag und Freitag: das Wochenende.

Den Kern des Wochenrhythmus bildete Jahrhunderte lang der aus christlichen Traditionen erwachsene Sonntag, der als Tag der „Arbeitsruhe und seelischen Erhebung" heute in Deutschland durch das Grundgesetz und die Länderverfassungen geschützt ist. Er geht wiederum zurück auf den Sabbat, den höchsten Wochentag im Judentum, der von seiner Lage her – nicht jedoch von seiner Bedeutung – dem Samstag im christlichen Kalender entspricht. Im Alten Testament ist der Sabbat der Tag, an dem Gott ruhte, nachdem er die Welt erschaffen hatte. Daraus leitet sich die Regel ab, Gott zu ehren, indem man am Sabbat jede Art von Arbeit unterlässt. Was als Arbeit in diesem Sinne gelten soll und was nicht, wird in der „Mischna", einer jüdischen Sammlung von Lehrsätzen, ausführlich beschrieben und genau festgelegt.

Diese Tradition des Sabbats hat in das christliche Verständnis des Sonntags Eingang gefunden. Christen fei-

242

ern im Gottesdienst, der für sie im Zentrum des Sonntags steht, aber zuallererst die Auferstehung Jesu Christi; das Ruhegebot tritt, auf der alttestamentlichen Überlieferung basierend, hinzu (Becker 2006). Daher gilt nach christlicher Auffassung der Sonntag als erster Tag der Woche, nicht der Montag. So aber wurde es ungeachtet der christlichen Tradition im Jahre 1976 für Deutschland in der DIN-Norm 1355 auf Basis einer UN-Resolution festgelegt.

In der Geschichte der industriellen Gesellschaft waren es neben den Kirchen die entstehenden Arbeitnehmerorganisationen, die sich für den gesetzlichen Schutz des Sonntags eingesetzt haben. Dies als Reaktion darauf, dass die in der argrarischen Gesellschaft selbstverständliche sonntägliche Arbeitsruhe durch die Unternehmer der frühen Periode nicht mehr freiwillig respektiert wurde. Nach unzähligen Streiks und öffentlichen Auseinandersetzungen wurde der Sonntag als geschützter Ruhe- und Feiertag in Deutschland erstmals Ende des 19. Jahrhunderts gesetzlich anerkannt und sogar in der Verfassung verankert. Heute hat er als Wochentag vor allem durch das Verbot der Beschäftigung von Arbeitnehmern und durch den Schutz einer spezifisch definierten Sonntagsruhe gegenüber störenden Einflüssen von außen und übermäßiger Betriebsamkeit (z.B. Lärm, LKW-Verkehr, Handel) eine herausgehobene Stellung unter den Wochentagen. Er wird nach dem Grundgesetz als ein Zeitabschnitt verstanden, der den Menschen die Möglichkeit zur Regeneration, zur Besinnung, zur Teilnahme am Gottesdienst und eben zu der erwähnten „seelischen Erhebung" gibt. Im heutigen Sprachgebrauch würde man sagen: Gelegenheit zu sich selbst zu finden oder Gelegenheit zu spiritueller Praxis. Trotzdem war seine Daseinsberechtigung wie auch seine Praxis – zum Beispiel wenn es um Sonntagsöffnungen des Einzelhandels geht – in den vergangenen Jahrzehnten immer wieder zum Teil heftig umstritten (Rinderspacher 2000b).

Im Laufe der Entwicklung der modernen Industrieländer trat ein zweiter Tag, der Samstag, als Ruhetag hinzu. Er fiel allerdings nicht vom Himmel: Um die alltäglichen Pflichten am Sonntag tatsächlich so gering wie möglich zu halten, etablierte sich bereits im ausgehenden 19. Jahrhundert der so genannte „Samstags-Frühschluss". Vor allem die erwerbstätigen Frauen sollten samstags früher heimkehren können, um die nötige Hausarbeit noch vor dem heiligen Sonntag erledigen zu können. Damit waren die Grundlagen für den freien Samstag und somit auch für das Wochenende gelegt (Herrmann-Stojanov 1999a, S. 70ff.).

Was heute selbstverständlich erscheint, dass nämlich der zweite freie Tag in der Woche der Samstag ist und nicht etwa ein anderer Tag, war in der frühen Epoche Gegenstand einiger Kontroversen – übrigens nicht nur in West-, sondern auch in Ostdeutschland. Die stark angestiegene Arbeitsproduktivität und das Wirtschaftswachstum erlaubten spürbare Arbeitszeitverkürzungen und es war zunächst offen, wie man diese über den Tag und die Woche verteilen sollte; so war beispielsweise auch der Mittwoch im Gespräch. Am Ende bestand, auch wenn Arbeitskämpfe um den Samstag nicht ausbleiben konnten, doch ein breiter gesellschaftlicher

Konsens darüber, langfristig die 40-Stundenwoche mit einem Achtstundentag an fünf Tagen in der Woche auszubauen, mit dem Samstag als zusätzlichem Wochenruhetag. Dies wurde dann in vielen kleinen Etappen und mit unterschiedlichem Tempo in den verschiedenen Wirtschaftszweigen umgesetzt (Herrmann-Stojanov 1999a; 1999b; →Arbeitszeit).

Die Arbeitsruhe am Samstag und am Sonntag wird jeweils unterschiedlich begründet: der Sonntag religiös und kulturgeschichtlich, der Samstag als eine Form zeitlichen Wohlstands, der ermöglicht wird durch gestiegenes Wirtschaftswachstum und höhere Arbeitsproduktivität. Sonntag und Samstag sind vom Gesetz allerdings sehr ungleichgewichtig geschützt. Im Gegensatz zum Sonntag gilt der Samstag als – wenn auch für viele arbeitsfreier – Werktag und genießt keinen direkten gesetzlichen Schutz. Als Zeitinstitution beruht er im Wesentlichen auf der gelebten Praxis und Gewohnheitsrechten. Aus dieser Entstehungsgeschichte heraus entwickelte sich für beide Tage ein sehr unterschiedliches soziokulturelles Profil (Fürstenberg u. a. 1999).

Obwohl der Sonntag im Laufe der Jahrzehnte einiges von seinem ursprünglich strengen religiösen Profil eingebüßt hat und lediglich noch eine kirchennahe Minderheit ihn gemäß einer christlichen Tradition verbringt, ist ihm nach wie vor eine spezifische Atmosphäre eigen. Diese ist trotz gelegentlicher Betriebsamkeiten gar nicht so weit entfernt von dem Zweck, der im Grundgesetz beschrieben wird. Eine starke Verengung der Perspektive wäre es daher zu glauben, dass das

Wochenende ausschließlich den kruden Freizeitinteressen der Menschen gewidmet sei.

Der Samstag dagegen folgt anderen Maßstäben. Weder ist er in seinem Ursprung heilig noch besitzt er die Weihen einer göttlichen Offenbarung. Vielmehr ist er wie gesagt das Produkt wirtschaftlichen Wachstums und sozialen Fortschritts (Rinderspacher 1999). Die mit der Industrialisierung entstandene Arbeiterbewegung hat den freien Samstag vor allem in der Aufschwungsphase nach dem Zweiten Weltkrieg hart erkämpft, es dann aber den Menschen überlassen ihn mit Leben zu erfüllen (→Spiel(en) →Internet →Zweierbeziehung; Rinderspacher 2000b).

Beiden Tagen gemeinsam ist, dass sich Menschen am Samstag wie am Sonntag anders verhalten als unter der Woche. Das Wochenende steht neben seiner religiösen Bedeutung für „Familie" und „Selbstbestimmtheit", für „Spaß", „Erholung und Entspannung" sowie für „Besinnung" und „das Besondere" (ebd.). Doch gerade Jugendliche langweilen sich nicht selten am Sonntag und viele ältere alleinstehende Menschen überfällt die Einsamkeit. Da der Anteil der Älteren an der Gesellschaft wächst, wird diese Gruppe, für die besonders der Sonntag auch problematische Seiten hat, möglicherweise größer werden. Für die ganz überwiegende Zahl der Menschen aber ist das Wochenende nach wie vor positiv besetzt. Es ist, wie der Urlaub, ein Zeitraum, in dem Zeitwohlstand gelebt werden kann. Auch dadurch, dass man auf ihn besondere Wünsche projiziert – Wünsche, die ein Bild vom guten Leben widerspiegeln, das naturgemäß nicht immer der Wirklichkeit entspricht. Das

Wochenende als Projektionsfläche bietet sich hierzu schon deshalb an, weil es in einem regelmäßigen Rhythmus und in kurzen Abständen wiederkehrt und die Wünsche der Menschen somit eine kalkulierbare Chance haben zum Zuge zu kommen (→Zweierbeziehung →Spiel(en)). Und während manche allein stehende Menschen Angst vor der Langeweile am Sonntag haben, fürchtet die große Mehrheit, auch am Wochenende keine Ruhe zu finden: Immer mehr Menschen versuchen sich daher zurückzuziehen, was auch als *Cocooning* (verpuppen) bezeichnet wird. Für andere, vor allem Jüngere, gilt das genaue Gegenteil: Für sie ist das freie Wochenende vor allem der Ort, an dem Kommunikation und Öffentlichkeit stattfinden.

Im Großen und Ganzen erfüllt das Wochenende fünf individuelle und gesellschaftliche Funktionen (Rinderspacher 2006). Erstens bietet es Schutz vor zeitlichen Ansprüchen dadurch, dass es eine gesellschaftliche Institution ist und damit zum Teil gesetzlich, zum Teil durch die gelebte Praxis einen Zugriff auf die Zeit des Einzelnen durch Arbeitgeber oder anderer Instanzen nicht erlaubt (Schutzfunktion). Zweitens ermöglicht die Tabuzone Wochenende das Nichtstun oder den sozialen Kontakt ohne schlechtes Gewissen und es entlastet von zu hohen Ansprüchen an die eigene Person: Wenigstens am Wochenende kann mal was liegen bleiben, weil durch bestimmte Symbole (z.B. geschlossene Läden) erkennbar wird, dass die Menschen um einen herum ebenfalls auf den Modus Freizeit und Erholung umgeschaltet haben (Entlastungsfunktion). Drittens fordert das freie Wochenende einfach dadurch, dass freie Zeit vorhanden ist, dazu auf, diese Zeit in besonderer Weise zu verbringen und etwas Schönes zu unternehmen (Animationsfunktion). Viertens hilft es, den gemeinsamen Arbeits- und Lebensrhythmus der Menschen zu koordinieren (Koordinationsfunktion) und unterstützt hierdurch fünftens die Integration der Menschen in die Gesellschaft von ganz unterschiedlichen sozialen Gruppen und Milieus (Integrationsfunktion). Letzteres ist besonders in einer Gesellschaft, die durch eine zunehmende Individualisierung und ein Auseinanderdriften der Menschen in viele Subkulturen gekennzeichnet ist, von großer Bedeutung. Andererseits kann aber auch gerade diese Funktion zum Ausschluss führen – ein mögliches Problem vor allem für Menschen mit Migrationshintergrund. In diesem Zusammenhang wird in jüngster Zeit die Frage diskutiert, welchen Status vor allem der muslimische Freitag, aber auch andere Feiertage religiöser Minderheiten in Deutschland künftig haben sollen.

Die Herausgehobenheit des Wochenendes gegenüber anderen Feiertagen wird vor allem durch die Abwesenheit von Erwerbsarbeit symbolisiert, wobei die gesetzlich geregelten Einschränkungen am Sonntag weitaus größer sind als am Samstag. Ungeachtet dessen hat an beiden Tagen die Erwerbsarbeit im Verlauf der vergangenen zwei Jahrzehnte stetig zugenommen: Arbeiteten im Jahr 1993 noch 21,9 Prozent der Beschäftigten regelmäßig am Samstag, so waren es 2012 schon 26,2 Prozent. Der Anteil der Sonntagsarbeiter und -arbeiterinnen stieg im gleichen Zeitraum im Verhältnis jedoch wesentlich stärker, nämlich von 10,7 auf 14,2 Prozent.

14 Prozent der Beschäftigten arbeiten regelmäßig an beiden Tagen, so etwa Angestellte in öffentlichen Verkehrsunternehmen oder im Gesundheitswesen. Fast doppelt so hoch liegt die Zahl, wenn man nach gelegentlicher Samstags- bzw. Sonntagsarbeit fragt. Auch 54 Prozent der Selbstständigen (mit Angestellten) gehen Samstags ins Geschäft und immerhin ein Viertel dieser Personengruppe auch am Sonntag (Destatis 2014). Dabei ist Arbeit am Samstag, besonders am Samstagnachmittag, sogar noch unbeliebter als am Sonntag.

In manchen Branchen ist Wochenendarbeit (also Arbeit am Samstag und am Sonntag) vorgezeichnet oder gar unabdingbar. So arbeiten nach einer Studie des Deutschen Gewerkschaftsbundes die meisten Wochenendarbeiter und -arbeiterinnen im Gastgewerbe; sie weisen mit 80 Prozent den höchsten Anteil aller am Wochenende Beschäftigten auf, gefolgt vom Handel mit 54 Prozent und, mit 50 Prozent, vom Sektor Gesundheit und Soziales. Dass mit 40 Prozent der Bereich Erziehung und Unterricht folgt, könnte daran liegen, dass Lehrerinnen und Lehrer, sei es wegen Arbeitsüberlastung, sei es weil sie es sich nicht anders einrichten wollen, einen oder beide Tage des Wochenendes zur Vorbereitung ihres Unterrichts nutzen. Beschäftigte mit Kindern im Haushalt sind in die Wochenendarbeit in gleichem Maße einbezogen wie solche ohne Kinder (→Kinderzeiten).

Ein großes Problem ist, dass Beschäftigte mit Wochenendarbeit häufig zudem noch eine ganze Reihe anderer Arbeitsbelastungen aufweisen. Eine Studie des Deutschen Gewerkschaftsbundes zeigte, dass sie insgesamt längere Arbeitszeiten haben, zu einem überdurchschnittlich hohen Anteil von Arbeitsintensivierung und Leistungsverdichtung betroffen sind, öfter Schichtarbeit leisten und in einem überdurchschnittlichen Maße auch in ihrer Freizeit für ihre Arbeit erreichbar sein müssen. Da wundert es nicht, dass sie vermehrt Probleme haben, nach →Feierabend den Kopf von der Arbeit frei zu bekommen (→Stress). Generell gilt derzeit: „Je mehr Wochenend-Arbeit geleistet wird, desto größer ist die Arbeitshetze." (DGB-Index Gute Arbeit 2011)

Auf der einen Seite hat es also den Anschein, als sei die Bundesrepublik nach wie vor jene „Wochenendgesellschaft", die sie seit der Nachkriegsperiode und dem Wirtschaftswunder war. Auf der anderen Seite scheint es einigen Unternehmerverbänden wirtschaftlich nicht mehr gerechtfertigt, die teuren und zum Teil hoch automatisierten Produktionsanlagen an ein oder gar zwei Tagen in der Woche still stehen zu lassen. Schon seit Jahrzehnten werden kollektive (Frei-)Zeiträume für die arbeitende Bevölkerung von interessierter Seite immer wieder als Luxus hingestellt, den sich eine Gesellschaft zumindest in diesem Umfang nicht leisten müsse: Ein ausreichend großes Quantum an individueller freier Zeit unter der Woche könne mitunter sogar besser nutzbar sein als eine durch Verkehrsstaus und überlaufene Schwimmbäder und Vergnügungsparks gekennzeichnete gemeinsame Wochenendfreizeit für alle. Doch Studien zeigen, dass Freizeitguthaben in Form freier Tage während der Woche zwar gern in Anspruch genommen werden, in der Regel aber für die

Menschen bei weitem nicht dieselbe soziale und kulturelle Bedeutung beziehungsweise Erlebnisqualität haben, wie ein kollektiver freier Samstag und/oder Sonntag (Herrmann-Stojanov/Rinderspacher 2001). Vor allem auf EU-Ebene wird der Druck größer, Sonntagsarbeit wieder vermehrt zuzulassen. Dagegen regt sich allerdings Widerstand. So hat beispielsweise die „Europäische Allianz für den arbeitsfreien Sonntag" versucht, mit einer Verpflichtungserklärung für EU-Parlamentarier und die Kandidaten für das zukünftige EU-Parlament, diese auf eine ablehnende Haltung in den einschlägigen Parlamentsdebatten festzulegen.

Während es lange Zeit so aussah, als würden die Menschen den Verlust von Wochenendtagen als arbeitsfreie Zeit hinnehmen, scheint sich hier ein neues Bewusstsein vom Wert des freien Wochenendes herauszubilden. Für ein Bedürfnis nach Sonntagsruhe spricht unter anderem ein neueres Umfrageergebnis, wonach drei Viertel der Deutschen wünschen, dass die Geschäfte am Sonntag geschlossen bleiben. Allerdings gibt es große Unterschiede zwischen Rentnern und jungen Leuten: 40 Prozent der 18- bis 29-Jährigen sprechen sich für offene Geschäfte auch am Sonntag aus (DIE WELT 2012). Dabei bleibt das Verhalten der Menschen in ihren unterschiedlichen Rollen, nämlich als Arbeitnehmer hier und als Verbraucher dort, aber auch zwischen Anspruch und Wirklichkeit oft widersprüchlich. Denn auf der einen Seite lieben die Menschen ihr Wochenende, auf der anderen Seite unterminieren sie es, indem sie in Scharen in die Innenstädte strömen, wenn ein verkaufsoffener Sonntag winkt: In ihrer Rolle als

Arbeitnehmer, der am Sonntag arbeiten müsste – sei es als Verkaufspersonal, als Beschäftigter in der Gastronomie, bei den Verkehrsbetrieben oder in der Kinderbetreuung –, sind sie ja selbst nicht betroffen.

Ironischerweise lässt sich der Ladenschluss am Sonntag inzwischen wieder leichter akzeptieren, weil immer mehr Verbraucher in Ruhe vom Sofa aus mit dem Laptop auf Shopping-Tour gehen, auch am Sonntag. So erhält die Sonntagsruhe Schützenhilfe ausgerechnet von einer Technologie, die schon von ihrer Konstruktionslogik her jeder Unterbrechung ihrer Aktivität, sei es im Tages- oder im Wochenrhythmus, widerspricht (→Internet →Konsum).

Vieles deutet darauf hin, dass es besonders die jüngeren, gut ausgebildeten Erwerbstätigen sind, die das Wochenende als eine für sie und die Gesellschaft gleichermaßen wichtige Zeitinstitution wiederentdecken. Nach den langweiligen Sonntagen in ihrer Kindheit und Jugend erfährt die so genannte Generation Y der nach 1980 Geborenen nun, nachdem sie die Singlephase hinter sich gelassen hat und sich ein lebendiges Familienleben wünscht, dass ihre hoch flexiblen Alltage einen Gegenpart brauchen: das Dach eines zeitlichen Biotops, unter dem man sich regelmäßig und verlässlich versammeln kann. Dazu gehört in ihrer jeweiligen Verschiedenheit der Samstag ebenso wie der Sonntag, die für sich jeweils die Kehrseiten einer Medaille von Moderne und Tradition verkörpern (Rinderspacher 2011).

Ob das Wochenende als ganzes oder der Sonntag für sich in Zukunft Bestand haben wird, hängt nicht zuletzt von seinem praktischen Gebrauch und der Wertschätzung der Menschen ab, aber auch von der Kampfkraft der gesellschaftlichen Organisationen, die sich immer wieder dafür stark machen müssen. Der Gewinn der Zeitinstitution freies Wochenende liegt darin, dass wir über einen Zeitraum verfügen, in dem wir ohne großen Aufwand viel bequemer viel mehr Zeit für Andere und das Wesentliche finden können. Ein besseres zeitliches Biotop werden wir nicht finden (→Rhythmus).

Zeitdiebe

Immer schön aufpassen!

Obwohl jeder Tag 24 Stunden und das Jahr 365 Tage hat, beschleicht viele Menschen das ungute Gefühl, dieses Zeitangebot reiche schon lange nicht mehr aus, um all das zu erledigen, was unbedingt erledigt werden müsste. Es scheint, als verschwinde die Zeit einfach in einem schwarzen Loch. Dinge und Personen, die sich aufdrängen und nicht ohne weiteres abwimmeln lassen, nehmen immer wieder ungefragt unsere persönliche Lebenszeit in Anspruch.

Kann einem die Zeit gestohlen werden? Wenn ja, wer profitiert davon? Wer zieht die Zeit anderer Leute für seine eigenen Zwecke an sich? Der „Zeitdieb" ist natürlich nur ein Versuch, eine bestimmte Erfahrung im Umgang mit der Zeit, die jede(r) schon einmal gemacht hat, in ein Bild zu fassen. Die Metapher vom Zeitdieb soll uns erst einmal dazu anregen, in unserem Alltag nach Fällen zu suchen, in denen wir ein solches Zeit-Delikt vermuten.

Es beginnt ganz harmlos. So ist Zeit zu sparen der Grund für die Anschaffung vieler technischer Hilfsmittel im Haushalt: Mit Schnellkochtopf, Geschirrspülautomaten und Hochdruckdampfreiniger haben wir uns hochgerüstet – immer in der Hoffnung, lästige Arbeiten in kürzerer Zeit erledigen zu können. Untersuchungen aber zeigen, dass hier in Wirklichkeit nur eine Art Zeitverschiebung stattfindet. Denn was wir auf der einen Seite durch die Geräte an Zeit einsparen, fließt auf der anderen in Vorbereitung, Wartung, Reinigung, technisches Know-how und viele Vorleistungen (→Konsum), aber auch in steigende Qualitätsstandards. Die Sache geht dann nicht schneller, wird dafür durch gleichbleibenden Zeitaufwand aber besser. Auch, dass unser Know-how umso schneller veraltet, je innovativer unsere Gesellschaft wird, gehört zu diesem Thema: Immer mehr Zeit verbringen wir damit, uns Updates, die wir oft gar nicht angefordert haben, herunterzuladen und mit ihnen umgehen lernen zu müssen. Der Philosoph Peter Sloterdijk spricht in diesem Zusammenhang zu Recht von einer „Belästigung durch Innovateure". Sinnlose aber auch durchaus sinnvolle Innovationen binden also einen großen Teil unserer Lebenszeit, ohne dass wir uns wirklich dagegen wehren könnten.

Und auch die Automobilisierung hat uns nicht nur Zeitgewinne geschenkt, sondern stellt unsere Geduld spätestens im Stau regelmäßig auf eine mehr oder weniger harte Probe (→Mobilität). Überhaupt wird warten zu müssen, ob im Stau oder in der sprichwörtlichen Warteschleife, von den Menschen der modernen westlichen Gesellschaften als eine besonders unangenehme Form der Zeitvergeudung empfunden. Als Zeitdiebstahl empfindet man verlorengehende Zeit ganz besonders dann, wenn andere Personen dafür verantwortlich sind, dass wir nicht unverzüglich zum Ziel gelangen und vor allem, wenn andere augenscheinlich davon profitieren, dass wir warten müssen – zum Beispiel die Privatpatienten, die uns gegenüber vorgezogen werden. Ärgerlich ist es aber auch, wenn, um Personal einzusparen, die sogenannten Hotlines privater oder öffentlicher Dienstleiter deren Anrufer in endlose Warteschleifen schicken – ein Vorgang, dessen Ende man nur schwerlich absehen kann, was einen weiteren Frustfaktor darstellt. Hierbei sind aber wenigstens alle Anrufer gleich.

Bekanntlich verbringen viele Menschen einen Großteil ihrer Zeit im →Internet oder mit Fernsehen, um sich anschließend erschöpft, ausgelaugt und eher unglücklich bei anderen über die vertrödelte Zeit zu beklagen. Dass wehrlose Kinder in der Freizeit stundenlang am Computer sitzen, wird von Eltern und Pädagogen als problematisch gesehen, nicht nur weil das Spielen am Computer sie übergewichtig und nervös mache (→Kinderzeiten), sondern auch weil sie ihre Zeit vergeudet hätten. Viel besser wäre es gewesen, diese Zeit für →Bildung oder andere Formen des →Spielens zu nutzen, zum Beispiel draußen in der Natur. Ob es sich also bei der einen oder anderen Form der Mediennutzung um einen veritablen Zeitfresser handelt oder nicht, hängt entscheidend von der Bewertung ab. Hier stellt sich allerdings die Frage, wer die Maßstäbe setzt und die Urteile fällt: Allein das betroffene Individuum oder eine externe Instanz, mit (vermeintlich) objektiven Kriterien?

Als externer Beobachter könnte man argumentieren, dass der Tatbestand des Zeitdiebstahls nicht allein schon durch die ausgiebige Nutzung eines bestimmten Mediums allein erfüllt sei – auch wenn die Grenzen zur Sucht fließend sind – und dass, solange Freiwilligkeit unterstellt werden kann, alles in Ordnung sei. Anders dagegen, wenn der eigene Wille trickreich unterlaufen wird, zum Beispiel durch die Anziehungskraft einer bekannten Schauspielerin in den Medien, eines Fußballspiels oder eines Formel-1-Rennens – alles mit dem Ziel, den Zuschauern möglichst viele und lange Werbesendungen aufzuzwingen. Diese Zeit wird man schon eher als enteignet betrachten können, denn die Fernsehsendung entpuppt sich bei genauer Betrachtung als Mogelpackung, bei der das Drumherum den tatsächlichen Inhalt um ein Vielfaches überragt. So verstanden beinhalten dann drei Stunden Privatfernsehen im Durchschnitt 36 Minuten Lebenszeitklau pro Tag, das sind immerhin ganze neun Tage im Jahr.

Zeitklau findet man oft gerade dort, wo höchstes technisches Niveau anzutreffen ist und ein besonders rationeller Umgang mit der Zeit suggeriert wird. Ist es Zeitdiebstahl, wenn ein Transportunternehmen wie die Deutsche Bahn mit dem Kauf eines Tickets suggeriert, den Fahrgast bis zu einem bestimmten Zeitpunkt an einen bestimmten Ort zu bringen – und dann diese Vereinbarung nicht einhält? Diese Frage wird man wohl mit Ja beantworten können, sofern die Verspätung auf Fahrlässigkeit oder vermeidbare technische Defekte zurückzuführen ist – etwa weil das Unternehmen aus Ersparnisgründen die Wartung von Fuhrpark und Gleiskörper vernachlässigt hat. Zeitdiebstahl ist es also, wenn systeminterne, vermeidbare Ursachen zu erkennen sind oder der Grund reine Profitgier ist. Zumal die Folgen schwerwiegend sein können, denn es können hierdurch ja nicht nur Urlaubsstunden verloren gehen, sondern auch geschäftliche Chancen oder das unwiederbringliche Ereignis einer kirchlichen Trauung.

Der gute Rat, eine Stunde früher aufzubrechen, um sich einen Puffer zu schaffen, verlagert das Problem leider nur: Denn ist der Zug pünktlich, kommt man zu früh ans Reiseziel und ist gezwungen, die Zeit dort irgendwie totzuschlagen. Dass der kreative Fahrgast solche unfreiwilligen Zwischenzeiten günstigenfalls für einen Latte Macchiato nutzt, ändert nichts an der Tatsache, dass damit die zeitliche Selbstbestimmung, inzwischen eines der hohen Güter unserer Gesellschaft, missachtet wird. Immerhin werden auf Druck der Fahrgastverbände Verspätungen mittlerweile als Verletzung des Beförderungsvertrages anerkannt, so dass die Verursacher zu geldlichen Regressleistungen herangezogen werden können. Das Gleiche gilt im Luftverkehr. Doch dieser unfreiwillige Tausch „Geld für Zeit" lässt viele Fragen offen – die Zeit zumindest bleibt verloren.

Um Zeit gestohlen bekommen zu können, muss man sie wie gesagt erst einmal besitzen. Die Frage nach dem Zeitdieb ist damit auch immer die Frage danach, wem eigentlich die Zeit gehört – und warum. Der Mensch lebt zwar in der Zeit und auch nur für eine begrenzte Zeit – aber es ist schwer vorstellbar, dass, wie eine allgemeine Redeweise suggeriert, er seine Zeit besitzt wie einen x-beliebigen Gegenstand. Was allerdings jedem Menschen zugestanden werden muss, ist das Recht, über die Verwendung der begrenzten Zeit, die ihm gegeben ist, selbst zu bestimmen. Beziehungsweise hat in einer modernen, freiheitlichen Gesellschaft umgekehrt niemand das Recht, diese Freiheit der Selbstbestimmung über die so verstandene eigene Zeit ohne gute Gründe einzuschränken. Der Zeitforscher Ulrich Mückenberger spricht in diesem Zusammenhang von einem „Recht auf eigene Zeit" (Mückenberger 2015). Doch jeder Mensch kann freiwillig und in begründeten Fällen dieses Recht zeitlich befristet an andere – Individuen oder Organisationen – abtreten, beispielsweise in einem Arbeitsvertrag. Durch diesen erwirbt der Arbeitgeber ja ein Weisungsrecht für die Dauer der vereinbarten →Arbeitszeit, was den Eigentümer der Zeit in seiner Dispositionsfreiheit einschränkt – das heißt, dass der Arbeitgeber praktisch bestimmen darf, was ein anderer Mensch innerhalb dieses vertraglich vereinbarten Zeitraums tun soll beziehungsweise was nicht. Das zeigt, dass die Lebenszeit, die jemand im Rahmen eines Arbeitsverhältnisses von jemandem gekauft hat, nicht von der Person, die sie verkauft hat, ihrem Besitzer, abzutrennen ist. Und so ist „seine Zeit zu verkaufen" eigentlich nur eine Metapher dafür, dem Käufer der Arbeitskraft zu versprechen, innerhalb eines vereinbarten Zeitraums mit den eigenen Fähigkeiten zur Verfügung zu stehen (→Arbeitszeit). Die Selbstbestimmung über die eigene Zeit – wenn auch nicht das prinzipielle Recht darauf – wird im Alltag faktisch aber auch durch andere Dinge eingeschränkt. Dazu gehören vor allem die gegenseitigen zeitlichen Ansprüche, die aus engen sozialen Beziehungen erwachsen, in die jeder Mensch mehr oder weniger eingebunden ist. So etwa durch sachliche, aber auch emotionale Anforderungen aus dem Bereich der →Familie oder etwa im Zusammenhang mit der Pflege eines nahstehenden Menschen

(→Sorgen und Pflegen). Solche Verpflichtungen und die Bindung der eigenen Lebenszeit an diese Verpflichtungen sollte jedoch nicht unter die Kategorie Zeitdiebstahl fallen, selbst wenn der eine oder andere gelegentlich das Gefühl haben mag, im gegenseitigen Umgang mit der Zeit nicht fair behandelt zu werden, etwa allzu häufig auf den anderen warten zu müssen.

Beim Zeitdiebstahl geht es also, wie bei anderen Diebstählen auch, immer darum, dass dem Eigentümer der Zeit mehr oder weniger größere Anteile seines wertvollen Gutes trickreich, hinterhältig oder gar gegen seinen Willen zum Vorteil des Diebes entwendet werden. Nach dieser Definition muss Zeitdiebstahl dann möglicherweise aber nicht nur der kriminellen Energie einzelner Täter geschuldet sein, sondern kann gewissermaßen System haben. Vermutlich ist der Zeitklau sogar ein durchgehendes Prinzip modernen wirtschaftlichen Verhaltens. So wenn jeder versucht, um seine Arbeit effektiver zu gestalten, seine eigenen (Zeit-)Probleme möglichst bei anderen Menschen abzuladen. Bei einem solchen strukturellen Zeitdiebstahl herrscht, wie die Ökonomen sagen, das Prinzip vor, Zeitkosten zu externalisieren, das heißt sie auf andere Personen oder Unternehmen abzuwälzen. Dieses Prinzip trifft man unter anderem bei etlichen Dienstleitern an, die auf Kosten der Zeitbudgets ihrer Kunden auf Selfservice umgestellt oder ortsnahe Filialen geschlossen haben, um ihre Betriebskosten zu minimieren.

Letztlich geht es bei diesen Vorgängen um Fragen der Legitimation: Wer darf seine Zeitkosten wem aufbürden und mit welcher – mehr oder weniger guten –

Begründung? Danach wird zumeist jedoch nicht gefragt, vielmehr verliert am Ende, wer sich die Kosten aufbürden lässt oder lassen muss, weil er in einer strukturell schwächeren Position ist. Das gilt im System der Wirtschaft ebenso wie im sonstigen Umgang der Menschen miteinander. Solche Ungleichgewichte zu ändern könnte heißen, die schwächeren Beteiligten an diesem Zeit-Markt mit einer stärkeren Handlungskompetenz und Gegen-Marktmacht auszustatten, sodass ein fairer Interessenausgleich ermöglicht würde. Als Kunden sind wir ja vielleicht öfter in einer starken Position, als wir denken: So kann zum Beispiel jeder, um sich zeitraubende Anmarschwege zu ersparen, nur diejenigen Finanz-Dienstleister in Anspruch nehmen, die wohnortnahe Filialen anbieten.

Auf jeden Fall ist jedes Individuum, weil es ein Recht auf eigene Zeit hat, dazu aufgefordert, sich gegen die vielgestaltigen, trickreichen Versuche, sich unsere Zeit ohne Gegenleistung anzueignen, zu wehren. Die andere Seite des Rechts auf eigene Zeit ist aber auch, dass wir unsere Zeit, wenn wir es möchten und an wen wir gerade möchten, verschenken können. Ganz ohne jede Gegenleistung. Das freut vielleicht den Partner oder die Kinder oder auch den pflegebedürftigen Menschen, den wir hin und wieder besuchen. Es kommt also einmal mehr darauf an, nicht nur wachsam, sondern auch achtsam zu sein, um die rechte Balance zu finden.

Zeitsouveränität

Mehr Freiheit durch mehr Flexibilität?

Anders als noch vor ein paar Jahrzehnten, als die Gewerkschaften zum Streik für die 35-Stunden-Woche aufriefen, sind die Arbeitszeitwünsche der Menschen heute sehr viel differenzierter geworden (→Arbeitszeiten →Wochenende). So würde ein hoher Prozentsatz der vollzeitbeschäftigten Männer gerne weniger als 38 beziehungsweise 40 Stunden, teilzeitbeschäftigte Frauen dagegen lieber mehr als 20 Stunden arbeiten. Ideal für die meisten wäre eine kürzere Vollzeit oder längere Teilzeit (Holst/Seifert 2012). Außerdem würden die Arbeitnehmerinnen und Arbeitnehmer ihre Arbeitszeit (auf der Basis einer festgeschrieben durchschnittlichen Wochenarbeitszeit) gern flexibler handhaben können, um sie sowohl wechselnden kurzfristigen Bedürfnissen als auch längerfristigen Veränderungen ihrer Lebenslage besser anzupassen zu können, aber auch, etwa um leichter ein →Ehrenamt wahrnehmen zu können (ebd.). Im Idealfall sollte es den Beschäftigten also erlaubt sein, jeweils zu den Zeiten zu arbeiten, die sie sich wünschen. Damit wäre tatsächlich ein Stück Zeitwohlstand verwirklicht (Rinderspacher 2012).
Dies zu ermöglichen beinhaltet die Idee der „Zeitsouveränität", die bereits auf die 1970er Jahre zurückgeht. (Teriet 1976) Diese Jahre waren in Westdeutschland durch einen tiefgreifenden Wertewandel gekennzeichnet: In ein gestiegenes Selbstbewusstsein und wachsen-

des Ich-Gefühl von großen Teilen der Bevölkerung fügte sich die Vorstellung gut ein, wie in vielen anderen gesellschaftlichen Bereichen so auch bei der Gestaltung des Verhältnisses von Arbeit und Freizeit mehr Gestaltungsfreiheit zu gewinnen (→Ich →Sinn). Dem widersprach zunächst, dass es seinerzeit zwar theoretisch denkbar, jedoch schlicht nicht üblich war, mit dem Arbeitgeber individuelle Vereinbarungen über seine Arbeitszeit abzuschließen. Als Fesseln galten neben der geübten Praxis unter anderem Tarifverträge und kollektivvertragliche betriebliche Vereinbarungen, die die Dauer, Lage und Verteilung der Arbeit für alle Arbeitnehmer in einer Branche und/oder einem Unternehmen einheitlich festschrieben.

Der Begriff „Souveränität" entstammt der politischen Theorie: Wie in der parlamentarischen Demokratie die Gesamtheit der Bürgerinnen und Bürger (vertreten durch das Parlament) entscheidet, welche Verfassung sie sich gibt und wie die Ausgestaltung der politischen Praxis der Gesellschaft sein soll, und nicht etwa ein Potentat oder eine elitäre Gruppe, so sollen im Konzept der Zeitsouveränität die Arbeitnehmer die Bestimmenden bei der Gestaltung ihrer Lebenszeit im Verhältnis von (Erwerbs-)Arbeit und Freizeit sein. Wenn hier von einer Art Grundrecht die Rede ist, so soll damit zum Ausdruck gebracht werden, wie ernst und wichtig die Forderung ist, selbst über seine Zeit bestimmen zu können. (→Zeitdiebe)

Das Denkmodell der Zeitsouveränität hat seine Wurzeln darüber hinaus in den Theorien der neoklassischen Ökonomie. Deren Modelle betrachten jemanden, der abhängig beschäftigt ist, zunächst einmal als ein frei am Arbeitsmarkt agierendes Wirtschaftssubjekt, das entsprechend seiner Präferenzen im Grundsatz völlig autonom entscheiden darf, wie lange und zu welchen Zeiten es seiner (Lohn-)Arbeit nachgehen will. Das Wirtschaftssubjekt wägt ab zwischen der Notwendigkeit ein Einkommen zu erwirtschaften, und der Möglichkeit, seine Zeit auch für andere Dinge verwenden zu können. In der Theorie probiert es verschiedene Kombinationen von Arbeit und Freizeit solange aus, bis es entsprechend seiner Bedürfnisse sein persönliches Optimum herausgefunden hat. Dies tut es in dreierlei Hinsicht, nämlich erstens auf die Dauer (wie lange), zweitens auf die Lage (wann im Tages-, Wochen- oder Jahresverlauf) und drittens auf die Verteilung der Arbeitszeit (in welchen Intervallen, zum Beispiel nur Dienstag und Donnerstag).

Zudem sind längere Unterbrechungen des Arbeitslebens, etwa in Form so genannter *Sabbaticals* Bestandteil des Konzepts. Auch der Jahresurlaub lässt sich bekanntlich kreativ über das Jahr verteilen. Schließlich bedeutet Souveränität, dass das Individuum für keine seiner zeitlichen Entscheidungen, die es getroffen hat, dem Arbeitgeber eine Begründung liefern muss, etwa wegen einer Babypause (Erziehungszeit) oder beruflichen Fortbildung.

Anfangs stießen die Versuche, das Arbeitszeitregime ein wenig flexibler zu gestalten, nicht nur bei den Arbeitgebern, sondern auch bei den Gewerkschaften auf Widerstand, aus jeweils unterschiedlichen Gründen. Inzwischen gehören flexible Arbeitszeiten in Gestalt unzähliger Modelle in Theorie und Praxis bekanntlich längst zum Alltag (→Arbeitszeit). In welchem Ausmaß darin jedoch die Idee der Zeitsouveränität verwirklicht ist, ist eine andere Frage, denn Zeitsouveränität ist nicht mit flexibler Arbeitszeit gleichzusetzen: Zeitsouveräne Arbeitszeitmodelle sind zwar immer auch flexibel, aber umgekehrt beinhaltet nicht jede Arbeitszeit, die sich flexibel nennt, notwendig Elemente der Selbstbestimmung (Rinderspacher 2009). Im Extremfall kann bestimmend für die Einsatzzeiten sogar ausschließlich das Unternehmen sein, das immer dann zur Arbeit ruft, wenn Personal gebraucht wird. Offensichtlich stoßen hier Zeitinteressen aufeinander. Wie aber kann man in der Praxis die Zeitinteressen von Arbeitgeber- und Arbeitnehmerseite miteinander kompatibel machen? Und wo genau liegen überhaupt die Interessengegensätze? Tatsächlich gibt es kaum eine Branche und keinen Industriebetrieb, der zu jeder Zeit – verteilt über den Tag, den Monat oder das Jahr – einen gleichbleibenden Bedarf an Arbeitskräften beziehungsweise Arbeitsstunden hat. Überall gibt es saisonale oder konjunkturelle Schwankungen, nicht nur bei der Herstellung von Schokoladenweihnachtsmännern. Eher selten verlaufen diese Schwankungen der Nachfrage parallel zu den Zeitinteressen der Beschäftigten: So besteht ein Produktionstief und damit eine geringere Nachfrage nach Arbeitsstunden häufig genau zu den Jahreszeiten, in denen die Menschen mit zusätzlichen freien Tagen für Freizeit und Urlaub nur wenig anfangen können, wie im November – während etwa im Hochsommer, wenn das Wetter schön ist, besonders viele Arbeitskräfte benötigt werden, nicht nur in der Bauwirtschaft. In manchen Branchen ist es aber auch genau umgekehrt. Ähnlich wie im Jahreszyklus verhält es sich auch mit den Tages- und Wochenarbeitszeiten: Im Einzelhandel beschäftigte Frauen mit Erziehungsaufgaben würden am liebsten am Vormittag arbeiten – wo aber die Kundenfrequenzen am niedrigsten sind und deshalb die wenigsten Leute gebraucht werden.

Dieses Auf und Ab wurde früher, jedenfalls im produzierenden Gewerbe, durch Lagerbestände aufgefangen; das Produktionsvolumen richtete sich dementsprechend außer nach der aktuellen Auftragslage innerhalb gewisser Grenzen auch nach dem vorhandenen (Kern-)Personalbestand, der – anders als heute – auf hohem Niveau relativ konstant über das Jahr, die Woche und den Tag beschäftigt wurde. Dagegen soll sich nach der neuen, ultraflexiblen Produktionsphilosophie nun umgekehrt der Einsatz der Arbeitskraft der jeweiligen Auftragslage anpassen, möglichst kurzfristig versteht sich. Dienstleister richten sich nach dem Zulauf ihrer Kunden oder Klienten, daher müssen auch das →Wochenende und/oder die Nacht mit Personal besetzt sein, wie etwa in der Gastronomie. In der Praxis regeln Vereinbarungen zwischen Betriebsleitung und Arbeitnehmervertretern die Rahmenbedingungen des Personaleinsatzes. Dabei kann dieser in einigen Modellen auch durch gruppeninterne Absprachen unter den Kolleginnen und Kollegen geregelt werden.

Unter der Prämisse, dass „Zeitsouveränität" oder ein „Recht auf Bestimmung über die eigene Zeit" gilt (Mückenberger 2015), geht es letztlich um die Frage, welche guten Gründe einem Betrieb zugebilligt werden können, die Entscheidungsfreiheit seiner Angestellten – deren Arbeitszeit betreffend – überhaupt zu beschneiden. Das Thema so gestellt bedeutet aber, dass den Arbeitnehmerinnen und Arbeitnehmern ein solches Recht auf eigene Zeit überhaupt zugebilligt wird. Dies ist jedoch in der Praxis der real existierenden kapitalistischen Arbeitswelt – anders als in der ökonomischen Theorie, siehe oben – nicht der Fall. Denn dieses Recht anzuerkennen hieße, zu allererst den Zeitinteressen der Beschäftigten Priorität einzuräumen und nicht der Wirtschaftlichkeit des Unternehmens, wie allgemein üblich. Aus mehreren Gründen tun die Unternehmen dennoch gut daran, im eigenen Interesse auf die Arbeitszeitwünsche ihrer Mitarbeiterinnen und Mitarbeiter einzugehen. Der erste Vorteil ist, dass gut Ausgebildete durch günstige zeitliche Rahmenbedingungen an das Unternehmen gebunden werden können. Der demografische Wandel und der Fachkräftemangel seit den 2010er Jahren lassen dies ratsam erscheinen. Wenn sich allerdings die Situation auf dem Arbeitsmarkt wieder ändern sollte und genügend Arbeitskräfte zur Auswahl stehen oder, wie bei niedrigen Qualifikationen, die Mitarbeiter mit geringem Kostenaufwand rasch neu eingearbeitet werden können, besteht betriebswirtschaftlich gesehen kein gesteigertes Interesse, größere Konzessionen an die Arbeitszeiten der Beschäftigten zu machen: Die Chancen, eigene Zeitbedürfnisse durchsetzen zu können, werden dann wieder geringer.

Auf der anderen Seite gibt es zahlreiche Beispiele dafür, dass es in eine etwas andere Unternehmensphilosophie, die weiter vorausdenkt und sich nicht nur von kurzfristigen Erfolgen in der Jahresbilanz leiten lässt, durchaus gut hineinpasst, mehr als üblich auf die Zeitinteressen der Mitarbeiter einzugehen. Denn indem dies den Betriebsangehörigen zu mehr Arbeits- und Lebenszufriedenheit verhilft, wird, gewissermaßen als Gegenleistung, deren Leistungsbereitschaft stimuliert, was sich – zumindest langfristig – positiv auf die Marktchancen und die Ertragslage auswirkt (→Leistung und Erfolg). Dies erklärt, warum immer mehr, gerade auch führende und besonders erfolgreiche, Unternehmen Arbeitszeitmodelle anbieten, die erkennbar von dem Anspruch getragen sind, beiden Seiten gerecht zu werden, etwa indem sie familienfreundliche Arbeitszeitmodelle anbieten (www.zukunftsforum.familie.de).

Ein inzwischen häufiger anzutreffendes Arbeitszeitmodell mit höheren Ansprüchen an Zeitsouveränität ist die so genannte „Vertrauensarbeitszeit" (Hoff 2002). Die Beschäftigten sind hier tatsächlich mehr oder weniger frei, ihre Arbeitszeit und teilweise auch ihren Arbeitsort zu wählen (z. B. Homeoffice). Für die Beschäftigten kommt es nun vor allem darauf an – im Rahmen gewisser Kernzeiten mit Anwesenheitspflicht – die ihnen zugewiesenen Aufgaben zu erledigen, nicht aber darauf, eine Präsenzkultur zu pflegen, also möglichst oft im Betrieb anwesend zu sein. In so genannten Zielvereinbarungen werden sie auf ein zuvor ausgehandeltes Arbeitsergebnis zu einem festgesetzten Zeitpunkt verpflichtet. Dies bedeutet zumeist jedoch nicht, dass die tatsächliche Arbeitszeit der Mitarbeitenden damit kürzer wird. Im Gegenteil gibt es Hinweise darauf, dass mehr als die Hälfte derjenigen, die in Vertrauensarbeitszeit tätig sind, länger als vorher arbeiten und nur ein Bruchteil weniger (ISO 2004, S. 107). Zugleich hat sich gezeigt, dass der Zuwachs an zeitlicher Freiheit sehr stark von der jeweiligen Unternehmenskultur abhängt, also vom Verhältnis von Vorgesetzten zu Untergebenen und den Kolleginnen und Kollegen untereinander. Ohne die vertrauensvolle Zusammenarbeit aller Beteiligten führt das Modell eher zu höherer Selbstausbeutung (Böhm u. a. 2004).

Dafür spricht auch die generelle Tendenz: Männer, die in sehr großem Ausmaß über ihre Arbeitszeit selbst bestimmen können, leisten zu 44 Prozent unbezahlte und nicht durch Freizeit ausgeglichene Überstunden, Frauen zu 26 Prozent. Bei Beschäftigten mit festen Arbeitszeiten sind es dagegen nur knapp 10 Prozent (Matta 2015). Damit solche Modelle mit erweiterten Optionsmöglichkeiten tatsächlich zu mehr Zeitwohlstand führen, müsste mehr Mitsprache bei der Regulierung der Arbeitsmenge ermöglicht sowie die Einspruchsmöglichkeiten gegen Arbeitsüberlastung verbessert werden. Solche gut gemeinten Regelungen können allerdings nur greifen, wenn die Betroffenen zum einen keine Angst haben müssen, dass ihnen das Nichterreichen des vorgegebenen Pensums als persönliche Leistungsschwäche ausgelegt wird. Zum anderen sind es umgekehrt häufig die Beschäftigten selbst, die im gnadenlosen Wettbewerb mit den eigenen Kollegen dem Vorgesetzten ihre Leistungsbereitschaft und Loyalität durch freiwillige Mehrarbeit zu demonstrieren suchen.

Zeitsouveränität bezieht sich aber nicht nur auf das

Verhältnis von Arbeit und Nichtarbeit, sondern sollte, konsequent zu Ende gedacht, eigentlich auch bedeuten, in der Arbeit über seine Zeit verfügen zu können. Es geht also darum, am Arbeitsplatz über das Arbeitstempo und die Arbeitsverteilung mitzuentscheiden zu können. Zum Beispiel kann man dann den Montag etwas lockerer angehen lassen, um dafür in der Wochenmitte schneller zu arbeiten, oder, dem Biorhythmus folgend, nach der Mittagspause einen Gang herunterschalten (→Rhythmus). Auch darin besteht Zeitwohlstand, wenn man mit Gerhard Scherhorn darunter „das Wohlbefinden in der Zeit" versteht (2002). In der schmuddeligen Wirklichkeit finden wir jedoch allerorts die Tendenz, dass das Arbeitspensum mit Hilfe unterschiedlicher Instrumente, auch durch die erwähnten Zielvereinbarungen, immer weiter hochgeschraubt und stärker linearisiert wird, das heißt eine im Tagesverlauf gleichmäßige, entrhythmisierte Arbeitsleistung auf hohem Niveau erwartet wird – wobei dies auf den ersten Blick sogar zeitsouverän, das heißt dem eigenen Willen beruhend, erscheinen mag.

Wenn Zeitwohlstand unter anderem bedeutet, die Kontrolle über die eigene Zeit zu erhöhen (→Stress), macht es durchaus Sinn, sich – ganz souverän – dafür zu entscheiden, (s)ein Pensum langsamer abzuarbeiten, auch wenn es dafür länger dauert, jedenfalls so lange man diese Arbeitsweise mit mehr „Wohlbefinden in der Zeit" verbinden kann. Das wäre nicht nur ein guter Ansatz, um ältere Arbeitnehmer länger im Erwerbsprozess zu halten, sondern gilt für jede Altersgruppe. Auch wenn die Selbstbestimmung über das eigene Arbeitstempo wahrscheinlich nicht zum Nulltarif zu haben wäre (→Einkommen) – aber was gibt es schon umsonst? Doch wäre wahrscheinlich erst dann umfassende Zeitsouveränität verwirklicht. Das ist sicher keine leichte Aufgabe, aber auch nicht vollkommen utopisch.

Zweierbeziehung

Zeit für jemanden, den man liebt

Eine Beziehung ist ein freiwilliges, auf Zuneigung und zumeist auch auf Liebe gegründetes Verhältnis zweier Menschen zueinander. Ob sich diese einmal zu einer klassischen Familie entwickelt, ist in den modernen westlichen Gesellschaften offen. In der Regel stiftet die Zweierbeziehung erst das Motiv, mit einem anderen Menschen Kinder zeugen und ein Leben lang zusammenbleiben zu wollen. Sie hat sich längst aber auch als eigenständige soziale Institution neben Ehe und Familie etabliert (Lenz 2009a).

Bei genauerer Analyse lassen sich vier Typen von Zweierbeziehungen unterscheiden: Erstens die vor der Eheschließung, zweitens die ohne den Wunsch zu heiraten, drittens die nacheheliche (freie) Zweierbeziehung und schließlich viertens die Zweier- oder Paarbeziehung innerhalb der Familie. Der zuletzt genannte Typ mag überraschen, scheint es doch kein Gegensatz zu sein, wenn man sich als Paar innerhalb einer Familie begreift. Doch ist diese Eingrenzung wichtig, weil Familie und Zweierbeziehung in einen Gegensatz geraten können. So ist die Geburt eines Kindes nicht nur ein Quell der Freude, denn sie fordert den Partnern erhebliche Einschränkungen früherer, liebgewonnener Lebensgewohnheiten ab. Ein gutes Familienleben muss nicht unbedingt mit einer funktionierenden Zweierbeziehung identisch sein und umgekehrt (→Sinn).

Die Unterscheidung von Zweierbeziehung und Ehe hat eine lange Geschichte. Noch in der zweiten Hälfte des 20. Jahrhunderts sprach man bei festen Partnerbindungen ohne Trauschein von einer wilden Ehe. Eine Zweierbeziehung galt – auch in der Jugendkultur der „Halbstarken" während der 50er Jahre und teilweise selbst noch in der 68er-Bewegung – als Vorstadium zur Ehe, der eigentlichen Form dauerhafter Bindung. Erst die nachfolgenden Generationen profitierten, wenn sie wollten, vom kulturrevolutionären Aufbruch jener Tage. Schon lange ist die Zweierbeziehung nicht mehr nur typisch für Teenies oder Studierende, man findet sie außer in der mittleren Lebensphase immer häufiger etwa auch bei älteren Menschen, deren Ehepartner verstorben sind. Zudem haben sich Zweierbeziehungen wie auch die Ehe von ihrer ursprünglichen Bindung an Geschlechterzugehörigkeiten und -rollen abgelöst.

Was das Sexualverhalten angeht, lassen Zweierbeziehungen verschiedene Optionen zu. In den Teenie-Kulturen der westdeutschen Nachkriegsepoche etwa war eine feste Beziehung keineswegs gleichbedeutend mit voll ausgelebter Sexualität. Sich das Schönste bis zur Ehe zu bewahren, warten zu können, galt vor allem unter bürgerlichen Jugendlichen als wichtige Generaltugend. Dagegen ist „sich ausprobieren" ein längst auch von Eltern akzeptiertes Verhalten von Jugendlichen und gilt als normaler Annäherungsprozess an einen geeigneten Partner. Dies hängt auch damit zusammen, dass das romantische Liebesideal, demzufolge zwei Partner füreinander vom Schicksal bestimmt seien und sich dieser Bestimmung entsprechend dann nur noch suchen und finden müssen, stark im Schwinden begriffen und durch eine Art Trial-and-Error-Prozess (Versuch und Irrtum) des Kennenlernens ersetzt worden ist. Der Soziologe Anthony Giddens (1992) sprach schon vor einem Vierteljahrhundert von einem Trend zur partnerschaftlichen Liebe (*confluent love*), die die überkommene Vorstellung von einer Liebesbeziehung ablöse. Gegenwärtig findet man unter manchen Jugendlichen aber auch das Gegenteil, nämlich eine Wiederbelebung romantischer Vorstellungen einschließlich des alten Enthaltsamkeitsideals.

Die nichteheliche Zweierbeziehung ist in mehrfacher Hinsicht typisch für das Lebensgefühl unserer Epoche: Das Verhalten innerhalb von Partnerschaften orientiert sich an dem Wunsch, sich in einem glücklichen Leben zu zweit selbst zu verwirklichen. Es ist in gewisser Weise projektorientiert, Bindungen gelten im Grundsatz – wenn nicht unbedingt als von vorn herein zeitlich befristet, so doch auf jeden Fall als kündbar – relativ unkompliziert.

Eine große, von der ZEIT initiierte Studie fand heraus, dass etwa zwei Drittel der Deutschen der Meinung sind, dass eine Heirat Ausdruck von Liebe ist, mit abnehmender Tendenz (DIE ZEIT 2016b). Nur 29 Prozent der Männer und 25 Prozent der Frauen finden, dass nachfolgende Generationen wichtige Entscheidungen „aus Liebe treffen sollten". Gleichzeitig bleibt für fast 90 Prozent aller Befragten unabhängig vom Geschlecht „das Gefühl der Liebe das höchste Gut". Und während die Hälfte der Männer sagt, „am liebsten wäre ich die ganze Zeit mit meinem Partner zusammen", stimmen dieser Aussage nur 41 Prozent der Frauen zu. Frauen fällt es, ganz im Gegensatz zur früheren Rollenverteilung, inzwischen offenbar leichter, sich von einem Partner zu trennen, wenn die Gemeinsamkeiten aufgebraucht sind: So votieren sie etwa deutlich öfter dafür, in diesem Fall nicht wegen der Kinder zusammenzubleiben. Sehr wichtig ist in einer Beziehung für beide Geschlechter „guter Sex" (62 Prozent) und noch wichtiger „Nähe". Überwiegend abgelehnt wird aber die Vorstellung, es gebe für jeden Lebensabschnitt einen anderen passenden Partner (60 Prozent) ebenso wie die Vorstellung, man könne gut mehrere Liebesbeziehungen gleichzeitig haben, was auch als Polyamorie bezeichnet wird (82 Prozent). Letzteres widerspricht allerdings diametral der gelebten Praxis unzähliger, wiederholter heimlicher Affären und verbotener Lieben und einer konsekutiven Promiskuität, die früher eher ein Vorrecht der höheren Stände war, bei Frauen ebenso wie bei Männern und in allen sozialen Schichten und Altersgruppen der Gesellschaft. Nicht nur die klassischen Romane, sondern auch die meisten Vorabendserien im Fernsehen leben genau von diesem Spannungsverhältnis zwischen Anspruch und Wirklichkeit. Möglich, dass sich hier, interessanterweise vor dem Hintergrund eines sich stark wandelnden Verständnisses der Geschlechterbeziehungen hin zu mehr Partnerschaftlichkeit und Freundschaft (Illouz 2013), eine neue Doppelmoral offenbart.

Dies alles setzt die Zweierbeziehung unter einen gewaltigen, selbstverursachten Druck (→Leistung und Erfolg): Es müssen immer wieder gute Gründe dafür sprechen, die Beziehung weiter zu führen – die Beweislast hat sich gegenüber dem klassischen Eheversprechen gewissermaßen umgekehrt. Doch kann häufiger Partnerwechsel auch einem besonderen Lebenskonzept folgen, das paradoxerweise oft als Single-Existenz bezeichnet wird. Hierbei wird eine stabile Zweierbeziehung selbst dann nicht angestrebt, wenn die wechselseitigen Erwartungen der Partner sich entsprechen. Der Reiz des Neuen rangiert hier vor dem Bedürfnis nach Sicherheit und Stabilität. Nicht selten ist jedoch die übersteigerte Erwartung, den Märchenprinzen zu finden, für die häufigen Partnerwechsel verantwortlich (Kaufmann 2002).

Die Vorstellung von individuellem Glück in Verbindung mit romantischer Liebe, die sich in der Ehe erfüllt, ist noch gar nicht so alt, sondern eine Erscheinung des 18. Jahrhunderts. Ursprünglich arrangierten Eltern oder die (Groß-)Familie die Heirat, auch mit dem Ziel, die gesellschaftliche Stellung des Kindes zu verbessern. Fern dieser Wirklichkeit wurde von jeher in allen Gesellschaften eine Poesie der Liebe gepflegt, die sich aber auf die Gefühlswelt der höheren Stände bezog und den Sehnsüchten ihrer Lebenswelt Ausdruck verlieh. Und schon seit dem Liebesabenteuer von König David im Alten Testament (2. Samuel 11,1-26) finden wir in der Literatur das Grundmotiv der verbotenen Liebe, das seine Spannung aus Grenzverletzungen und übertretenen Spielregeln bezieht.

Sofern es nicht um Heirat ging, sondern um Sexualität oder eine Affäre, waren Männer der Oberschicht im Gegensatz zu den niederen Ständen in jeder Epoche in der Lage, sich über die für das gemeine Volk geltenden moralischen und religiösen Vorschriften hinwegzusetzen. So genannte Lustschlösser in königlichen Parks und ähnliche Bauwerke zeugen noch heute davon. Obwohl die große Mehrheit der Menschen in unserer Epoche trotz zahlreicher Möglichkeiten eines im historischen Vergleich relativ komplikationslosen Partnerwechsels dennoch die Hoffnung hegt, eine dauerhafte Zweierbeziehung einzugehen, sind die Verführungen zu neuen Liebesabenteuern groß. Gelegenheiten hierzu stellt unter anderem das →Internet mit seinen Chatrooms und Kontaktbörsen zur Verfügung. Die Partnersuche wird so zum elektronisch vermittelten Gesellschaftsspiel (→Spiel(en)). Durch die liberalere Auffassung von zwischenmenschlichen Beziehungen entstehen neue Beziehungsmärkte, im World Wide Web ebenso wie im Seniorenheim.

Man kann dies als eine Bereicherung der individuellen Entfaltungsmöglichkeiten und Verwirklichung von mehr persönlicher Freiheit sehen (→Ich) oder als eine permanente Bedrohung der Stabilität einer bestehenden Ehe oder Zweierbeziehung. Ihre Aufrechterhaltung wird auch vor dem Hintergrund dieser veränderten Marktlage immer mehr zu einer Art von Leistung (→Leistung und Erfolg). Diese Verunsicherung führt unter anderem dazu, dass sich bei immer mehr Menschen mit den Erwartungshorizonten auch die Planungshorizonte ändern, etwa wenn es um die Bindung an Wohneigentum, den Kinderwunsch oder gar die Alterssicherung geht. Vor allem Frauen möchten wegen ihrer häufig noch immer sehr lückenhaften Erwerbsbiografie für solche Fälle zu Recht besser abgesichert sein (→Rente →Familie). Dabei tun sich nicht selten Widersprüche auf zwischen der Notwendigkeit länger-fristiger Festlegungen auf der einen Seite und spon-tanen Bedürfnissen, dem Leben im Hier und Jetzt auf der anderen. Große Erwartungsunsicherheit kann aber auch die Fähigkeit blockieren, „schöne Augenblicke" zu erkennen und zu genießen. Gott sei Dank aber sind die meisten Paare in der Lage, die rein statistisch ja un-bestreitbar hohe Wahrscheinlichkeit einer Trennung (Ruiner 2010; Destatis 2015c) in der Phase des Kennen-lernens oder der Heirat zu übergehen, was man auch als eine Art Resilienzverhalten, das heißt als Anpassungs-leistung an nicht veränderbare Lebensumstände, inter-pretieren kann (Berndt 2015): Würde eine minimale Haltbarkeit der Beziehung von vornherein in Zweifel gezogen, würde sie schon hieran scheitern. Tröstlich ist immerhin: 90 Prozent der Verheirateten geben an, dass sie ihren jetzigen Ehepartner wieder heiraten würden (Focus 35/2012). In jeder Zweierbeziehung geht es also auch immer darum, ein persönliches und zugleich part-nerschaftliches Optimum zwischen Gegenwarts- und Zukunftsorientierung zu finden. Dazu kann es nützlich sein, sich gemeinsame Erfolgskriterien und Lebensziele bewusst zu machen, an denen beide Partner sich messen lassen möchten.

Der Umgang mit der Zeit hat einen hohen Anteil daran, ob das „amouröse Kapital" – jenseits aller Gewöh-nungs- und Abnutzungsprozesse, die jede menschliche Beziehung begleiten – rasch aufgebraucht, gepflegt oder sogar vermehrt wird (Lenz 2009b). Gefährdet sind nicht nur der Typ Zweierbeziehung ohne Trauschein und →Familie, sondern auch die Zweierbeziehung im Rahmen der Familie. Partnerschaftliche Interessen werden dort allzu oft hintenangestellt, um die Zeitabläufe in der Familie so zu organisieren, dass all ihre Mitglieder zweckmäßig eingebunden sind. Die Bedürfnisse von Kindern und Enkeln, von Eltern und Großeltern rangieren in der Praxis zumeist höher als der Wunsch, gemeinsame Zeit für sich und seinen Partner zu finden – ein Thema ungezählter Ratgeber und Therapieansätze auf diesem Feld (→Ich →Kinderzeiten; Will 2008). Gut mit der Zeit umzugehen könnte hier zum Beispiel heißen, an einigen bewährten Regeln und Gewohnheiten der Zweierbeziehung aus der Vor-Familienphase auch dann festzuhalten, wenn sie im schwierigen Familienalltag unterzugehen drohen, weil gerade dafür mal wieder die Zeit nicht reicht.

Ganz grundsätzlich ist gemeinsames Zeiterleben eine wichtige Voraussetzung für eine gelingende Partnerschaft. Zum einen müssen die äußeren Rahmenbedingungen hergestellt sein: Das betrifft die Arbeitszeit und damit die Anwesenheit zu Hause ebenso wie die Urlaubsplanung, nicht zuletzt auch die Fähigkeit, das Firmenhandy nach →Feierabend tatsächlich ausschalten zu können. Darüber hinaus gehört zum gemeinsamen Zeiterleben aber auch eine gewisse Übereinstimmung der Mentalitäten der Partner, die sich unter anderem im jeweiligen Zeitverhalten der Partner niederschlagen. Zum Beispiel geht es dabei um Pünktlichkeit und Erreichbarkeit (mit oder ohne Handy), Spontaneität und Flexibilität, um den Blick auf die Zukunft

und nicht zuletzt darum, ob beide einen kompatiblen
– nicht unbedingt gleichen – Lebensrhythmus zustande
bringen, bei der praktischen Alltagsgestaltung ebenso
wie im Fühlen und Denken (→Rhythmus →Spiel(en)).
Das zeigt sich etwa daran, ob man eher auf Spontanität
und Zufälle setzt oder akribische Planung bevorzugt.
Nicht zuletzt daran, ob man den Zeitpunkt einer
Schwangerschaft mehr oder weniger selbst bestimmen
oder sich lieber davon überraschen lassen will, scheiden
sich oft die Geister.

Unter den vielen Symbolen, die täglich in jeder Paarbeziehung ausgetauscht werden und die für jede Beziehung eine große Bedeutung haben, sind eben auch jede
Menge zeitliche. Das beginnt beim Rhythmus der
Kommunikation der Partner in einer Unterhaltung und
bei allen anderen Lebensäußerungen: Als unbewusster
Subtext eines Kommunikationsprozesses findet unter
anderem ein Abgleich darüber statt, ob einem die Zeitmaße des Partners sympathisch oder unsympathisch
sind – vielleicht ist er viel zu hektisch oder zu lahm.
Eine zu rasche oder zu langsame Reaktion auf einen
gesprochenen Satz, auf eine witzige Bemerkung, eine
SMS oder eine Berührung kann bereits als Botschaft
wirken. Der Alltag einer Zweierbeziehung (und noch
mehr ihr Beginn) ist gespickt mit solchen Herausforderungen und dem permanenten Anspruch, zeitgerecht
auf den Partner zu reagieren, das heißt das Richtige im
richtigen Moment zu tun (→Stress →Rhythmus). Dabei
können sich, wie man weiß, aber auch Gegensätze auf
manchmal wundersame Weise anziehen.

Im Verlauf einer Paarbeziehung institutionalisiert sich

das Zeitverhalten zueinander und es entsteht so etwas wie eine paar- beziehungsweise familientypische Zeitkultur. Dabei kann unter anderem wichtig sein, zu welchem Zeitpunkt jemand etwas bestimmtes tut oder zu tun pflegt, ebenso wie die (übliche) Dauer einer Sache: Wie lange man schläft, wann man aufwacht oder aufsteht (was nicht dasselbe sein muss), wie lange man benötigt, um „sich fertig zu machen", wann der Partner Hunger verspürt und wie ausgiebig er frühstückt (→Essen und Trinken), wann er zur Aktivität oder eher zur Passivität neigt (auch sexuell), oder wann einer von beiden die Party gern (schon früher) verlassen möchte. Dabei sind die Menschen in ihrem Zeitverhalten zum Teil auch biologisch festgelegt. So beschreibt die Biorhythmusforschung bekanntlich ganz unterschiedliche Typen von Menschen (Nachteule und Lerche; →Rhythmus), wobei sich diese Grunddispositionen kaum verändern lassen. Schließlich meint Dauer hier nicht zuletzt Ausdauer: Wenn es darum geht, etwas zu Ende zu bringen oder einen Spannungsbogen zu halten, bei der Arbeit, beim Sport, beim Lesen und nicht zuletzt beim Liebesspiel.

Wahrscheinlich gehört in gewisser Weise zu jeder Zweierbeziehung das →Spiel(en), das Ausprobieren, das Spiel mit Nähe und Distanz sowie das Kommen und Gehen. Mitentscheidend für eine dauerhafte Beziehung dürfte also sein, inwieweit die Partner bereit sind, sich Zeit zu nehmen für etwas – etwas, das über ein vernunftgeprägtes Alltagsarrangement hinausweist. Während bestimmte Unterschiede im Familienleben weitgehend pragmatisch überwunden werden können

– anders wäre es wohl auch kaum möglich, sich zu organisieren –, bedarf die emotionale Ebene der Partnerschaft einer ständigen, gerne auch mal etwas chaotischen Energiezufuhr: für mehr und bessere Zeiten für das Leben zu zweit.

Literatur

Adam, Barbara, Geißler, Karlheinz A. (Hrsg.) (1998): Die Nonstop-Gesellschaft und ihr Preis. Vom Zeitmissbrauch zur Zeitkultur. Stuttgart: Hirzel

Adamo, Nils (2012): Bedingungsloses Grundeinkommen: Sozialromantik oder Zukunft des Sozialstaats? Darmstadt: Büchner

ARAG (2014): ARAG Trend 2014/2015: Wie fit ist Deutschland? Wir treiben deutlich mehr Sport als noch vor fünf Jahren. http://www.presseportal.de/pm/29811/2866156

Arendt, Hannah (2002): Vita activa. Vom tätigen Leben. München: dtv

Ariès, Philippe (1978): Geschichte der Kindheit. München: dtv

Aristoteles (2001): Nikomachische Ethik. Ditzingen: Reclam

Aveni, Anthony (1991): Rhythmen des Lebens. Eine Kulturgeschichte der Zeit. Stuttgart

Bataille, Georges (1975): Die Aufhebung der Ökonomie, München: Rogner & Bernhard

Bebel, August (1980): Die Frau und der Sozialismus. Bonn: Verlag J.H.W. Dietz

Becker, Gary S. (1993): Der ökonomische Ansatz zur Erklärung menschlichen Verhaltens, Tübingen: Mohr

Becker, Uwe (2015): Zeit für Ungehorsam – Die Protestantische Ethik ist viel besser als ihr Ruf. In: Was ist Zeitpolitik? In: Böll. Thema Nr. 2/2015, Sehnsucht nach Zeit

Becker, Uwe (2006): Sabbat und Sonntag. Plädoyer für eine sabbat-theologisch begründete kirchliche Zeitpolitik. Neukirchen-Vluyn: Neukirchener

Berndt, Christina (2015): Resilienz: Das Geheimnis der psychischen Widerstandskraft. Was uns stark macht gegen Stress, Depressionen und Burn-out. München: dtv

Bertram, Hans; Deuflhard, Carolin (2014): Arbeit und Familie in der Wissensgesellschaft. Leverkusen Barbara Budrich

BiB (Bundesinstitut für Bevölkerungsforschung) (2016): www.bib-demografie.de/Aktuelles/Presse/Archiv/2016/2016_02_gdm_laengere_pendelzeiten.html.

Blumenberg, Hans (1997): Schiffbruch mit Zuschauer. Paradigma einer Daseinsmetapher. Frankfurt a. M.: Suhrkamp

BMFSJ (Bundesministerium für Familie, Senioren, Frauen und Jugend) (2012): Achter Familienbericht – Zeit für Familie – Familienzeitpolitik als Chance einer nachhaltigen Familienpolitik, Berlin

BMFSFJ (2010): Hauptbericht des Freiwilligensurveys 2009 – Zivilgesellschaft, soziales Kapital und freiwilliges Engagement in Deutschland 1999-2004-2009. Berlin

BMFSFJ (2006): Familie zwischen Flexibilität und Verlässlichkeit. Perspektiven für eine lebenslaufbezogene Familienpolitik. Siebter Familienbericht. Berlin

BMFSFJ/BMG (2010): Charta der Rechte hilfe- und pflegebedürftiger Personen". Berlin

BMFSFJ/Destatis (Hrsg.) (2013): 2. Atlas zur Gleichstellung von Männern und Frauen. Berlin

BMFSFJ/Destatis (Hrsg.) (2003): WO BLEIBT DIE ZEIT? Die Zeitverwendung der Bevölkerung in Deutschland 2001/02. Berlin

Böhm, Sabine, Herrmann, Christa, Trinczek, Rainer (2004): Herausforderung Vertrauensarbeitszeit. Zur Kultur und Praxis eines neuen Arbeitszeitmodells. Berlin: Sigma

Böhm, Sebastian, Diewald, Martin (2012): Auswirkungen belastender Arbeitsbedingungen auf die Qualität privater Lebensverhältnisse. In: WSI-Mitteilungen Nr. 02/2012

Bonney, Helmut (2015): ADHS – na und? Vom heilsamen Umgang mit handlungsbereiten und wahrnehmungsstarken Kindern. 2. Aufl., Heidelberg: Auer

Bremer Initiative für Arbeitszeitverkürzung (http://www.bremer-arbeitszeitinitiative.de/themen-1/arbeitszeitverk%C3%BCrzung/)

Bücher, Karl (1909): Arbeit und Rhythmus. Leipzig: Teubner

BUND/Misereor (1996): Zukunftsfähiges Deutschland. Ein Beitrag zu einer global-nachhaltigen Entwicklung. Studie des Wuppertal-Instituts für Klima, Umwelt, Energie. Basel: Birkhäuser

Castells, Manuel (2001): Die Netzwerkgesellschaft. Das Informationszeitalter: Wirtschaft, Gesellschaft, Kultur. Opladen: Leske + Budrich

Cunningham, Hugh (2006): Die Geschichte des Kindes in der Neuzeit. Düsseldorf: Patmos

DAK (Deutsche Angestelltenkrankenkasse) (2014): http://www.dak.de/dak/download/Pressemitteilung_Studie_zur_Fastenzeit-1384814.pdf?

Datenreport 2013 (2013): Ein Sozialbericht für die Bundesrepublik Deutschland. Statistisches Bundesamt (Destatis)/ Wissenschaftszentrum Berlin für Sozialforschung (WZB)/ Das Soziooekonomische Panel (SOEP). Bonn

DER SPIEGEL (2012): Gefährliche Erdbeeren, Nr. 41/2012, Gefährliche Erdbeeren. In vielen Schulkantinen gibt es erhebliche Defizite.

Destatis (Statistisches Bundesamt) (2015a): Pressemitteilungen 2015/08/PD15_309_63911html.

Destatis (2015b): So viele Beschäftigte arbeiten abends und nachts. Bit.do/Impuls0158, November 2015

Destatis (2015c): https://www.destatis.de/DE/PresseService/Presse/Pressemitteilungen/2015/07/PD15_266_12631.html

Destatis (2014): Arbeitskräfteerhebung 2014, www.destatis.de/DE/ZahlenFakten/Indikatoren/QualitaetArbeit/Dimension3/3_3/Wochenendarbeit

Deutsche Shell (2015): Jugend 2015. 17. Shell Jugendstudie. Von Albert, Mathias, Hurrelmann, Klaus, Quenzel, Gudrun. Frankfurt a. Main: Fischer

Deutschmann, Christoph (1985): Der Weg zum Normalarbeitstag. Die Entwicklung der Arbeitszeit in der deutschen Industrie bis 1918. Frankfurt a. M., New York: Campus

DGB-Index Gute Arbeit (2012): Arbeitshetze, Arbeitsintensivierung, Entgrenzung. Berlin

DGB-Index Gute Arbeit (2011): Stressfaktor Wochenend-Arbeit. Ergebnisse der Repräsentativumfrage 2011 der DGB-Index Gute Arbeit GmbH

DGfZP (Deutsche Gesellschaft für Zeitpolitik) (2005): Zeit ist Leben. Manifest der Deutschen Gesellschaft für Zeitpolitik, Berlin

DIE WELT (2012): Deutsche wollen am Sonntag nicht einkaufen gehen; Infratest-dimap Befragung im Auftrag Die Welt, 22.07.2012

DIE WELT (2007): Die zehn schnellsten Städte der Welt, 04.05.07.

DIE ZEIT (2016a): www.Zeit.de/news/2016-01/27/bildung-jeder-siebte-schueler-nimmt-Nachhilfe-27075802

DIE ZEIT (2016b): Das Vermächtnis. Die Zeit, die wir erleben wollen. Die große Studie von DIE ZEIT, Infas, WZB. Online unter http://www.zeit.de/gesellschaft/2016-02/deutschland-werte-leben-vorstellungen-studie-vermaechtnis

Diestelhorst, Lars (2014): Leistung. Das Endstadium der Ideologie. Bielefeld: transcript

Dietz, Bernhard, Neumaier, Christopher, Rödder, Andreas (Hrsg.) (2013): Gab es den Wertewandel? Neue Forschungen zum gesellschaftlichkulturellen Wandel seit den 1960er Jahren. München: Oldenbourg

Dirks, Walter (1958): Die freie Zeit. In: Becker, R. (Hrsg.), Die freie Zeit. Probleme der Freizeit in der Industriegesellschaft. Düsseldorf: DGB

Dobischat, Rolf, Seifert, Hartmut (2001): Betriebliche Weiterbildung und Arbeitszeitkonten. In: WSI-Mitteilungen Nr. 2/2001

Durkheim, Emile (1981): Die elementaren Formen des religiösen Lebens. Frankfurt a. M.: Suhrkamp

Eberling, Matthias, Henckel, Dietrich (Hrsg.) (2002): Alles zu jeder Zeit? Die Städte auf dem Weg zur kontinuierlichen Aktivität. Berlin: Sigma

Eckart, Christel (2000): Zeit zum Sorgen. Fürsorgliche Praxis als regulative Idee der Zeitpolitik. In: Feministische Studien Extra: Fürsorge – Anerkennung – Arbeit. Jg. 18, S. 9-24

Ehn, Billy, Löfgren, Orvar (2012): Nichtstun. Eine Kulturanalyse des Ereignislosen und Flüchtigen. Hamburg: Hamburger Edition

Guggenberger, Bernd (1987): Das Menschenrecht auf Irrtum. Anleitung zur Unvollkommenheit. München: Hanser

EKD (Evangelische Kirche in Deutschland) (2013): Zwischen Autonomie und Angewiesenheit. Familie als verlässliche Gemeinschaft stärken. Eine Orientierungshilfe des Rates der EKD. Gütersloh: Gütersloher Verlagshaus

Ende, Michael (1973): Momo oder Die seltsame Geschichte von den Zeit-Dieben und von dem Kind, das den Menschen die gestohlene Zeit zurückbrachte. Stuttgart: Thienemann

Ermert, Axel, Rinderspacher, Jürgen P. (1981): Alles eine Frage des Timings. Zum Zusammenhang von Zeit und Leistung. In: Ästhetik und Kommunikation Nr. 45/46

Fauteck, Jan-Dirk, Kusztrich, Imre (2006): Leben mit der inneren Uhr: Wie die Chronobiologie unsere Gesundheit, Wirtschaft und Gesellschaft beeinflusst. Berlin: Econ

Focus 24/2013: Düsteres Szenario für Kaufhäuser

Focus 23/2013: Kunden wünschen weniger Auswahl

Focus 9/2013: Die Smartshopper kommen

Focus 35/2012: Deutschland in Zahlen

Focus 18/2012: Die Bio-Aussteiger

Friedmann, Georges (1961): The Anatomy of Work: Labor, Leisure and the Implications of Automation. New York: Free Press of Glencoe

Frölich, Jan, Lehmkuhl, Gerd (2012): Computer und Internet erobern die Kindheit: Vom normalen Spielverhalten bis zur Sucht und deren Behandlung. Stuttgart: Schattauer

Fromm, Erich (2005): Haben oder Sein: Die seelischen Grundlagen einer neuen Gesellschaft, München: dtv

Frommert, Diana, Strauß, Susanne (2012): Biografische Einflussfaktoren auf den Gender Pension Gap – Ein Kohortenvergleich für Westdeutschland. In: Journal of Labour Market Research, Dezember 2012, zitiert nach Böckler Impuls, Ausgabe 09/2013

Fürstenberg, Friedrich, Herrmann-Stojanov, Irmgard, Rinderspacher, Jürgen P. (Hrsg.) (1999): Der Samstag. Über Entstehung und Wandel einer modernen Zeitinstitution. Berlin: Sigma

Garhammer, Manfred (1999): Wie Europäer ihre Zeit nutzen. Zeitstrukturen und Zeitkulturen im Zeichen der Globalisierung. Berlin: Sigma

Gebhardt, Winfried (2015): Feste, Feiern und Events. Die etwas andere Freizeit. In: Freericks, Renate, Brinkmann, Dieter (Hrsg.), Handbuch der Freizeitsoziologie. Wiesbaden: Springer, S. 415-430

Giddens, Anthony (1992): The Transformation of Intimacy. Sexuality, Love and Eroticism in Modern Societies. Stanford: Stanford University Press

Habermas, Jürgen (1958): Soziologische Notizen zum Verhältnis von Arbeit und Freizeit. In: Funke, Gerhard (Hrsg.) Konkrete Vernunft. Bonn: Bouvier

Hameter, Wolfgang, Niederkorn-Bruck, Meta (Hrsg.) (2005): Ideologisierte Zeit. Kalender und Zeitvorstellungen im Abendland von der Antike bis zur Neuzeit. Innsbruck: Studien-Verlag

Handrich, Christoph, Koch-Falkenberg, Carolyn, Voß G., Günther (2016): Professioneller Umgang mit Zeit- und Leistungsdruck. Berlin: NomosSigma

Hatzelmann, Elmar, Held, Martin (2010): Vom Zeitmanagement zur Zeitkompetenz. Das Übungsbuch für Berater, Trainer, Lehrer und alle, die ihre Zeitqualität erhöhen möchten. Weinheim: Beltz

Heiden, Mathias, Jürgens, Kerstin (2013): Kräftemessen. Betriebe und Beschäftigte im Reproduktionskonflikt. Berlin: Sigma

Held, Martin (2002): Zeitwohlstand und Zeitallokation. Eine Einführung in die ökonomische Diskussion. In: Rinderspacher, Jürgen. P. (Hrsg.), Zeitwohlstand. Ein Konzept für einen anderen Wohlstand der Nation. Berlin: Sigma, S. 15-36

Hengst, Heinz, Zeiher, Helga (Hrsg.) (2005): Kindheit soziologisch. Wiesbaden: VS

Hengst, Heinz, Zeiher, Helga (Hrsg.) (2000): Die Arbeit der Kinder. Kindheitskonzepte und Arbeitsteilung zwischen den Generationen. Weinheim und München: Juventa

Herrmann-Stojanov, Irmgard (1999a): Der gesellschaftliche Diskurs über den Samstag in seiner Entstehungsphase. In: Fürstenberg, Friedrich, Herrmann-Stojanov, Irmgard, Rinderspacher, Jürgen P. (Hrsg.), Der Samstag. Über Entstehung und Wandel einer modernen Zeitinstitution. Berlin: Sigma, S. 101-164

Herrmann-Stojanov, Irmgard (1999b): Auf dem Weg in die Fünf-Tage-Woche. In: Fürstenberg, Friedrich, Herrmann-Stojanov, Irmgard, Rinderspacher, Jürgen P. (Hrsg.), Der Samstag. Über Entstehung und Wandel einer modernen Zeitinstitution. Berlin: Sigma, S. 69-100.

Herrmann-Stojanov, Irmgard, Rinderspacher, Jürgen P. (2001): Zeitwohlstand im Umbruch? Ambivalente Relationen zwischen alten und neuen Zeitinstitutionen. In: WSI-Mitteilungen Nr. 10/2001

Hielscher, Volker, Nock, Lukas, Kirchen-Peters, Sabine (2015): Technikeinsatz in der Altenpflege. Baden-Baden: Nomos

Hildebrandt, Gerhardt, Pöllmann, Lutz (1989): Arbeitsphysiologische und chronobiologische Gesichtspunkte zur Gestaltung der Arbeitszeit. In: Das Arbeitsrecht der Gegenwart. Band 26. Berlin

Hill, Paul, Kopp, Johannes (2013): Familiensoziologie. Grundlagen und theoretische Perspektiven. Wiesbaden: Springer

Hirsch-Kreinsen, Hartmut, Ittermann, Peter, Niehaus, Jonathan (Hrsg.) (2015): Digitalisierung industrieller Arbeit. Die Vision Industrie 4.0 und ihre sozialen Herausforderungen. Baden-Baden: NomosSigma

Hochschild, Arlie R. (2002): Work-Life-Balance. Keine Zeit. Wenn die Firma zum Zuhause wird und zu Hause nur Arbeit wartet. Opladen: Westd. Verl.

Hoff, Andreas (2002): Vertrauensarbeitszeit: einfach flexibel arbeiten. Wiesbaden: Gabler

Holst, Elke, Seifert, Hartmut (2012): Arbeitszeitpolitische Kontroversen im Spiegel der Arbeitszeitwünsche. In: WSI-Mitteilungen 02/2012, S. 141-149

Hurrelmann, Klaus, Albrecht, Erik (2014): Die heimlichen Revolutionäre – wie die Generation Y unsere Welt verändert. Weinheim: Beltz

IAB (Institut für Arbeitsmarkt- und Berufsforschung) (2014): (http://doku.iab.de/arbeitsmarktdaten/arbeitszeitwünsche.pdf;

IfD (Institut für Demoskopie Allensbach) (2009): Allensbacher Jahrbuch 2003-2009: 12. Band, Berlin/New York

Illouz, Eva (2013): Die neue Liebesordnung. Frauen, Männer und Shades of Grey. Frankfurt a. M.:Suhrkamp

ISO (Institut für Soziale Chancen) (2004): Arbeitszeit 2003. Arbeitszeitgestaltung, Arbeitsorganisation und Tätigkeitsprofile. Köln

Junge, Matthias (2002): Individualisierung. Frankfurt a. M., New York: Campus

Jurczyk, Karin (2009): Familienzeit – knappe Zeit? Rhetorik und Realitäten. In: Heitkötter, Martina, Jurzcyk, Karin, Lange, Andreas, Meier-Gräwe, Uta (Hrsg.), Zeit für Beziehungen? Zeit und Zeitpolitik für Familien. S. 37-66

Jurczyk, Karin, Lange, Andreas, Thiessen, Barbara (Hrsg.) (2014): Doing Family: Warum Familienleben heute nicht mehr selbstverständlich ist. Weinheim: Beltz

Kaufmann, Jean-Claude (2002): Singlefrau und Märchenprinz. Über die Einsamkeit moderner Frauen. Konstanz: édition discours

Kasser, Tim (2002): The High Price of Materialism. Cambridge: MIT Press

Klages, Ludwig (1923): Vom Wesen des Rhythmus. Kampen auf Sylt

Klein, Martina, Worthmann, Georg (1999): Das Weekend und der „American Way of Life". In: Fürstenberg Friedrich, Herrmann-Stojanov, Irmgard, Rinderspacher, Jürgen. P. (Hrsg.), Der Samstag. Über Entstehung und Wandel einer modernen Zeitinstitution. Berlin: Sigma, S. 323-352

Klein, Olaf (2010): Zeit als Lebenskunst. Berlin: Wagenbach

Geißler, Karlheinz A. (2012): Enthetzt Euch! Weniger Tempo – mehr Zeit. Stuttgart: Hirzel

Klenner, Christina , Pfahl, Svenja, Seifert, Hartmut (2001): Ehrenamt und Erwerbsarbeit – Zeitbalance oder Zeitkonkurrenz. Düsseldorf: HBS (Hans-Böckler-Stiftung)

Köcher, Renate, Raffelhüschen, Bernd (2011): Glücksatlas Deutschland 2011. München: Knaus

Kramer, Caroline (2004): Deutschland unterwegs. Zeitverwendung für Mobilität im wiedervereinten Deutschland. Online unter: http://www.geogr-helv.net/59/119/2004/gh-59-119-2004.pdf

Kron, Thomas, Horácek, Martin (2009): Individualisierung. Bielefeld: transkript

Kumbruck, Christel (2009): Diakonische Pflege im Wandel. Nächstenliebe unter Zeitdruck. Münster: Lit-Verl.

Kury, Patrick (2012): Der überforderte Mensch. Eine Wissensgeschichte vom Stress zum Burnout. Frankfurt a.M. New York: Campus

Kurz-Scherf, Ingrid, Breil, Gisela (Hrsg.) (1987): Wem gehört die Zeit. Ein Lesebuch zum 6-Stunden-Tag. Hamburg: VSA

Lange, Helmuth (Hrsg.) (2008): Nachhaltigkeit als radikaler Wandel. Die Quadratur des Kreises? Wiesbaden: Springer VS

Leitner, Sigrid, Ostner, Ilona, Schratzenstaller, Margit (Hrsg.) (2004): Wohlfahrtsstaat und Geschlechterverhältnis im Umbruch. Was kommt nach dem Ernährermodell? Wiesbaden: Springer VS

Lenz, Karl (2009a): Soziologie der Zweierbeziehung. Eine Einführung. 4. Aufl. Wiesbaden: Springer VS

Lenz, Karl (2009b): Zeit in und Zeit für Zweierbeziehungen. In: Heitkötter, Martina, Jurczyk, Karin, Lange, Andreas, Meier-Gräwe, Ute (Hrsg.), Zeit für Beziehungen? Zeit und Zeitpolitik für Familien, Opladen: B. Budrich

Linder, Staffan B. (1972): Das Linder-Axiom oder: Warum wir keine Zeit mehr haben. München: Bertelsmann

Lutz, Roland (Hrsg.) (2012): Erschöpfte Familien. Wiesbaden: Springer VS

Marquard, Odo (1989): Moratorium des Alltags. Eine kleine Philosophie des Festes. In: Haug, W., Warning, R. (Hrsg.), Das Fest. München: Beck

Matta, Vanita I. (2015): Führen selbstgesteuerte Arbeitszeiten zu einer Ausweitung der Arbeitszeiten? In: Zeitschrift für Soziologie Nr. 4/2015, S. 253-271

Mau, Steffen (2012): Lebenschancen. Wohin driftet die Mittelschicht? Frankfurt a. M.: Suhrkamp

Meadows, Donella, Randers, Jorgen, Meadows, Dennis (2015): Grenzen des Wachstums – Das 30-Jahre-Update: Signal zum Kurswechsel. Stuttgart: S. Hirzel

Melbin, Marvin (1987): Night as Frontier. Colonizing The World After Dark. New York: Free Press

Metzger, Martina, Zielke-Nadkarni, Andrea (1998): Von der Heilerin zur Pflegekraft. Geschichte der Pflege. Stuttgart, New York: Thieme

Möller, Christoph (Hrsg.) (2011): Internet- und Computersucht. Ein Praxishandbuch für Therapeuten, Pädagogen und Eltern. Stuttgart: Kohlhammer

Morus, Thomas (1986): Utopia. Stuttgart: Reclam

Mückenberger, Ulrich (2015): Wann kommt das Recht auf eigene Zeit? In: Sehnsucht nach Zeit – was Zeitpolitik tun kann. In: Böll. Thema, Nr. 2/2015

Mückenberger, Ulrich (2011): Time abstraction, temporal policy and the Right of Ones Own Time. In: ChronoScope Nr.1,2/2011, S. 66-97

Mückenberger, Ulrich (2007): Ziehungsrechte – Ein zeitpolitischer Weg zur "Freiheit in der Arbeit". WSI-Mitteilungen Nr. 4/2007, S. 195-201

Müller, Michael, Hennicke, Peter (1994): Wohlstand durch Vermeiden. Mit der Ökologie aus der Krise. Darmstadt:Wiss. Buchgesellschaft

Müller, Kai-Uwe, Neumann, Michael, Wrohlich, Katharina (2013): Familienarbeitszeit – Wirkungen und Kosten einer Lohnersatzleistung bei reduzierter Vollzeitbeschäftigung, Deutsches Institut für Wirtschaftsforschung (DIW)/ Friedrich-Ebert-Stiftung (FES) Berlin

Nachreiner, Friedhelm (2012): Belastung durch Schichtarbeit. Online unter: http://www.boeckler.de/pdf/v_2012_02_28_nachreiner.pdf

Nahrstedt, Wolfgang (1971): Freizeit und Aufklärung. Zum Funktionswandel der Feiertage seit dem 18. Jahrhundert in Hamburg (1743-1860). In: Vierteljahresschrift für Sozial- und Wirtschaftsgeschichte Nr. 1/1971

Neckel, Sieghard, Wagner, Greta (Hrsg.) (2013): Leistung und Erschöpfung – Burnout in der Wettbewerbsgesellschaft. Frankfurt a. M.: Suhrkamp

Nowotny, Helga (1993): Eigenzeit. Entstehung und Strukturierung eines Zeitgefühls. Frankfurt a. M.: Suhrkamp

Opaschowski, Horst (2014): So wollen wir leben! Die 10 Zukunftshoffnungen der Deutschen. Gütersloh: Gütersloher Verlagshaus

Paech, Niko (2012): Befreiung vom Überfluss. Auf dem Weg in die Postwachstumsökonomie. München: oekom

Ploeger, Angelika, Hirschfelder, Gunther, Schönberger, Gesa (Hrsg.) (2011): Die Zukunft auf dem Tisch. Analysen, Trends und Perspektiven der Ernährung von morgen. Über den Essalltag in Gegenwart und Zukunft. Wiesbaden: Springer VS

Posch, Thomas, Holker, Uhlmann, Franz, Freyhoff, Anja (Hrsg.) (2014): Das Ende der Nacht. Lichtsmog: Gefahren – Perspektiven – Lösungen. 2. Aufl., Weinheim: Wiley-VCH

Posch, Waltraud (2009): Projekt Körper. Wie der Kult um die Schönheit unser Leben prägt. Frankfurt a. M./New York: Campus

Postman, Neil (1988): Wir amüsieren uns zu Tode. Urteilsbildung im Zeitalter der Unterhaltungsindustrie. Frankfurt a. M.: Fischer

Postman, Neil (1983): Das Verschwinden der Kindheit. Frankfurt a. M.: Fischer

Prahl, Hans-Werner (2015): Geschichte und Entwicklung der Freizeit. In: Freericks, Renate, Brinkmann, Dieter (Hrsg.), Handbuch der Freizeitsoziologie. Wiesbaden: Springer, S. 3-28

Ratschow, Carl Heinz (1991): Die Feste. Inbegriff sittlicher Gestalt. In: Assmann, Jan (Hrsg.), Das Fest und das Heilige. Religiöse Kontrapunkte zur Alltagswelt. Gütersloh: Mohn

Reuyß, Stefan, Pfahl, Svenja, Rinderspacher, Jürgen P., Menke, Katrin (2012): Pflegesensible Arbeitszeiten: Perspektiven der Vereinbarkeit von Beruf und Pflege. Berlin: Sigma

Rinderspacher, Jürgen P. (2017): Arbeitszeitpolitik und Nullwachstumsgesellschaft. In: Diefenbacher, Hans, Held, Benjamin, Rodenhäuser, Dorothee (Hrsg.). Ende des Wachstums - Arbeit ohne Ende? Arbeiten in einer Postwachstumsgesellschaft, Jahrbuch Die Wirtschaft der Gesellschaft 3. Marburg: Metropolis-Verlag

Rinderspacher, Jürgen P. (2015): Beschleunigung und Geschwindigkeit. Zeitliche Rahmenbedingungen der Freizeitgesellschaft. In: Freericks, Renate, Brinkmann, Dieter (Hrsg.), Handbuch der Freizeitsoziologie, Wiesbaden: Springer, S. 55-84

Rinderspacher, Jürgen P. (2012): Zeitwohlstand – Kriterien für einen anderen Maßstab von Lebensqualität, In: WISO (Wirtschafts- und Sozialpolitische Zeitschrift) Nr. 1/2012, S. 11-26

Rinderspacher, Jürgen P. (2011): Der Sonntag. Anmerkungen zu einem Urteil des Bundesverfassungsgerichts und zur Bedeutung von Zeitwohlstand. In: Becker, Dieter, Höhmann, Peter (Hrsg.), Kirche zwischen Theorie, Praxis und Ethik. Frankfurt a. M.: AIM Verlagshaus

Rinderspacher, Jürgen P. (2009): Zeitwohlstand und Zeitsouveränität – gegensätzliche Konzepte oder zwei Seiten derselben Medaille? In: Heitkötter, Martina, Jurczyk, Karin, Lange, Andreas, Maier-Gräwe, Uta (Hrsg.), Zeit für Beziehungen? Zeit und Zeitpolitik für Familien. Opladen: B. Budrich, S. 373-400

Rinderspacher, Jürgen P. (2005): Zeitwohlstand in der Dreizeitgesellschaft. In: Seifert, Hartmut (Hrsg.), Flexible Zeiten in der Arbeitswelt. Frankfurt a. M., New York: Campus, S. 398-449

Rinderspacher, Jürgen P. (2003): Zeit für alles – Zeit für nichts? Die Bürgergesellschaft und ihr Zeitverbrauch. Bochum: SWI

Rinderspacher, Jürgen P. (2002): Zeitwohlstand. Ein Konzept für einen anderen Wohlstand der Nation. Berlin: Sigma

Rinderspacher, Jürgen P. (2001): Zeitdarwinismus oder Zeitpolitik? Der Wert der Beschleunigung in der Zivilgesellschaft. In: Schweidler, Walter, (Hrsg.), Werte im 21. Jahrhundert. Baden-Baden: Nomos, S. 251-285

Rinderspacher, Jürgen P. (2000a): Zeitwohlstand in der Moderne. Wissenschaftszentrum Berlin Gmbh, WZB-Papers P00-502. Berlin

Rinderspacher, Jürgen P. (2000b): Ohne Wochenende gibt es nur noch Werktage. Die soziale und kulturelle Bedeutung des Wochenendes. Bonn: Dietz

Rinderspacher, Jürgen P. (1999): Der Freie Samstag: Ein Phänomen als Untersuchungsgegenstand. In: Fürstenberg, Friedrich, Herrmann-Stojanov, Irmgard, Rinderspacher, Jürgen P. (Hrsg.) (1999): Der Samstag. Über Entstehung und Wandel einer modernen Zeitinstitution. Berlin: Sigma, S. 17-68

Rinderspacher, Jürgen P. (1996): Zeit für die Umwelt. Handlungskonzepte für eine ökologische Zeitverwendung. Berlin: Sigma

Rinderspacher, Jürgen P. (1987): Auf dem Weg in die Rund um die Uhr Gesellschaft? In: Hesse, Jens-Joachim, Zöpel, Christoph (Hrsg.), Neuorganisation der Zeit. Baden-Baden: Nomos, S. 97-124

Rinderspacher, Jürgen P., Henckel, Dietrich, Hollbach, Beate (Hrsg.) (1994): Die Welt am Wochenende. Entwicklungsperspektiven der Wochenruhetage – ein interkultureller Vergleich. Bochum: SWI

Rinderspacher, Jürgen P., Herrmann-Stojanov, Pfahl, Svenja, Reuyß, Stefan (2009): Zeiten der Pflege. Eine explorative Studie über individuelles Zeitverhalten und gesellschaftliche Zeitstrukturen in der häuslichen Pflege. Münster: Lit

Ritzer, George (2006): Die McDonaldisierung der Gesellschaft. Konstanz: UVK

Rohbeck, Johannes (2004): Geschichtsphilosophie. Eine Einführung. Hamburg: Junius

Rosa, Hartmut (2012): Weltbeziehungen im Zeitalter der Beschleunigung. Frankfurt a. M.: Suhrkamp

Ruiner, Caroline (2010): Paare im Wandel. Eine qualitative Paneluntersuchung zur Dynamik der Verlaufsform von Paarbeziehungen. Wiesbaden: VS

Salvadori, Massimo L. (2006): Fortschritt – die Zukunft einer Idee. Berlin: Wagenbach

Scherhorn, Gerhard (2002): Wohlstand – eine Optimierungsaufgabe. In: Rinderspacher, Jürgen P. (Hrsg.), Zeitwohlstand. Ein Konzept für einen anderen Wohlstand der Nation. Berlin: Sigma, S. 95-116

Scherhorn, Gerhard (2000): Die produktive Verwendung der freien Zeit. In: Hildebrandt, Eckart, Linne, Gudrun (Hrsg.), Reflexive Lebensführung. Zu den sozialökologischen Folgen flexibler Arbeit. Berlin: Sigma, S. 343-377

Schmid, Wilhelm (1998): Philosophie der Lebenskunst. Eine Grundlegung. Frankfurt a. M.: Suhrkamp

Schmidt-Lauff, Sabine (2012): Zeit und Bildung. Annäherungen an eine zeittheoretische Grundlegung. Münster: Waxmann

Schneider, Michael (1984): Streit um Arbeitszeit. Geschichte des Kampfes um Arbeitszeitverkürzung in Deutschland. Köln: Bund

Schneider, Norbert F., Diabatè, Sabine, Ruckdeschel, Kerstin (2015): Familienleitbilder in Deutschland. Kulturelle Vorstellungen zu Partnerschaft, Elternschaft und Familienleben. Opladen: B. Budrich

Schulte-Markwort, Michael (2015): Burnout-Kids: Wie das Prinzip Leistung unsere Kinder überfordert. München: Pattloch

Schulze, Gerhard (1992): Die Erlebnisgesellschaft. Kultursoziologie der Gegenwart. Frankfurt a. M., New York: Campus

Seifert, Hartmut, Groß, Herrmann (2012): Erwerbsarbeit und Ehrenamt in der Bundesrepublik Deutschland und in Nordrhein-Westfalen. Ministerium für Arbeit, Integration und Soziales des Landes Nordrhein-Westfalen. Düsseldorf

Selye, Hans (1991): Stress beherrscht unser Leben. München: Heyne

Seneca (1976): De brevitate vitae – Die Kürze des Lebens, Franz Waiblinger (Hrsg.), München: dtv

Simmel, Georg (1989): Philosophie des Geldes, Frankfurt a. M.: Suhrkamp

SPD (1989): Das Grundsatzprogramm der Sozialdemokratischen Partei Deutschlands. Beschlossen vom Programmparteitag der SPD am 20. Dezember 1989 in Berlin. Bonn

Spiegel Online (2015): Karriere/berufsleben/stress-amArbeitsplatz-jeder-dritte-fühlt-sich-überfordert

Spreen, Dierk (2015): Upgradekultur: Der Körper in der Enhancement-Gesellschaft. Bielefeld: transkript

Stadtentwicklung_Berlin.de/…/Mobilitaet_dt-kap-1-2-3

Statista Studie 29441: Statista.http://de.statista.com/statistik/daten/studie/29441/umfrage/taegliche-nutzungsdauer-von-games-pc-und-konsole-durch-jugendliche/

Statista. http://de.statista.com/statistik/daten/studie/419791/umfrage/nutzung-von-games-durch-jugendliche-in-deutschland/

Statista.http://de.statista.com/statistik/daten/studie/497732/umfrage/bevorzugte-orte-fuer-den-online-einkauf-in-der-schweiz/

Statista.http://de.statista.com/statistik/daten/studie/5742/umfrage/nettoeinkommen-und-verfuegbares-nettoeinkommen/

stern (2013): stern vom 27.06.2013

Stiftung für Zukunftsfragen (2015): Freizeitmonitor 2015. Abschalten nach Feierabend. http://www.freizeitmonitor.de/zahlen/daten/statistik/freizeit-aktivitaeten/2015/abschalten-entspannung-nach-feierabend.html

Stiftung für Zukunftsfragen (2005): Mobilität als Lebensqualität. In: Forschung aktuell, 23.03.2005

Taylor, Fredrick Winston (1919): Die Grundsätze der wissenschaftlichen Betriebsführung. München, Berlin

TK (Techniker Krankenkasse) (2013): Bleib locker, Deutschland! – TK-Studie zur Stresslage der Nation. Hrsg. von der Techniker Krankenkasse. Hamburg

Teriet, Bernhard (1976): Neue Strukturen der Arbeitszeitverteilung. Göttingen: Schwartz

Timm, Albrecht (1968): Verlust der Muße. Der historische Weg zur Freizeitgesellschaft. Hamburg: Knauel

TNS-Emnid(2015):http://www.presseportal.de/pm/43108/2712728

Toepfer, Georg (2015): Die Zeit der Lebewesen. Heteronomie und Autonomie der vitalen Zeit. In: Hartung, Gerald (Hrsg.), Mensch und Zeit. Wiesbaden: Springer VS, S. 85-103

Veblen, Thorstein (1997): Theorie der feinen Leute. Eine ökonomische Untersuchung der Institutionen. Frankfurt a. M.: Fischer

Virilio, Paul (1992): Rasender Stillstand. Essay. München: Hanser

Vobruba, Georg (2000): Alternativen zur Vollbeschäftigung. Die Transformation von Arbeit und Einkommen. Frankfurt a. M.: Suhrkamp

Weichert, Nils (2011): Zeitpolitik. Legitimation und Reichweite eines neuen Politikfeldes. Baden-Baden: Nomos

Westlund, Ingrid (1998): Kinderzeiten. Zeitdisziplin und Nonstop-Gesellschaft aus der Sicht der Kinder. In: Adam, Barbara, Geißler, Karlheinz A., Held, Martin (Hrsg.): Die Nonstop-Gesellschaft und ihr Preis. Stuttgart, Leipzig: Hirzel

Will, Jörg (2008): Therapie der Zweierbeziehung. Einführung in die analytische Paartherapie. Neuauflage. Stuttgart: Klett-Kotta

Witte, Barthold C. (2001): Kultur. Kulturpolitik. In: Evangelisches Soziallexikon. Stuttgart u. a.: Kohlhammer

World Vision Deutschland, (2013): Wie gerecht ist unsere Welt? Kinder in Deutschland 2013. Dritte World Vision Kinder-Studie. Weinheim: Beltz

Zeiher, Helga (2001): Folgen des Wandels gesellschaftlicher Zeitbedingungen für Kinder. Expertise für das Wirtschafts- und Sozialwissenschaftliche Institut der Hans-Böckler-Stiftung. Düsseldorf

Zeiher, Helga, Schroeder, Susanne (2008): Schulzeiten, Lernzeiten, Lebenszeiten. Pädagogische Konsequenzen und zeitpolitische Perspektiven schulischer Zeitordnungen, München: Juventa

Zerubavel, Evitar (1981): Hidden Rhythms. Schedules und Calendars in Social Life. Berkeley, Los Angeles, London: University of California Press

Zimpelmann, Beate, Endl, Hans-L.(2008): Zeit ist Geld. Ökonomische, ökologische und soziale Grundlagen von Arbeitszeitverkürzung. Hamburg: VSA

Zinnecker, Jürgen (1996): Kinder im Übergang. Ein wissenschaftlicher Essay. In: Aus Politik und Zeitgeschichte Nr. 11/96

ZpM (Zeitpolitisches Magazin der Deutschen Gesellschaft für Zeitpolitik) (2014): Privat kommunizieren – digital vernetzt. Nr. 25, Dezember 2014.

Wer zu schnell ist,
läuft seinem Glück davon

ISBN 978-3-451-07195-9

Hektik schadet der Seele, dem Geist und der Gesundheit. Ganz zu schweigen vom Glück. Der Philosoph Friedrich Nietzsche sagt: Nichts Wesentliches ist auf die Schnelle und als »Schnäppchen« zu haben. Wer hektisch immer nur aufs Tempo drückt, flieht nur vor sich selbst und allem, was das Leben an Tiefe und Schönheit zu bieten hat. Ruhe, Geduld, Glück, Kreativität, Liebe, Maß – sie alle brauchen Muße. Und Lebenskunst braucht Zeit.